Capítulo 5

O MÉTODO

Claudio Mitsutani (Organizador)
C. Cesar Righetti
Cristiane Biazzin Villar,
Fabio Miguel
Gustavo Menoncin Pereira
Marc Burbridge
Walter Freitas

COMPRAS ESTRATÉGICAS

Construa parcerias com fornecedores e gere valor para seus negócios

saraiva uni

ISBN 978-85-02-22633-3

CIP-BRASIL. CATALOGAÇÃO NA FONTE
SINDICATO NACIONAL DOS EDITORES DE LIVROS, RJ.

C736

Compras estratégicas: construa parcerias com fornecedores e gere valor para seus negócios/Carlos Cesar Buosi Righetti ... [et al.]; organização Claudio Mitsutani. 1. ed. – São Paulo: Saraiva, 2014.

ISBN 978-85-02-22633-3

1. Cultura organizacional. 2. Administração de empresas. 3. Negócios – Administração. I. Título.

14-11424 CDD-658.406
CDU-658.012.32

saraiva EDUCAÇÃO | saraiva uni

Av. das Nações Unidas, 7221, 1º Andar
Pinheiros – São Paulo – SP – CEP: 05425-902

SAC
0800-0117875
De 2ª a 6ª, das 8h às 18h
www.editorasaraiva.com.br/contato

Diretoria executiva Flávia Alves Bravin
Diretoria editorial Renata Pascual Müller
Gerência editorial Rita de Cássia S. Puoço
Coordenação editorial Fernando Alves
Edição Ana Laura Valerio
Neto Bach
Thiago Fraga
Produção editorial Alline Garcia Bullara
Amanda Mota Loyola
Daniela Nogueira Secondo
Estela Janiski Zumbano
Serviços editoriais Juliana Bojczuk Fermino

Arte e produção Join Bureau
Capa Roney Camelo
Atualização da 4ª tiragem Daniela Nogueira Secondo
Impressão e acabamento xxx

1ª edição
1ª tiragem: 2014
2ª tiragem: 2014
3ª tiragem: 2018
4ª tiragem: 2019

ERP 381.373.001.004 EDITAR 3555 CL 650654 CAE 573945

A todos que amamos.

AGRADECIMENTOS

Aos meus queridos pais e à querida Mary Kitayama, pelo apoio incondicional. À Kátia Farias, pelo suporte profissional.

CLAUDIO MITSUTANI (ORG.)

Ofereço meus agradecimentos a todos que contribuiram direta e indiretamente no desenvolvimento deste estudo, em especial a Janaina Siegler, Thiago de Mello Vieira, Fernando Oliveira, Celina Bomm Biazzin e Camila Biazzin Beszille.

CRISTIANE BIAZZIN VILLAR

À minha esposa e professora doutora da Universidade Mackenzie, Jamille Cavalcanti Pereira, por todo seu apoio; aos meus filhos, Rafael e Amanda, pela compreensão do tempo investido nesta obra; aos colegas da Escola de Administração de Empresas de São Paulo (FGV/Eaesp), Susana Carla Farias Pereira (orientadora de meu doutorado), Ely Laureano de Paiva, João Mario Csillag e Luis Henrique Pereira; aos professores, Silvio Roberto Ignacio Pires (Unimep) e Andrea Lago da Silva (Ufscar).

GUSTAVO MENONCIN DE CARVALHO PEREIRA

Agradeço à minha família, especialmente Cynthia, Larissa e Bruno, pelo apoio nesta minha empreitada. Agradeço também à diretoria da Associação Nacional de Gestores de Contratos (Soraya, Carlos Paim, Vanderlei, Fabiano, Cristina, Geda, Flavio, Marcos, Edson e Rafael) e a Vera por participarem e apoiarem o projeto da ANGC. Agradeço ao Claudio, da BPS, por liderar esta iniciativa e inovação deste tema de contratos em Compras.

WALTER FREITAS

SOBRE OS AUTORES

Claudio Mitsutani (Organizador)

Fundador e presidente da Procurement Business School e Atman Consultoria Empresarial. Professor visitante em temas de Gestão de Compras e Planejamento Estratégico em cursos de pós-graduação na Fundação Instituto de Administração (FIA) e Fundação Instituto de Pesquisas Econômicas (Fipe) na Universidade de São Paulo (USP). Palestrante e *coach* de executivos. Tem experiência executiva em nível diretivo e consultiva em empresas como Wyeth (atualmente Pfizer), GE, Rhodia, Otis e Gemini Consulting. Dirigiu acordos globais e projetos de reestruturação de grandes empresas. Foi conselheiro e coordenador do Comitê de Compras da Associação Brasileira de Logística (Aslog). Engenheiro mecânico-aeronáutico formado pelo Instituto Tecnológico de Aeronáutica (ITA), MBA pela University of Pittsburgh, EUA e é mestre em Energia pela USP.

C. Cesar Buosi Righetti

Engenheiro de Infraestrutura Aeronáutica (ITA), tem MBA (SDA Bocconi de Milão e University of Michigan, Ann Arbour), é doutor em Administração de Empresas com foco em Sustentabilidade e Gestão de Operações pela Fundação Getulio Vargas (FGV-SP). Tem experiência como gestor de Supply Chain e Compras em empresas como P&G, Monsanto e Banco ABN AMRO Real e como consultor em Estratégia de Operações e Sourcing na Booz Allen e A. T. Kearney. Atualmente, é diretor de operações da Cielo, a maior processadora de cartões da América Latina e quinta no mundo.

Cristiane Biazzin Villar

Consultora, pesquisadora e professora na área de Supply Chain, Compras e Gestão de Projetos e Operações. É professora em cursos de graduação e pós-graduação da Escola de Administração de Empresas de São Paulo (FGV/Eaesp). É mestre e doutoranda em Administração de Empresas pela mesma instituição, na área de Gestão de Operações e Competitividade. Possui 20 anos de experiência como executiva de Operações, Compras e Supply Chain em empresas como SKF do Brasil, Faiveley Transport e Itautec Philco.

Fabio Miguel

Doutor em Economia pela Universidade Federal do Rio de Janeiro (UFRJ) com tese sobre Estratégias de Compras das Multinacionais Automobilísticas. Tem MBA em Gestão de Negócios pela FGV, é mestre em Economia pela Pontifícia Universidade Católica de São Paulo (PUC/SP) e economista graduado pela Universidade Estadual Paulista (Unesp). Tem experiência nas áreas de Compras e Finanças, foi auditor na Trevisan e trabalhou 12 anos na PSA Peugeot Citroën (Planejamento Estratégico, Custos e Gerente de Compras – responsável pela gestão, inteligência, KPIs, normas, auditoria, negociações de peças e matérias-primas e estudos fiscais para redução de custo). De 2011 a 2013, trabalhou no Grupo Boticário como responsável pelo planejamento de longo prazo e como gerente de Custos. Em 2013, ingressou no grupo L'Oréal como diretor de Compras de Serviços de Marketing para América Latina e, em 2014, assumiu a diretoria de Compras da L'Oréal como responsável pelas negociações de matéria-prima, embalagens e terceiros. É professor de Inteligência e Tributação em Compras para cursos executivos e MBAs.

Gustavo Menoncin de Carvalho Pereira

Doutor em Administração de Empresas pela FGV/Eaesp, na linha de pesquisa de Gestão de Operações e Competitividade. Sua tese foi desenvolvida sobre as relações dos clientes internos com os profissionais de Compras. Possui graduação em Engenharia de Produção pelo Centro Universitário da Faculdade de Engenharia Industrial (FEI), é mestre em Administração pela USP e especialista em Controladoria e Finanças pela MBA/Fundace e Gestão Empresarial pela Fundação Dom Cabral. Atualmente, é executivo na área de Operações e professor de cursos de graduação e de pós-graduação. Lecionou e leciona em diversos cursos de MBA. Tem experiência em atividades que envolvem a gestão da cadeia de suprimentos (supply chain management), com forte ênfase em suprimentos, com mais de 25 anos de atuação na gestão destas áreas. É também conferencista em eventos que envolvem os temas Suprimentos e Compras, principalmente de Gestão do Relacionamento com Fornecedores e Análise de Risco na Cadeia de Abastecimento.

Marc Burbridge

Formado pela School of International Service da American University (Washington, DC), é mestre em Economia e possui Estudos de Especialização em Negociação em Harvard. Coautor dos livros *Gestão de negociação – 2ª edição* (2004) e *Gestão de conflitos* (2012). Possui 30 anos de experiência como gestor de empresas nacionais e globais. Atua como consultor e mentor em M&A, como professor de Negociação, Mediação e Gestão de Conflitos na FGV, é mediador do Centro de Mediação e Arbitragem da Câmara de Comércio Brasil Canadá e presidente do Instituto Projeto Resolução Alternativa de Disputas (ProRAD).

Walter Freitas

Bacharel em Ciência de Computação pela USP, com pós-graduação em Tecnologia pela FIA/FEA-USP e especialização em Administração pela FGV-SP. É certificado Green Belt (Dell Inc.). Como CEO da Associação Nacional de Gestores de Contratos (ANGC), é coordenador do Congresso Latino Americano de Gestão de Contratos, Programa de Formação de Gestores de Contratos (ANGC-FIA/FEA-USP), Programa de Cerificação Profissional (ANGC-IACCM), Estudo de Gestão de Contratos no Brasil (ANGC-UFRJ/COOPE). É autor do livro *Gestão de contratos: melhores práticas voltadas aos contratos empresariais.* Tem experiência em cursos, consultoria e Gestão de Contratos Buy Side e Sell Side. É diretor geral da Easy Drive, empresa especializada em gestão de contratos.

SUMÁRIO

INTRODUÇÃO

A Gestão de Compras nas organizações é um tema historicamente pouco explorado enquanto área de estudo e foco. Outras áreas irmãs, como a logística ou a gestão da cadeia de suprimentos (Supply Chain Management), têm sido estudadas a fundo e muitas universidades fundaram centros de pesquisas ligados a estes temas. Entretanto, a Gestão de Compras é palco de estudos esporádicos. E esta não é uma característica só brasileira, mas mundial.

Isto acontece não porque a Gestão de Compras seja pouco importante, muito pelo contrário. Em empresas industriais, em média, 50% dos custos são comprados ou contratados, implicando responsabilidade direta na geração de valor econômico. Em empresas com cadeias de fornecimento longas e integradas, a gestão do relacionamento entre fornecedores e compradores é chave para a perpetuidade dos negócios. Ainda ligado ao relacionamento com fornecedores, a responsabilidade social e ambiental deveria ser tratada com seriedade pelas organizações, em razão de casos de grandes empresas que foram surpreendidas com fornecedores que supostamente utilizavam mão de obra escrava ou infantil. Estes são só alguns exemplos que demonstram a importância de a Gestão de Compras constar da agenda estratégica das organizações.

Então por que a Gestão de Compras é relativamente pouco estudada e valorizada? Uma hipótese pessoal é a de que se deve principalmente a uma questão histórica. Seja no ambiente familiar ou no profissional, sempre alguém fará as compras. Em uma casa, pode ser um membro da família, ou em uma pequena empresa, por exemplo, pode ser algum assistente. Assim a atividade de comprar sempre foi encarada como uma atividade corriqueira, que pouco agrega para o todo. Desta forma, a Gestão de Compras foi deixada à margem nas organizações, que tinham pouco interesse em desenvolvê-la, relegando a ela as atividades operacionais de atendimento a uma demanda, ou seja, compravam alguma coisa de que estavam precisando.

As questões estratégicas ligadas à aquisição poderiam ser tratadas por agentes distintos dos que gerenciariam a compra. Por exemplo, o dono de uma pequena empresa, seria encarrego de uma aquisição de grande monta, como um equipamento. Este tipo de intervenção obviamente é uma questão de escolha individual, mas deixa claro a fragilidade com que o tema era tratado. A Gestão de Compras, como qualquer aspecto da administração, possui características, processos e nuances que são inerentes a si mesma. Deixar uma área de atuação da administração relegada às atividades operacionais e burocráticas é suprimir proveito de suas potencialidades e oportunidades estratégicas, que, como mencionado, são muitas.

Este cenário começou a mudar particularmente a partir de meados do século passado, quando grandes empresas passaram a se preocupar com os processos e as relações entre compradores e fornecedores. Estes são alguns aspectos-chave da qualidade total que revolucionou a indústria automobilística mundial. Desde então muito se avançou, pois foram desenvolvidas técnicas e ferramentas para a Gestão de Compras. Atualmente, sob o ponto de vista organizacional e de governança, em algumas empresas, se pode encontrar figura do Chief Procurement Officer (CPO), um profissional responsável pela Gestão de Compras, que faz parte do primeiro escalão decisório das organizações. Ele toma decisões ligadas a aquisições e, principalmente, influencia os rumos das organizações sob a ótica da Gestão de Compras. Em suma, muito já evoluiu ao longo dos anos, mas há muito mais ainda a ser desenvolvido, conquistado e reconhecido.

Desenvolvemos o livro *Compras estratégicas* para trazer um olhar estratégico da Gestão de Compras para profissionais da área, estudantes ou curiosos em geral. É uma primeira visão sobre os principais temas que cercam a Gestão de Compras, seus pontos estratégicos, processuais e organizacionais. Muitas discussões deste tema são feitas tomando como base seu desenvolvimento internacional, do mundo globalizado, mas procuramos também, na medida do possível, trazer o debate à realidade brasileira por meio de exemplos, dados e discussões.

A estrutura do livro foi montada pensando em trabalhar, em primeiro lugar, os aspectos estratégicos inerentes à Gestão de Compras. O alinhamento entre a estratégia empresarial e as Compras Estratégicas, o portfólio de aquisições e suas estratégias, o relacionamento com fornecedores e as nuances organizacionais de Compras são exemplos disso. Outros temas têm por característica serem mais abrangentes, enquanto escopo, mas possuem interseção com a Gestão de Compras.

Por exemplo: a discussão sobre sustentabilidade e responsabilidade empresarial permeia por toda a organização e não só sobre a Gestão de Compras, mas possui implicações específicas. Nestes casos, procuramos desenvolver, em primeiro lugar, a temática de forma geral e, na sequência, as implicações para a Gestão de Compras.

A seguir discutimos brevemente os objetivos dos capítulos que compõem o livro:

Capítulo 1 – Importância estratégica da Gestão de Compras – Discute, de forma estrutural, os desafios que as organizações têm vivido e a maneira de que suas estratégias e seus *stakeholders* devem responder a essas necessidades, além de como a Gestão de Compras pode gerar valor dentro deste contexto. Procura também contextualizar a Gestão Estratégica de Compras no Supply Chain Management em suas nuances e particularidades. Por fim, aborda a evolução da Gestão de Compras ao longo dos anos dentro das organizações.

Capítulo 2 – Compras estratégicas (*Strategic Sourcing*) e Gestão de categorias de Compras – Objetiva contextualizar a estratégia empresarial e as implicações as Compras Estratégicas e contratações, além de apresentar as melhores práticas, modelos e barreiras na implantação de Compras Estratégicas e, discutir a gestão de categorias sob a ótica metodológica: passos, ferramentas, controles e interfaces.

Capítulo 3 – Inteligência em Compras – Mostra a importância de monitorar e gerir informações de mercado para a Gestão de Compras. Desta forma, contextualiza a inteligência de mercado e a Gestão Estratégica de Compras e discute nuances, aplicabilidades, ferramentas e práticas usuais de mercado.

Capítulo 4 – Gestão do relacionamento com fornecedores (*Supplier Relationship Management* – SRM) – Discute o relacionamento tradicional entre compradores e vendedores, traduzindo-o em metas e indicadores mensuráveis. São trabalhados fluxos e regras de ponderação das dimensões a serem medidas.

Capítulo 5 – Gestão do risco com fornecedores (*Supplier Risk Assessment* – SRA) – Propõe-se a discutir o risco empresarial e as implicações na cadeia de suprimentos, as modelagens para a gestão do risco com fornecedores, bem como as ferramentas e práticas para gestão e situações reais.

Capítulo 6 – Organização de Compras – Contextualiza a importância dos modelos organizacionais para o alcance das Compras Estratégicas e a efetividade dos processos de trabalho, discute diferentes modelos organizacionais de Compras e suas aplicabilidades e ainda traça os diferentes perfis profissionais requeridos e as necessidades de capacitação.

Capítulo 7 – Processos de Compras – Mostra a relevância dos processos de Compras para o alcance dos objetivos estratégicos das organizações, bem como a importância da produtividade nestes processos. Visa ainda a definir o escopo dos processos de Compras usualmente utilizados (*procure-to-pay*), discutindo os modelos, ferramentas mais usuais (RFPs, RFQs, Leilões etc.), bem como as soluções tecnológicas (*e-procurement*).

Capítulo 8 – Gestão de contratos em Compras – Visa a contextualizar a gestão do ciclo de vida de contratações – Contract Lifecycle Management (CLM) nos processos empresariais, discute as implicações do CLM na Gestão de Compras e apresenta metodologias, ferramentas e práticas para a gestão de contratos sob a ótica da aquisição.

Capítulo 9 – Negociando a Compra: do diálogo à decisão – Explica, de forma leve, a importância da negociação no contexto de Compras. Procura ainda trabalhar o processo da negociação, suas implicações comportamentais, seus conceitos e ferramentas para a Gestão de Compras.

Capítulo 10 – Sustentabilidade e Compras – Contextualiza a temática da sustentabilidade nos dias atuais e a responsabilidade social e ambiental das empresas, o desenvolvimento sustentável, o *triple bottom line* e também as implicações e riscos na Gestão de Compras e no relacionamento com fornecedores. Apresenta ainda modelagens e ferramentas.

Capítulo 11 – Tributação em Compras – Discute os principais conceitos e o modelo tributário brasileiro em suas diferentes alçadas: Federal, estadual e municipal. Procura trabalhar ainda, por meio de exemplos, as diferentes implicações tributárias para a Gestão de Compras.

Como pode ser visto, o propósito deste livro é ambicioso, porém não é exaustivo. A intenção não é varrer em escopo ou em profundidade todas as possibilidades de discussão na Gestão de Compras, mas servir de base para uma reflexão inicial sobre este tema no Brasil. Neste sentido, sentimo-nos satisfeitos. Em nome de todos os autores, espero que goste desta obra.

Boa leitura!
Claudio Mitsutani

Capítulo 1

IMPORTÂNCIA ESTRATÉGICA DA GESTÃO DE COMPRAS

Claudio Mitsutani

Neste capítulo, você estudará:

- Desafios estratégicos das organizações em tempos de mudança;
- Gestão de Compras, da cadeia de suprimentos e da cadeia de valores;
- A importância estratégica da Gestão de Compras nas organizações.

Desafios estratégicos das organizações em tempos de mudança

Ao longo dos anos, as organizações têm passado por diversas fases em sua evolução, movimento este que ocorre dentro de um contexto sociopolítico nas sociedades. A seguir, avaliaremos sucintamente a evolução nos últimos 50 anos e, também, os desafios estratégicos das organizações.

A evolução sociopolítica e os desafios empresariais

Anos 1950 e 1960

A partir do pós-guerra até os anos 1960, teve início a formação da classe média nos países ricos, que se desenvolveram em um ambiente razoavelmente estável, economicamente, após o final da Segunda Guerra Mundial. Os mercados ainda eram comparativamente fechados e protegidos, fruto, em parte, da divisão global nos blocos capitalista e socialista; sendo assim, as grandes empresas e organizações concentravam-se muito em atender às demandas dos países ricos e desenvolver produtos e serviços que respondessem às demandas e exigências crescentes dos consumidores e ao desenvolvimento ainda prematuro da competição. Não é à toa que boa parte das ferramentas atuais de gestão de marketing e de planejamento estratégico foi desenvolvida neste momento.

O Brasil, com suas particularidades, não foi diferente em suas ações nesta época. O ambiente político nacional inicialmente flertou com os dois grandes regimes globais, o capitalismo e o socialismo, e, posteriormente, alinhou-se a um deles, enclausurando-se no regime militar. O mercado nacional foi fechado às importações, tornando-o menos competitivo às empresas. Assim, o principal objetivo era vender para suprir a demanda da classe média urbana crescente nacional e internacional, sem se preocupar tanto com inovação ou custos, uma vez que as margens eram garantidas pela demanda, contrabalanceando, assim, a baixa competição e a consequente irrisória produtividade empresarial. Em consequência, funções ligadas à operação – por exemplo, suprimentos – eram deixadas em segundo plano, e cabia a elas entregar os produtos e serviços, e, também, gerar o mínimo de problemas possível.

Anos 1970 e 1980

Já na década de 1970, as coisas começaram a mudar: as crises do petróleo (em 1973 e 1979) auferiram incrementos significativos e rápidos nos custos das empresas, e, principalmente, no bolso do consumidor, o que gerou desequilíbrio nos mecanismos econômicos.

Um setor empresarial que sofreu muito com isso foi a indústria automobilística. Todavia, as montadoras japonesas, particularmente a Toyota, aproveitaram a oportunidade e lançaram seus carros baratos, econômicos e confiáveis no mercado norte-americano, obtendo com isso um enorme sucesso em virtude da busca contínua da produtividade e do estreitamento das relações com fornecedores e parceiros, de forma integrada. Em virtude desse sucesso, com o tempo, as empresas ocidentais foram incorporando muito dos aspectos processuais, organizacionais e metodológicos das empresas orientais.

Anos 1990

O final dos anos 1980 e início dos anos 1990 foram marcados pela queda do muro de Berlim e pela entrada dos processos neoliberais de privatização nos países, o que levou à abertura de mercados internacionais e à facilitação legal e logística entre países, fenômeno conhecido como "globalização".

No Brasil, esse fenômeno também foi identificado a partir do governo Collor, no início dos anos 1990, com a abertura às importações e, posteriormente, nos governos Itamar Franco e Fernando Henrique Cardoso, com o processo de privatização. As empresas, há muito acostumadas a um nível menor de competição, foram surpreendidas e tiveram de se adaptar a uma nova realidade econômica, sendo necessário, para isso, muitos ajustes estruturais.

Entretanto, é importante ressaltar que essas mudanças também trouxeram oportunidades, como os novos mercados para exportação e as novas fontes de fornecimento no âmbito global (*global sourcing*), fator este que incentivou as empresas a se preocuparem muito mais com seus suprimentos.

Ainda no início dos anos 1990, houve um advento que trouxe novas formas de gestão às empresas: a reengenharia. Essa ferramenta também tem suas origens nas técnicas japonesas, as quais buscam focalizar os esforços contínuos na melhoria dos processos de trabalho, atuando nas variáveis que afetam tais métodos e garantindo, assim, resultados melhores e sustentáveis.

Essa é uma abordagem diferente do paradigma de gestão empresarial vigente até então, que procurava centralizar esforços no planejamento, na alocação de recursos e na utilização de mecanismos de controle de resultados, isto é, focalizar no "quê" em vez de no "como". Independentemente de preferências ou dos costumes, o fato é que a reengenharia assolou as empresas, e acadêmicos e consultores como Rummler, Brache e Michael Hammer foram muito requisitados, uma vez que quase todas as grandes corporações passaram por revisão de seus processos para enxugar ineficiências.

O argumento era que, para as empresas sobreviverem, elas deveriam ser produtivas; portanto, se a produtividade fosse menor que a da concorrência, o nível de retorno seria abaixo da média do setor e, consequentemente, deixaria de atrair novos investimentos. Houve excessos também: em muitos casos, a revisão de processos representou redução de custos de curto prazo e, mais especificamente, corte de pessoal.

Mas "onda" da reengenharia passou, e as lições positivas que ficaram eram que, como afirma Michael E. Porter, a "produtividade é fundamental e necessária, mas não suficiente"[1], pois também é preciso ter estratégias claras de negócio orientadas para a diferenciação e geração de valor no longo prazo.

Ainda nos anos 1990 houve a assimilação massificada das ferramentas de tecnologia: computadores de uso pessoal e a internet. Aumentou-se assim a velocidade da transmissão da informação, levando praticamente ao tempo real. Talvez o maior impacto deste tema no âmbito mundial tenha sido a globalização em tempo real dos mercados de capital. Conjuntamente à liberalização destes, o fluxo financeiro passou a ser realmente global e em tempo real. No tocante às empresas, estas tiveram que se adaptar ao paradigma da alta velocidade da informação.

No Brasil, todos esses fatos e impactos também foram sentidos.

Anos 2000

Alguns fatos estruturais tiveram impacto direto para as organizações nos anos 2000, entre eles a crise de confiança no modelo de governança de empresas multinacionais, particularmente as norte-americanas, a crise econômica mundial e a ascensão do BRIC (Brasil, Rússia, Índia e China).

A falência de empresas como a Enron, no início dos anos 2000, salientou a fragilidade da governança empresarial de companhias em mercados até então considerados maduros. A partir desse momento, governos e as próprias empresas passaram a adotar padrões cada vez mais rígidos de controle para minimizar riscos à população, às corporações e aos investidores.

---

[1] PORTER M. E. What is Strategy? *Harvard Business Review*, 1996.

Para aumentar o controle sobre as operações das empresas, foi criada a Lei Sarbannes-Oxley (SOX),[2] o que levou as companhias a adotar padrões cada vez mais rígidos em sua gestão de riscos corporativos, sejam eles financeiros, sociais ou ambientais.

A partir de 2007, a ruptura na confiança do crédito hipotecário imobiliário norte-americano desencadeou a crise econômica que assolou a maioria dos países do mundo e impactou diretamente os investimentos privados e o fluxo de capitais "dentro" e "entre" os países, em especial aqueles mais ricos e com níveis de consumo interno estáveis. Ao mesmo tempo, países emergentes – particularmente os integrantes do Bric, denominação criada pelo economista Jim O'Neill –, passaram a ter representatividade econômica e política mais destacada no cenário global. Consequentemente, esses países passaram a atrair cada vez mais fluxo de capital internacional, seja pelos seus mercados internos pujantes, pelas fontes de energia relativamente baratas, por serem provedoras de *commodities*, seja porque os mercados mais maduros estavam em crise.

O Brasil tem sido um dos melhores exemplos nesse contexto, uma vez que possui um enorme mercado interno e tem melhorado seu processo de distribuição de renda. Segundo Marcelo Neri,[3] de 2001 a 2009, a renda média dos 10% mais ricos da população no Brasil ampliou 12,8%, ao passo que a renda média dos 10% mas pobres cresceu 69,1%. No entanto, a entrega da demanda gerada pelo crescimento econômico no Brasil resvalou nas ineficiências e obsolescências da infraestrutura e do ambiente regulatório retrógrados, e as empresas então

[2] A Lei Sarbanes-Oxley, promulgada em janeiro de 2002, foi uma reação da legislação norte-americana aos escândalos ocorridos em empresas como Enron e Worldcom, que estabelece algumas regras para a governança corporativa no que diz respeito às emissões de relatórios financeiros. Embora essa legislação se destine às empresas norte-americanas, ela também atinge as empresas com capital aberto negociados na Bolsa de Nova York (NYSE). O objetivo dessa lei é, entre outras coisas, coibir o abuso por meio da ampliação das exigências de governança corporativa, implementar mudanças efetivas e sustentáveis para recuperar a confiança dos investidores no mercado de capitais e aumentar a transparência das informações divulgadas pelas empresas e instituições do mercado de capitais.

[3] NERI, M. *A nova classe média*: o lado brilhante da base da pirâmide. São Paulo: Saraiva, 2011.

se viram obrigadas a contornar o chamado "custo Brasil" com aumentos de produtividade. Nesse sentido, a gestão da cadeia de suprimentos e, particularmente, a Gestão de Compras passaram a ser protagonista.

Gestão de Compras, da cadeia de suprimentos e da cadeia de valores

Neste tópico, abordaremos a concepção e os níveis de relacionamento entre alguns conceitos fundamentais para a gestão empresarial: Gestão de Compras, gestão da cadeia de suprimentos e cadeia de valores.

Cadeia de valores

Começando pelo tema mais abrangente, conforme o acadêmico Michael E. Porter[4], a cadeia de valores de determinada empresa corresponde ao conjunto de atividades desta que, somadas, gerarão valor aos seus clientes. Tais atividades incluem a concepção dos produtos e serviços a serem comercializados, o planejamento de demanda, produção e, se for o caso, logística de entrega, venda, pós-vendas, entre outros. Além disso, envolve atividades de suporte, como tecnologia da informação, recursos humanos, Compras, entre outros, conforme mostra a Figura 1.1.

Independente de questões de formato, o mais importante é o foco na geração de valor sob a óptica competitiva, tema central dos trabalhos do professor Porter. Isso se demonstra no preço que o cliente estará disposto a pagar pelo produto ou serviço oferecido e escolhido entre outros da concorrência, de acordo com a percepção de valor que este poderá oferecer. A diferença entre o preço pago e os custos associados às atividades da cadeia de valores corresponde à margem auferida, ou seja, quanto maior for a percepção de valor gerada ao cliente pela cadeia de valores da empresa, maior será a margem. Assim, o fator preponderante para a empresa se posicionar é a percepção de valor a ser obtida, e não apenas o custo.

---

[4] PORTER, M. E. *Vantagem competitiva*. Rio de Janeiro: Campus, 1996.

Figura 1.1 Cadeia de valores genérica, segundo Porter

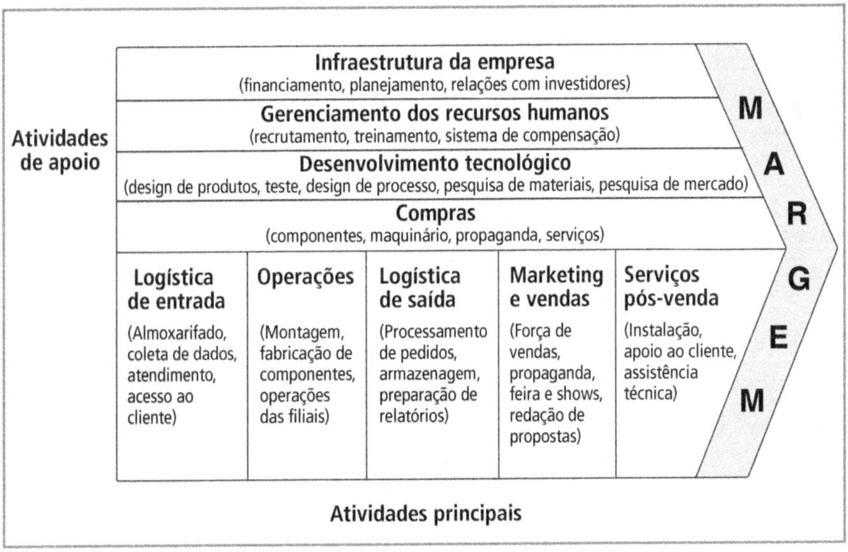

Fonte: PORTER M. E. *Vantagem competitiva*. Rio de Janeiro: Campus, 1996.

Indo além nesse contexto, pode-se avaliar a geração de valor de uma cadeia produtiva de um setor empresarial, e não apenas de uma empresa; isso é o que alguns acadêmicos chamam de cadeia de valores estendida. Por exemplo, quanto vale um frasco de xampu na gôndola de um supermercado? Até chegar lá, foram necessários insumos básicos para produção, como plásticos, aditivos químicos, elementos naturais etc., até que se chegasse à produção do xampu em si e sua embalagem. Posteriormente, ocorre a distribuição por meio do atacadista e, por fim, esse produto chega ao varejista, que o vende ao consumidor final.

Sendo assim, devemos nos fazer algumas perguntas: “Como cada cadeia de valores de cada empresa influencia na geração de valor total do setor?”, “Quais fases da cadeia produtiva geram mais valor?”, “Quais possuem ambiente competitivo mais acirrado?”, pois obter respostas à essas questões é fundamental para a competitividade empresarial.

Gestão da cadeia de suprimentos

A gestão da cadeia de suprimentos, também é conhecida como *supply chain management* (SCM), é, segundo Cooper, Lambert e Pagh,[5] "a integração dos processos de negócios do usuário final aos fornecedores originais que viabilizam produtos, serviços e informações que agregam valor para os clientes" (Figura 1.2).

Figura 1.2 Processos envolvidos na gestão da cadeia de suprimentos

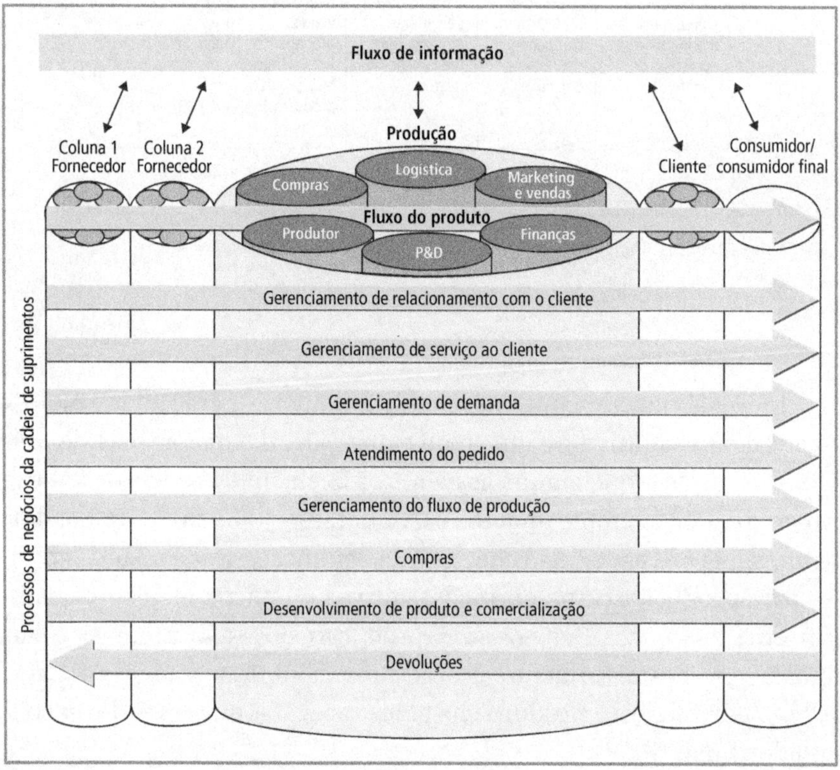

Fonte: COOPER, LAMBERT e PAGH, 1997.

[5] COOPER, M. C.; LAMBERT D. M.; PAGH J. M. "Supply chain management: more than a new name for logistics". *The international journal of logistics management*, v. 8, n. 1, 1997, p. 1.

Monczka et al.[6] lembram que a gestão da cadeia de suprimentos considera essencialmente processos de negócio que cruzam as atividades funcionais de uma empresa. Essa é uma questão essencial porque, ao se falar de processos, pode-se também inferir produtividade, foco e geração de valor, e é exatamente neste sentido que a gestão da cadeia de suprimentos procura trabalhar: gerar valor por meio da produtividade, do foco e da excelência operacional nos processos que atendam às demandas de clientes desde os fornecedores.

Já sob o ponto de vista avaliado no conceito de cadeia de valores de Porter, o objetivo é maximizar a geração de valor do negócio, da empresa ou do setor em um ambiente competitivo; sendo que o conceito de cadeia de valores envolve também a cadeia de suprimentos.

Uma das formas de obter a geração de valor do negócio é por intermédio da excelência operacional dos processos da cadeia de suprimentos; todavia, é importante dizer que isso por si só não é suficiente para garantir a geração de valor do negócio. Outra forma de avaliar essa questão é por meio das estruturas organizacionais necessárias para obter os objetivos propostos de cada modelo.

Para gerir a cadeia de suprimentos são necessários profissionais das áreas envolvidas em seus processos (logística, produção, planejamento de vendas etc.) e das áreas de suporte a esses processos (recursos humanos, tecnologia da informação etc.). No caso da cadeia de valores, além desses profissionais, são necessários os de outras áreas, como planejamento estratégico, pesquisa e desenvolvimento, entre outros.

Gestão de Compras

A Gestão de Compras é a integração entre estratégias, processos e estruturas organizacionais que definam relacionamentos com fornecedores de tal forma que gere valor à organização. Dependendo da perspectiva da geração de valor na qual a Gestão de Compras está inserida, seus objetivos podem ser:

---

[6] MONCZKA R. M. et al. *Purchasing & supply chain management.* South Western: Cengage Learning, 2009.

- *Econômicos*: redução do custo total de aquisição, otimização de capital de giro e aumento da produtividade (excelência operacional) dos processos de aquisição.
- *Competitivos*: posicionamento competitivo de custos, geração de inovação via integração com fornecedores, monitoramento de competidores por meio da utilização de mecanismos de inteligência de mercado aplicada a fornecimento.
- *Social e ambiental:* gestão do risco com fornecedores, utilização de conceitos de sustentabilidade em Compras, gestão do relacionamento com fornecedores.

Dessa forma, observamos que a Gestão de Compras está inserida no contexto da gestão da cadeia de suprimentos, e esta, por sua vez, na cadeia de valores, uma vez que o relacionamento com fornecedores consta dos processos de integração entre fornecedores, a empresa e seus clientes. Entretanto, a Gestão de Compras tem elementos estratégicos específicos para a geração de valor ao negócio.

Processualmente, podemos entender a Gestão de Compras em duas grandes vertentes de processos: processos-chave e os processos de suporte. O primeiro envolve a aquisição dos bens e contratação serviços necessários para a operação da empresa ou organização. Normalmente, suas etapas têm início a partir da definição da necessidade da aquisição, verificação de fontes de fornecimento, licitação, negociação e a contratação do(s) fornecedores – atividades-chave de responsabilidade da estrutura organizacional de Compras.

Tem sido bastante comum estender o processo-chave de Compras até a efetivação dos pagamentos aos fornecedores. Nesse caso, o objetivo é avaliar os impactos financeiros da aquisição, particularmente sobre o capital de giro/contas a pagar. Esse processo estendido, que vai da definição da necessidade de compra até o efetivo pagamento, é conhecido como *procure-to-pay*, ou "da compra ao pagamento", conforme a Figura 1.3.

Entre os processos de suporte ligados à Gestão de Compras, podemos citar: gestão do risco de fornecedores, inteligência de mercado aplicada às Compras, gestão do desempenho de fornecedores, entre outros. Organizacionalmente, a Gestão de Compras é responsável

Figura 1.3 Processo de Compras

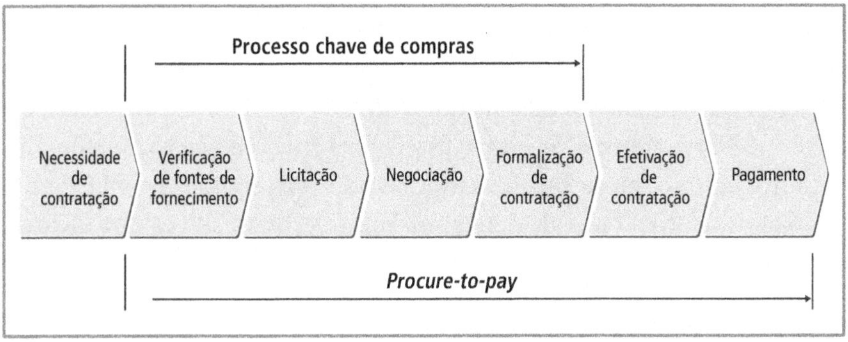

pelo processo-chave de Compras e pelos processos de suporte. Novamente, nesse contexto se observa que o escopo de responsabilidades dos gestores de Compras está inserido em um âmbito mais amplo, o da gestão da cadeia de suprimentos. Este último envolve outras estruturas organizacionais, como áreas de logística, planejamento de demanda, gestão de estoques e materiais, entre outros. Hierarquicamente, no entanto, nem sempre a Gestão de Compras está subordinada à gestão da cadeia de suprimentos, ou seja, a estrutura pode estar vinculada à gestão de operações, financeira ou, como tem-se tornado cada vez mais comum, presidência.

Um aspecto ligado à transparência e governança corporativa é de que três entidades diferentes gerenciam a definição de uma necessidade a ser comprada, a negociação e compra em si e o pagamento da compra. Neste caso, comumente são encontrados, respectivamente, os requisitantes, os gestores de Compras e os gestores financeiros.

Importância estratégica da Gestão de Compras nas organizações

Na maioria das vezes, a importância que se dá à Gestão de Compras dentro do ambiente das organizações é decorrente do potencial de maximização de valor econômico que a Gestão de Compras pode trazer, uma vez que não se pode negar que o volume de dispêndio monetário oriundo de Compras ou contratações de serviços que as organizações transacionam, de uma forma geral, é significante.

Um estudo realizado pela Caps Research, em 2012, nos Estados Unidos, com 153 empresas de doze diferentes setores empresariais mostrou que o dispêndio total adquirido ou contratado representa, em média, 47,14% sobre a receita, e esse percentual cresce a cada ano. No entanto, nem todos os setores empresariais apresentam perfil de aquisição significativo em valor, mas, em muitos casos, as vertentes estratégicas em que a Gestão de Compras está inserida podem ser de outra ordem – por exemplo, a garantia do abastecimento. Setores como o varejo, caracterizado pelas baixas margens e necessidade de geração de escala, possuem poucas oportunidades de melhoria ou ganhos no que tange às negociações de preço entre fabricantes e varejistas, e os muitos anos de competição e negociações acirradas trouxeram para essas empresas níveis de margem de lucro baixas.

No entanto, a garantia de abastecimento é vital, pois a falta de produtos nas prateleiras, ou quebra de gôndola, dos supermercados tem efeito devastador na geração de receitas das empresas. Assim, a negociação entre fabricantes e varejistas é extremamente importante, e, muitas vezes, agressiva, dado o volume econômico envolvido, porém, a garantia do abastecimento é crítica, trazendo ou não o diferencial competitivo no mercado.

Outros aspectos de extrema relevância têm sido considerados, por exemplo, os riscos envolvidos nos fornecimentos, a vulnerabilidade das empresas em questões ambientais e sociais no que tange aos seus fornecedores e a geração de inovação tecnológica a partir do desenvolvimento conjunto com fornecedores especialistas, aspectos que têm reforçado a importância estratégica da Gestão de Compras nas organizações. Exploraremos esses e outros aspectos a seguir.

Agregação de valor e diferencial competitivo

A geração de valor econômico é uma busca primária nas organizações com fins lucrativos. Os fatores que impulsionam a geração de valor de uma empresa são: o aumento de receitas, a diminuição dos gastos e a otimização do uso de capital. A Figura 1.4 ilustra essa temática.

Figura 1.4 Geração de valor

Analisando-se esses fatores, é possível perceber que alguns direcionadores (ou *drivers*) mostram, de forma direta, em que ponto agir. No caso das receitas, o *mix* de produto e a relação volume/preço são fundamentais, e a atuação de fornecedores estratégicos no desenvolvimento de inovação pode auxiliar neste aspecto.

No caso dos gastos, os que representam os *drivers* passíveis de melhorar o valor gerado são os custos diretos (aqueles associados ou produto, mercadoria ou serviço vendidos), os indiretos, as contratações de mão de obra e os serviços. Já no caso do capital, as atuações sobre o capital de giro (aquele montante necessário para gerir o negócio no curto prazo) em geral são mais significantes. Mais especificamente, podem-se citar contas a pagar, crédito e débito de impostos, e também os estoques. Além do capital de giro, podem-se nomear como otimização do capital empregado a compra (ou aluguel) de equipamentos e infraestrutura. Em outras palavras, todos esses *drivers*, de forma direta ou indireta, são afetados pela Gestão de Compras, ou seja, todos os fatores que geram valor econômico de uma organização são atingidos pela Gestão de Compras.

Como mencionado anteriormente, o montante de gastos comprados ou contratados é relevante dentre boa parte das organizações. No estudo da Caps Research, em 2012, representam 47,14% sobre a receita; além disso, o potencial de melhorias no capital empregado e na elevação da receita fazem a Gestão de Compras um potencial gerador de valor econômico. Avaliando a questão econômica sob outro prisma, os dispêndios indiretos (não associados diretamente aos produtos e serviços vendidos) têm crescido ano a ano.

Outro estudo realizado pela Caps Research entre várias das maiores empresas nos Estados Unidos revela que as corporações pesquisadas esperam crescimento desses gastos em 13% ao ano nos próximos 5 anos. Faz sentido essa expectativa, à medida que cada vez mais atividades não essenciais são terceirizadas. Além disso, gastos com a imagem corporativa e marketing têm sido cada vez maiores, como vemos, por exemplo, com as empresas de cosméticos, e os gastos diretos com matérias-primas e embalagens representam, eventualmente, menos de 15% sobre as receitas. No entanto, os gastos com a comercialização, envolvendo a distribuição e marketing, podem chegar a mais de 30% da receita.

Se analisarmos, perceberemos que até mesmo a produção dos cosméticos em geral é terceirizada, o que implica um crescimento na mesma proporção no escopo de trabalho da Gestão de Compras e no potencial de geração de valor econômico.

Em mercados cada vez mais competitivos, a geração de valor econômico de uma organização define não só o retorno ao acionista, mas, no curto prazo, define também a capacidade de reinvestimento e a atratividade dessa organização perante o mercado, aumentando, assim, o diferencial competitivo no longo prazo.

Risco, inovação e sustentabilidade

As cadeias de suprimentos estão cada vez mais suscetíveis a riscos na sua estrutura, tendo em vista que fornecedores e fornecimentos podem gerar risco aos negócios das empresas. Além disso, rupturas nas provisões, problemas operacionais, problemas de qualidade, sociais e ambientais podem ser possíveis entraves às organizações. Sendo assim, a grande preocupação dos gestores de Compras é como gerenciar o risco associado aos fornecedores e fornecimentos.

A gestão do risco por si só pode ser uma temática de estudo e atuação dentro das organizações, uma vez que tem sido comum grandes organizações desenvolverem iniciativas para identificar possíveis fontes de risco e as implicações deste, e selecionar aquelas que potencialmente podem oferecer maior impacto e com maior probabilidade de ocorrer. Elas criam, inclusive, estruturas organizacionais para gerir os riscos associados e planos de ação para gerir os riscos.

A Vale, grande empresa mineradora de capital brasileiro, atua em vários países com grande dependência de fornecedores locais de todos os portes. Muitos dos pequenos fornecedores da Vale estão geograficamente instalados em localidades com pouco desenvolvimento econômico. Apesar da imensa diferença de porte entre a Vale, maior empresa privada brasileira, e os seus pequenos fornecedores, o grau de dependência mútua é significante.

Em 2008, a Vale lançou o programa Inove, que busca desenvolver fornecedores de pequeno porte por meio de financiamento com taxas de juros mais atrativas do que aquelas que as pequenas empresas normalmente obteriam em bancos. Além disso, ela atua também no treinamento e na capacitação desses fornecedores com cursos online e presenciais. Assim, a Vale trabalha muito diretamente os riscos associados aos seus fornecedores e, em uma visão mais ampla, podemos dizer que ela habilita a sustentabilidade de seus negócios por meio da parceira com seus fornecedores. Esse tipo de deliberação, no caso da Vale, demonstra a importância dos líderes de cadeias produtivas em "puxar" o desenvolvimento dessas cadeias por meio de incentivos financeiros, transferência de *know-how* e sustentabilidade de seus parceiros.

No tocante à responsabilidade social e ambiental, também se tem verificado que grandes empresas, representantes-chave de cadeias produtivas, são as que normalmente conduzem seus parceiros à atuação de forma mais assertiva à temática de responsabilidade social e ambiental. Esse fato não é uma surpresa, pois são justamente as grandes corporações que possuem mais condições para formar programas de responsabilidade social e ambiental, e também de envolver seus fornecedores. Em outras palavras, são as que possuem fôlego financeiro, recursos humanos e *know-how* apropriados – as temáticas do risco e sustentabilidade associados a Compras serão tratadas com mais detalhes posteriormente em capítulos específicos.

A inovação pode gerar a vantagem competitiva, e muitas das oportunidades de inovação podem vir dos fornecedores, uma vez que são os especialistas nos produtos e serviços que oferecem. A questão, portanto, é como capturar essas oportunidades, alinhar as expectativas mútuas entre fornecedor e comprador, e prover ganho compartilhado. Cadeias de fornecimento longas, interdependentes e com base tecnológica alta são tradicionalmente fortes na captura de inovação entre compradores e fornecedores – por exemplo, as indústrias aeronáutica e automobilística.

Um exemplo disso é o processo de seleção de fornecedores na Toyota, que é longo, demorado e envolve os detalhamentos do funcionamento e da gestão das empresas provedoras. Em certos casos, fornecedores são escolhidos por sua capacidade de gerar inovação e, consequentemente, reduzir custos e aumentar a produtividade. A expectativa com fornecedores novos e antigos é de que eles compartilhem sua inovação com outros fabricantes que produzem partes semelhantes, pois, dessa forma, a geração de oportunidades de inovação é enorme para a empresa. Em contrapartida, a Toyota não busca aumentar o número de fornecedores para ter uma oferta competitiva na negociação, mas, ao contrário, reduzir o número de fornecedores, estreitando o relacionamento de longo prazo com eles.

Um estudo realizado pela consultoria A. T. Kearney indicou, a partir de constatações com gestores globais de Compras de grandes empresas, que os fornecedores destas têm um papel crescente na geração de valor da empresa compradora. Verificou-se ainda que os fornecedores têm um papel estendido na geração de valor dos clientes de seus clientes e, consequentemente, as empresas compradoras precisam aprender a gerir o portfólio de relacionamentos.

Evolução da Gestão de Compras como agente estratégico

As relações de compra e venda existem desde que as sociedades humanas se formaram e desde que a troca de mercadorias se fizeram necessárias, o que nos leva a concluir que a atividade de Compras é milenar. Porém, sob a óptica das organizações, a preocupação e estruturação de funções e processos é bem mais recente.

Um momento de rápida evolução da função Compras ocorreu a partir da Revolução Industrial na Europa. Estudos e publicações que datam do século XIX ressaltam a importância do "Homem de materiais" responsável por inúmeras funções da seleção, compra, recebimento e entrega de todos os materiais necessários às operação de minas de exploração e, também, no setor têxtil.

Monczka et al.,[7] lembram, sob a óptica da história norte-americana, a evolução da função Compras a partir da segunda metade do século XIX e início do XX no ambiente das ferrovias. Eles salientam que, nesse período, algumas organizações perceberam a importância da separação da função de Compras como entidade organizacional com preparo técnico específico.

A partir da Primeira Guerra Mundial e, também, na Segunda Guerra Mundial, a Gestão de Compras se tornou ainda mais relevante, dadas as necessidades de suprimento de artífices e recursos. Além disso, particularmente nos Estados Unidos, a indústria do consumo se fazia cada vez mais presente, e a função Compras dentro dessas empresas era cada vez mais necessária. Segundo Monczka,[8] em 1945, nos Estados Unidos, havia 49 faculdades que ofereciam cursos ligados à Gestão de Compras, e a Associação nacional de agentes de Compras norte-americana contabilizava 9.400 associados.

Esses autores verificam ainda que, a partir de 1945, a Gestão de Compras foi rebaixada e vista como função negativa dentro das organizações, visto que as empresas passaram a dar mais importância ao atendimento à demanda, no sentido de satisfação do cliente e, também, à geração de valor ao acionista, tudo isso em detrimento ao desenvolvimento do conhecimento de operações e, mais especificamente, de Gestão de Compras. De fato, foi justamente no período pós-segunda Grande Guerra que muitos dos principais conceitos de planejamento estratégico empresarial e marketing foram desenvolvidos, como já mencionado anteriormente, e o Modelo GE e a análise SWOT são exemplos disso.

Do outro lado do mundo, porém, muitos desenvolvimentos na Gestão de Compras foram realizados nesse período. Como mencionado

---

[7] MONCZKA et al., 2009.

[8] Idem, 2009.

anteriormente, as empresas japonesas do setor automobilístico desenvolveram os conceitos que foram conhecidos no ocidente como a "qualidade total". *Just-in-time*, Kaizen, melhoria contínua também são conceitos e métodos desenvolvidos neste contexto. Colocando de forma simples, a qualidade total busca melhorar produtos e serviços oferecidos aos seus consumidores, atendendo melhor às necessidades e com custos menores que os concorrentes. Para se chegar a isso, busca-se atuar nos processos de trabalho, otimizando-os de forma recorrente, reduzindo erros e perdas continuamente, e até mesmo retirando os processos que não agregam valor ao produto ou ao cliente.

Uma característica marcante dessa forma de trabalhar é a simplificação das ações, regras simples e diretas que agem sobre os possíveis pontos que possam gerar perdas e retrabalhos, e essas melhorias são efetuadas em todos os níveis, mas especialmente nos operacionais do trabalho, no dia a dia dos processos produtivos ou administrativos. A extensão desse conceito é ir além das fronteiras dos processos internos de uma organização (planejamento, produção e desenvolvimento de produto), alcançando os outros elos da cadeia produtiva, ou seja, os distribuidores, os fornecedores e os fornecedores dos fornecedores.

O "modelo Toyota de produção", o mais famoso sistema de qualidade total, faz os fornecedores assumirem responsabilidades nos processos de inovação e entrega de insumos, indo além das tradicionais relações comercias de compra e venda. Os fornecedores efetivamente participam e são incentivados a melhorar seus processos produtivos, e o nível de resposta deles obviamente depende de seu grau de comprometimento e de maturidade organizacional. Esse formato de relacionamento deu muito certo no Japão, entre outros fatores, pelo seu contexto político e econômico, uma vez que as empresas estão acostumadas a trabalhar em conglomerados (grupos de empresas centrais e empresas satélites), formando relações estreitas entre vários níveis das cadeias produtivas. Esse conceito é conhecido como Zaibatsu (utilizado até a Segunda Guerra Mundial) e Keiretsu (atualmente utilizado).

A partir de então alguns indícios da preocupação de que a Gestão de Compras deveria tornar-se estratégica passavam a aparecer. Começou a haver uma preocupação com a Gestão de Compras como gerador de valor ao negócio, conforme mencionado anteriormente, e como um provedor de estratégias de fornecimento, e não apenas gestor de materiais.

Nos anos 1980, Kraljic[9] propôs que as organizações deveriam avaliar vários fatores para implementar diferentes estratégias de fornecimento com seus provedores. Fica claro, assim como no modelo Toyota de produção, que as organizações deveriam estruturar diferentes formatos de relacionamento com seus fornecedores.

Diferentemente do caso da Toyota, cujo estreitamento do relacionamento se daria de forma evolutiva em função, por exemplo, da maturidade dos fornecedores e do grau de confiança alcançados, Kraljic propunha que fatores estruturais internos e externos à organização compradora definiriam as estratégias de fornecimento, e os fatores internos (valor econômico comprado, impacto na lucratividade etc.) seriam a importância estratégica que os materiais e serviços comprados representariam para a organização. Esses fatores externos estariam ligados à complexidade dos mercados fornecedores dos respectivos insumos ou serviços: nível de dependência dos mercados fornecedores, barreiras de entrada de novos provedores, dependência tecnológica entre outros.

Figura 1.5 Caracterização de itens comprados

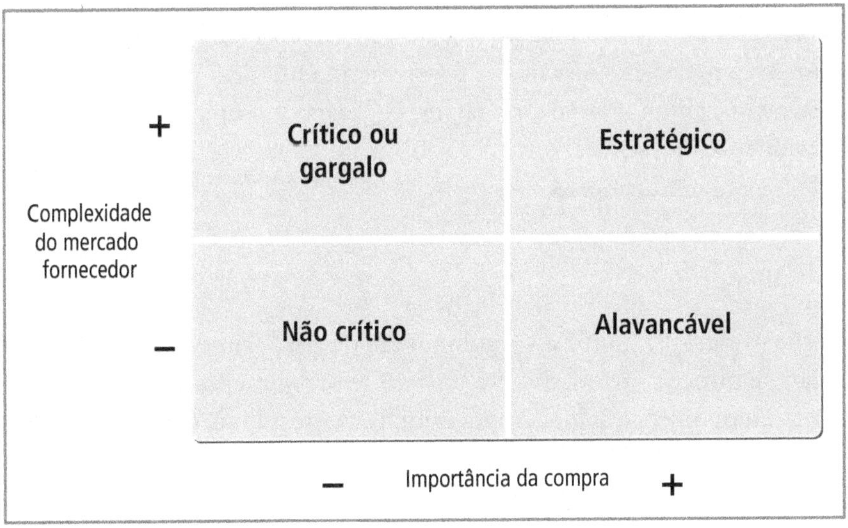

Fonte: Adaptado de KRALJIC, 1983.

---

9 KRALJIC, P. Purchasing must become supply management. *Harvard Business Review*, set./out. 1983.

O mapeamento dos mercados fornecedores de uma organização, à luz desses dois fatores, trariam diferentes opções de relacionamento da organização com seus fornecedores, as quais buscariam otimizar as relações de geração de valor e gerenciamento de riscos. A Figura 1.5 ilustra o modelo desenvolvido por Kraljic.

Importância da compra

A partir do mapeamento dos itens comprados ou serviços contratados, é possível traçar diferentes estratégias de relacionamento. Veremos as principais a seguir.

Crítico ou gargalo

O grau de dependência da organização com relação aos fornecedores pode ser alto, o número destes no mercado, pequeno ou, ainda, as características técnicas do fornecimento, complexas. Em suma, o risco de fornecimento é alto. No entanto, a importância interna da compra é pequena e, portanto, sua relevância na geração de valor exígua.

A estratégia de fornecimento mais relevante é a redução de riscos associados ao abastecimento por meio de contratos de longo prazo com esses poucos fornecedores, desenvolvimento de fornecedores alternativos ou, ainda, mudanças nas especificações técnicas dos insumos. Claramente, nesse caso a responsabilidade na execução dessas tarefas é da Gestão de Compras.

Não crítico

Nessa estratégia, tanto a complexidade do fornecimento quanto a relevância interna são baixas. No entanto, normalmente são os itens que demandam muita atividade operacional da Gestão de Compras, dada a dispersão de itens, o que compromete o foco em outras atividade de maior valor agregado dentro da Gestão de Compras.

A estratégia primária é o aumento da produtividade das atividades operacionais da Gestão de Compras, que pode ser obtido por meio de contratos guarda-chuva com fornecedores, isto é, contratos que compreendam grande número de itens, facilitando, assim, a operacionalização da compra. Outra possibilidade é a redefinição de papéis e a responsabilidades na aquisição e aprovação do processo de Compras, autorizando os clientes internos para essas funções em detrimento dos gestores de Compras. Com isso, estes últimos deixam de realizar cotações de preço e de formalizar pedidos de compra para focar em outras atividades de maior valor agregado para a organização.

Alavancável

Aqui, a complexidade do fornecimento é baixa e a importância interna da compra, alta. Os impactos econômicos nas negociações com fornecedores desses itens podem ser significativos para a organização e, ao mesmo tempo, o risco associado ao fornecimento seria pequeno. A estratégia, nesse caso, seria a maximização de ganhos, e isso pode ser obtido pela compra em grandes volumes, pela substituição de fontes de fornecimento, entre outros fatores, e a responsabilidade, nesses casos, claramente é da Gestão de Compras.

Estratégico

Como o próprio nome diz, são itens com alta complexidade no mercado fornecedor e, ao mesmo tempo, com elevada importância interna do fornecimento. O possível impacto nos resultados e na geração de valor das organizações na gestão da compra desses itens é significativo, e os mercados fornecedores são complexos e oferecem riscos associados ao fornecimento.

Nesses casos, a estratégia mais adequada é a geração de vantagens competitivas em conjunto aos fornecedores, e os caminhos para isso são o investimento conjunto e a estruturação de parcerias de longo prazo. É fundamental que a organização acompanhe as tendências de custos dos insumos e utilize mecanismos de inteligência de mercado aplicada aos fornecedores. Boa parte da estruturação do relacionamento com os fornecedores deve ser feita pela direção da Gestão de Compras ou, ainda, da presidência da organização (o Quadro 1.1 resume os pontos apresentados).

Quadro 1.1 Estratégias de fornecimento

Caracterização	Responsável	Estratégia	Possíveis ações
Não crítico	Usuário final	Aumentar produtividade	Terceirização da compra
Alavancável	Compras	Maximizar ganhos	Compras *spots*, leilões
Crítico	Compras	Reduzir riscos	Contratos de longo prazo
Estratégico	Alta direção	Gerar vantagens competitivas	Parcerias, mútuo investimento

Fonte: Adaptado de KRALJIC, 1983.

Esse tipo de análise ainda é bastante difundido atualmente na Gestão Estratégica de Compras e serve não só para definir individualmente as possíveis estratégias de fornecimento dos itens comprados, mas também para avaliar o perfil de fornecimento da organização como um todo e definir as estratégias gerais da Gestão de Compras desta organização.

Como exemplo, uma grande empresa brasileira do setor financeiro realizou o mapeamento dos agrupamentos de itens comprados e contratos (também conhecidos como categorias de compra), conforme ilustra a Figura 1.6. Notou-se que boa parte dos itens comprados possuía complexidade alta no fornecimento e relativamente poucos itens possuíam baixa complexidade.

Em empresas de operações recorrentes com grandes margens de lucro associadas, um grande risco é a falha operacional no fornecimento, comprometendo, assim, a geração de receita e, consequentemente, a lucratividade. Era o caso dessa empresa do setor financeiro apresentada na Figura 1.6, para a qual um grande fator para a determinação da complexidade do mercado fornecedor era o risco de falha nas entregas dos provedores que poderiam comprometer a receita.

Pelo mapeamento, viu-se então a vulnerabilidade que a corporação possuía nesse quesito e, assim, boa parte das ações empresariais para a Gestão de Compras foram orientadas para a garantia do abastecimento e desenvolvimento de fornecedores.

Nos dias atuais, muitas ferramentas, sistemas e métodos têm sido utilizados na Gestão de Compras, e uma forma pertinente aos dias atuais de avaliar a evolução e a maturidade da Gestão de Compras é olhar como as empresas, ou grupos de empresas, estão perante as demais com

Figura 1.6 Mapeamento de categorias de Compras de empresa do setor financeiro

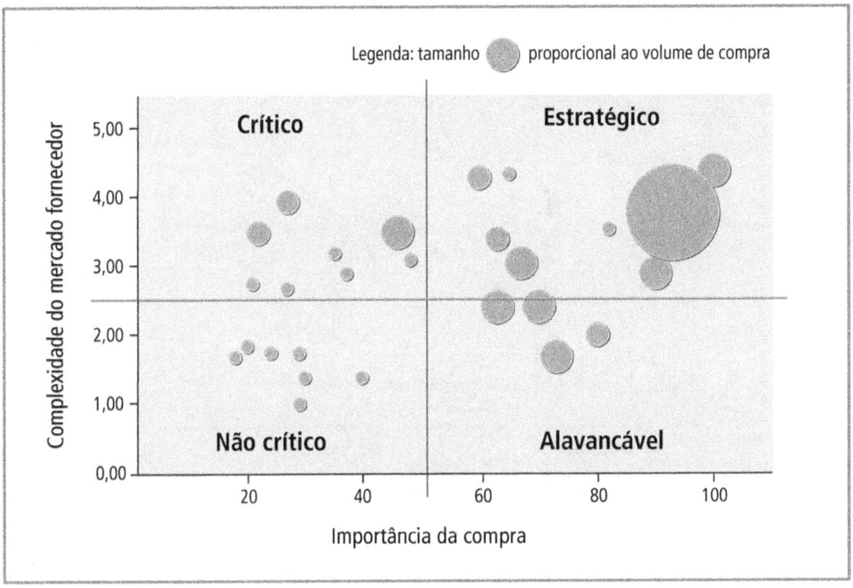

relação às visões, às estratégias e suas práticas. Há alguns estudos a esse respeito, os quais procuram dividir as empresas em diferentes níveis em relação à sua maturidade na Gestão de Compras, e uma das formas de avaliar estes possíveis estágios é mostrada na Figura 1.7.

Em um primeiro estágio de maturação, empresas focam suas ações na otimização de custos de aquisição, isto é, comprar mais barato. O foco é a negociação com fornecedores, eventualmente buscando a consolidação de volumes e fontes alternativas de fornecimento. Nesse estágio, o escopo de atuação está no próprio departamento de Compras, e não são necessárias muitas interfaces com outros departamentos. Muitas das empresas atualmente estão nessa fase, pois o nível de entendimento do potencial de agregação de valor da Gestão de Compras ainda é baixo dentro dessas organizações.

Em um segundo estágio, as empresas estão focadas em otimizar o custo total, não só comprando mais barato, mas melhorando processos e planejando melhor a demanda e a utilização de recursos com impacto financeiro. Assim, as empresas estarão comprando e consumindo melhor,

Figura 1.7 Estágios de maturidade da Gestão de Compras

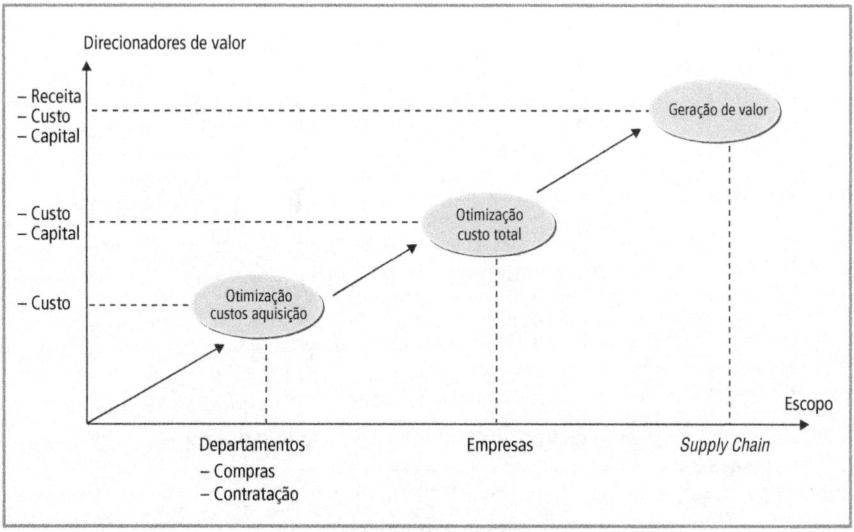

agregando valor não no custo, mas também na utilização do capital delas, pois poderão melhorar níveis de estoque, reduzir perdas e aumentar a produtividade – as empresas que passaram por iniciativas de revisão de seus processos podem enquadrar-se nesse estágio. Pode-se perceber que, para estar nesse estágio, o escopo de atuação da Gestão de Compras não se resume ao departamento de Compras, mas à toda a empresa, pois é necessária a integração e comunicação interdepartamental.

Em um terceiro estágio, as empresas focam suas ações na geração de valor para o negócio, e isso se dá pela busca da integração com a cadeia produtiva. Nesse sentido, a integração vai além da busca pela otimização de custo e capital, e passa também pela inovação e, consequentemente, pela geração de receitas. Empresas nesse estágio normalmente estão inseridas em setores bastante competitivos e com cadeias longas e interdependentes – por exemplo, as indústrias automobilística e aeronáutica – e, nesse estágio de evolução, é de se esperar que o nível de cooperação entre as empresas da cadeia de suprimentos seja alto, o que é verdadeiro, e que a cordialidade nas relações entre as corporações também fosse elevado em função do estreitamento das relações técnicas e comerciais, o que nem sempre ocorre.

Em muitos casos, o fiel da balança pende para o elo da cadeia de fornecimento que possui mais poder de barganha. Podemos ver um exemplo disso na indústria automobilística, na qual, em geral, as montadoras possuem mais poder de barganha que seus fornecedores de partes e componentes. Em decorrência disso, tem se verificado um movimento de consolidação de fornecedores da cadeia automobilística.

Pode-se verificar, dessa forma, que a maturação da Gestão de Compras se dá tanto pela conscientização do valor da área, quanto pela necessidade oriunda da competição dos mercados. Seja por uma razão ou outra, o fato é que a Gestão de Compras tem evoluído de forma consistente ao longo dos tempos.

Concluindo

As mudanças aos longos dos anos, sejam elas comerciais, tecnológicas ou comportamentais, têm afetado a forma de gerir os negócios e responder aos anseios da sociedade. Nesse contexto, o papel da Gestão de Compras é fundamental, seja como elemento dos processos de entrega dos produtos e serviços, seja como um diferencial competitivo e para gerir os riscos das organizações.

A forma de gerir os abastecimentos tem mudado drasticamente nos últimos anos, e tantos os elementos como a definição de macroestratégias baseadas na segmentação do perfil de compra, os processos de negócios cada vez mais produtivos e estruturas organizacionais têm evoluído de forma dramática.

Sendo assim, concluímos que a Gestão de Compras se tem posicionado como elo estratégico dentro das organizações, tornando-se um elemento-chave para o alcance das estratégias de negócio.

Capítulo 2

COMPRAS ESTRATÉGICAS (*STRATEGIC SOURCING*) E GESTÃO DE CATEGORIAS DE COMPRAS

Claudio Mitsutani

Neste capítulo, você estudará:

- Estratégias empresariais e as implicações para a Gestão de Compras;
- A Implementação das Compras Estratégicas;
- A Gestão de categorias de Compras.

Estratégias empresariais e as implicações para a Gestão de Compras

A definição das estratégias empresariais devem levar em conta os ambientes interno e externo à organização. Quanto ao interno, a empresa deve estar atenta a quais são suas potencialidades e fragilidades, os pontos fortes e fracos, e, também, as diretrizes dos acionistas, ou seja, em qual mercado a empresa gostaria de atuar, qual a lucratividade que se espera, a expectativa de participação de mercado, entre outros fatores.

Quanto aos fatores externos, podemos citar as ameaças e oportunidades da indústria (como as questões tributárias e aquelas ligadas ao câmbio) e, ao mesmo tempo, as expectativas dos clientes e da própria sociedade. A união desses fatores resultará no conjunto de elementos que influenciarão na definição dos caminhos que a organização deverá tomar (estratégias) – veja a Figura 2.1.

Figura 2.1 Estratégia empresarial

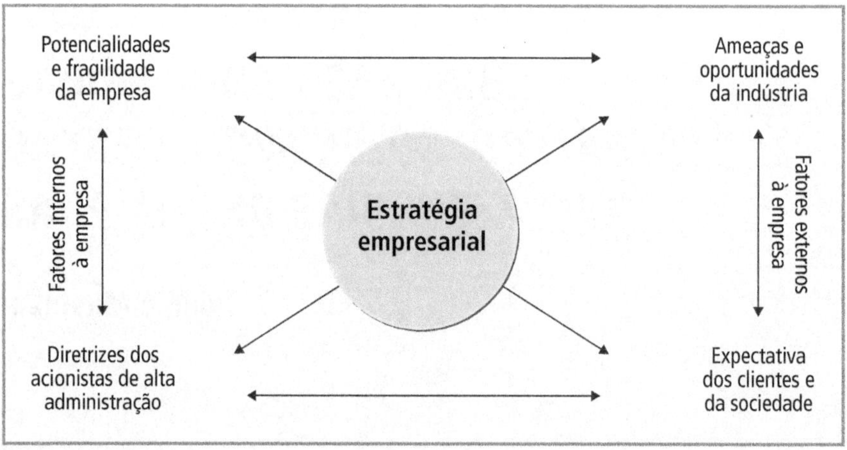

Fonte: PORTER M. E. *Vantagem competitiva.* Rio de Janeiro: Campus, 1996.

Conforme discutido no Capítulo 1, são várias as demandas estratégicas da Gestão de Compras e contratações. De maneira resumida, podemos considerar a garantia de fornecimento, a gestão dos riscos empresariais ligados à cadeia de fornecimento e a geração de valor econômico

Cada uma destas demandas, por sua vez, requer estratégias, processos e estruturas organizacionais próprias. É nesse ponto que a complexidade se eleva, pois, em geral, as organizações de Compras empresariais não estão preparadas para responder às demandas mencionadas. Normalmente, a organização de Compras é formada organicamente para atender à demanda de produtos e serviços, sem preocupar-se com questões estratégicas. Outro aspecto que dificulta é a cultura organizacional. Em geral, os departamentos (inclusive o de Compras) enxergam as atividades de Compras como puramente operacionais, não percebendo o potencial valor estratégico que as ações de Compras podem propiciar. Como então vencer as barreiras internas para implementar a Gestão de Compras que seja estratégica?

O que será discutido a seguir é a visão pragmática de possíveis passos que possam ajudar a implementar as estruturas de Compras

Estratégicas e que, com isso, possa agregar valor estratégico às organizações. Em outros capítulos, discutiremos mais a fundo aspectos estruturais da Gestão de Compras, como processos e estruturas organizacionais. Mas, por enquanto, abordaremos, de forma direta, quais ações são necessárias para garantir o alcance das demandas estratégicas da Gestão de Compras.

A implementação das Compras Estratégicas

A implementação das Compras Estratégicas enquanto iniciativa pode ser dividida em quatro fases:

- Diagnóstico das práticas atuais de Compras;
- Definição das estratégias de implementação;
- Implementação das Compras Estratégicas;
- Controle e melhoria contínua.

O diagnóstico das práticas atuais de Compras envolve diversas atividades, visando ao entendimento do contexto da Gestão de Compras e seus desafios. Essas ações são fundamentais para que, posteriormente, seja possível planejar as estratégias a serem definidas e corretamente implementadas. Nessa fase, as principais atividades são:

- *spend analysis* ou análise do dispêndio;
- entendimento dos processos atuais;
- alinhamento das práticas atuais com a estratégia empresarial; e
- avaliação do perfil organizacional de Compras.

Spend analysis, ou análise do dispêndio, significa o entendimento dos gastos e aquisições da organização e envolve o conhecimento e priorização (Pareto) das principais quebras desses gastos. Pode-se citar como possíveis quebras:

- Fornecedores atuais:
    - número de fornecedores;
    - principal fornecedor.

- Volumes:
  - por item e valor;
  - por localidade.

- Preços:
  - sazonalidade do preço;
  - dados históricos do preço.

Outra atividade importante é entender como funciona os processos da área de Compras. Para isso, é necessário compreender onde começa a definição do escopo, onde é gerada a necessidade de Compra, até a entrega ou pagamento do produto. Em muitos casos, são necessários mapeamentos e avaliação de produtividade dos de processos.

Entretanto, existem outras questões a serem observadas, por exemplo, o alinhamento estratégico do negócio, quais são as táticas dos concorrentes, como sua empresa deseja realizar a sua técnica de crescimento, como ela pretende realizar investimentos nos próximos anos, entre outros questionamentos. Isso é importante para que se possa avaliar como a organização de Compras está (ou não) respondendo a essas demandas.

Outro ponto a ser observado é como está a estrutura organizacional da área de Compras, mas especificamente o perfil organizacional dela, pois é importante entender como essa área é montada como um todo, qual é o perfil dos profissionais, qual é o nível de capacitação e a experiência dos responsáveis, entre outras questões.

A partir deste entendimento inicial, será possível definir as estratégias de implementação, que, nesse caso, implicará mudanças processuais e organizacionais. Uma ferramenta útil para esta definição é a matriz de relacionamentos proposta por Kraljic, conforme discutido no Capítulo 1 (veja a Figura 2.2).

Nesse contexto, será possível definir diferentes estratégias de relacionamento com os mais variados fornecedores da organização, estratégias estas que podem ser orientadas, por exemplo, para a redução de custos ou para a formação de parcerias.

Outra atividade importante a ser desenvolvida é avaliar quais serão as melhorias processuais necessárias para aumentar a produtividade dos

Figura 2.2 Caracterização de itens comprados

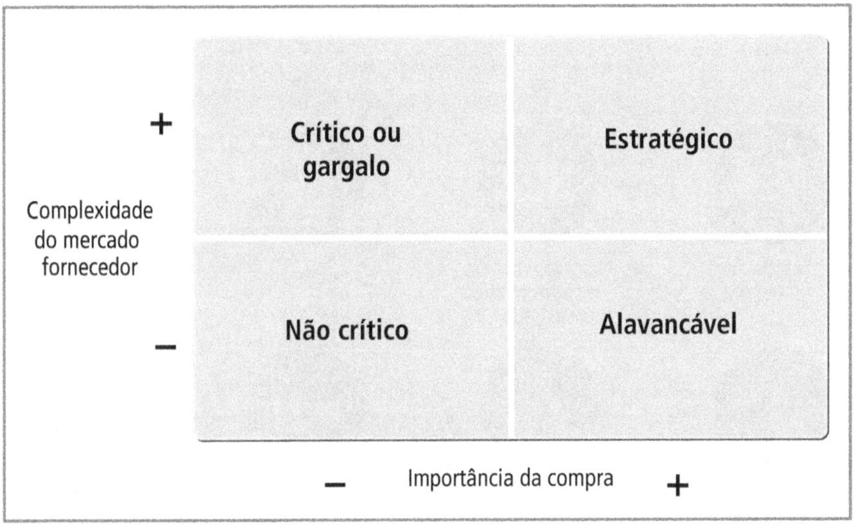

Fonte: Adaptado de KRALJIC, 1983.

processos de Compras (o *procure-to-pay*, como mencionado no Capítulo 1 – veja a Figura 2.3).

Por fim, avalia-se quais os impactos organizacionais no departamento de Compras, procurando respostas para perguntas como: "A estrutura está adequada à necessidades?"; "O perfil dos gestores de Compras está alinhado com a demanda?"; "O arranjo organizacional (matricial, funcional, misto) é adequado?". Respondendo a essas e outras perguntas, será possível definir plano para melhorar o desempenho.

Entramos, então, na fase de implementação das estratégias. Essa é a etapa crítica de todo o processo, pois as análises e os planos serão postos em prática e testados. Todavia, é importante tomar alguns cuidados que a implementação seja adequada, como validar as estratégias com outros departamentos e lideranças, e buscar apoio político e comprometimento no mais alto nível, de preferência na presidência ou conselho de administração.

Alinhar, comunicar e treinar equipe do departamento de Compras e envolvidos para as mudanças que seguirão também são fundamentais.

Figura 2.3 Processo de Compras

E mais: as ações de implementação não serão desenvolvidas apenas pela administração de Compras, mas também por outros departamentos, por exemplo, engenharia, financeiro, logística, planejamento de demanda, entre outros.

Com esses cuidados, a implementação das estratégias pode correr menos riscos, mas o ideal é que a implementação siga o formato de gestão de projeto, com atividades, prazos, recursos e responsáveis.

Uma vertente da implementação é a construção dos relacionamentos com fornecedores, conforme discutido anteriormente. Como são vários os fornecedores e formatos de relacionamentos, acordos e contratos a serem implementados, normalmente o que se faz é a elaboração gradual desses acordos com fornecedores. Um critério que tem auxiliado na escolha das diferentes ondas de implementação de acordos de fornecimento leva em consideração o potencial de ganhos e melhorias a serem obtidas a partir dos acordos fechados e a complexidade de efetivação destes mesmos acordos (veja a Figura 2.4).

Figura 2.4 Implementação de acordos de fornecimento

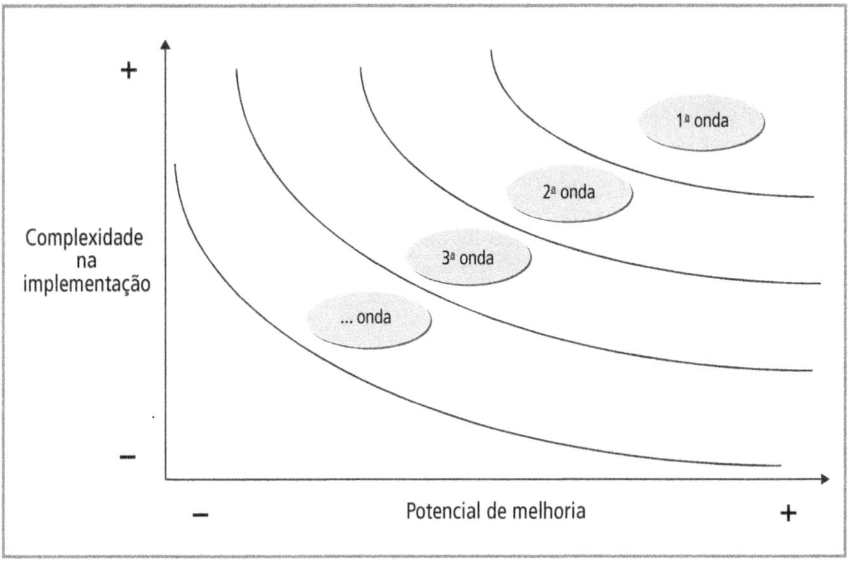

No entanto, a definição específica dos formatos de relacionamento com os fornecedores só ocorrerá quando da implementação em si, mais especificamente em cada categoria ou família de fornecimento – isso se deve à complexidade das variáveis envolvidas. Essa temática, também conhecida como gestão de categorias, será tratada separadamente neste mesmo capítulo.

Após feita a implementação, são necessários os instrumentos de controle e melhoria contínua, cujo objetivo é gerenciar, verificar se tudo que foi planejado nas etapas anteriores está, de fato, sendo colocado em prática. Para tanto, é necessário elaborar indicadores de desempenho (ou *Key Performance Indicators* – KPI) e, no caso de serviços internos ou com fornecedores, os indicadores de nível de serviço (ou *Service level agreement* – SLAs), ou seja, indicadores e métricas que visam a gerenciar a área de Compras. É necessária especial atenção também ao relacionamento com os fornecedores, verificando, por exemplo, se as entregas são feitas no prazo e como é o desempenho do provedor. Embora simples, é importante verificar essas métricas.

A temática do gerenciamento do relacionamento com fornecedores, também conhecido como *Supplier Relationship Management* (SRM), será tratado em um capítulo específico. E vale lembrar que o importante é que essas métricas permitam e promovam uma melhoria contínua.

Uma questão importante é que os indicadores e as métricas devem ser propostos e avaliados depois de definidos os objetivos a serem buscados, uma vez que a medição vem como consequência natural da definição do que será feito, e não o contrário. Pode parecer óbvio, mas é bastante comum este tipo de engano.

A Gestão de categorias de Compras

Como mencionado anteriormente, a implementação de acordos e relacionamentos com fornecedores é complexa e pulverizada. A gestão de categorias (de Compras ou contratações) vem justamente trabalhar esses relacionamentos com fornecedores. O termo originalmente vem do inglês *category management* e representa a estruturação de estratégias, processos e estruturas organizacionais orientadas por categorias ou famílias de Compras e, também, de venda. É muito utilizada particularmente em segmentos que operam com diferentes linhas de produtos finais, como o varejo, gerenciando toda a cadeia desses produtos e suas respectivas contribuições de margem no total da organização.

A Gestão de Categorias de Compras envolve a estruturação da área de Compras em categorias, a saber: diretos e indiretos, produtivos e não produtivos, matérias-primas, serviços, ou outro tipo de segmentação que faça sentido ao contexto do negócio da organização. A definição das categorias de Compras pode seguir alguns critérios, como especificações do insumo, base de fornecedores, utilização interna e processos produtivos. Alguns exemplo de categorias são: material elétrico, serviços administrativos, matérias-primas, serviços logísticos contratados.

Em muitos casos, são utilizadas metodologias para a gestão por categorias, as quais oferecem um passo a passo de como trabalhar as informações internas e externas, formulação e implementação de estratégias de fornecimento, e, posteriormente, o controle destas.

O uso de metodologias é positivo, pois alinha diferentes experiências dos compradores, fazendo todos "falarem a mesma língua", e também possibilita o ganho de tempo sem ter de reinventar o caminho para construir os acordos com fornecedores. Ao mesmo tempo, propicia à empresa o gerenciamento do conhecimento gerado da gestão das categorias e o melhor controle e alcance de metas.

Um formato metodológico bastante adotado para implementar acordos de fornecimento nas categorias compradas ou contratadas é apresentado na Figura 2.5.

Figura 2.5 Implementação de acordos de fornecimento em categorias de Compras ou contratações

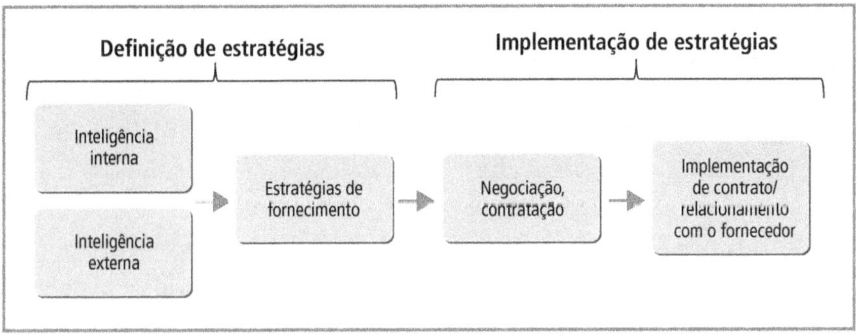

A definição de estratégias envolve o entendimento os contextos interno e externo da categoria de compra, isto é, aquilo que se compra e as particularidades do mercado fornecedor. Compreende ainda a definição de estratégias de fornecimento, ou seja, como serão estruturados os relacionamentos com os fornecedores da categoria em questão. Essas estratégias de relacionamento com fornecedores são de duas ordens: comercial ou estrutural.

A implementação de estratégias engloba a abordagem comercial do mercado fornecedor, a negociação com os fornecedores e a escolha do modelo comercial e técnico, bem como a implementação desses formatos de relacionamento, por exemplo, mudanças de fornecedores, treinamento, implementação de sistemas e o posterior controle dos acordos fechados.

Cada um desses passos e suas respectivas atividades serão esmiuçados a seguir.

Inteligência interna

Para comprar bem, é fundamental saber o que se está comprando; sendo assim, entender o perfil de demanda, a sazonalidade e as características técnicas do que é comprado é essencial. O ideal é que o cadastro de itens e serviços esteja bem estruturado, para que as informações sejam coerentes com o perfil de demanda, e muitas vezes, é necessário saneamento de cadastros. O uso de ferramentas de inteligência empresarial (*business intelligence* – BI) tem auxiliado na análise dos dados, uma vez que configura o *spend analysis*. A diferença dessa avaliação para aquela realizada na implementação de estratégias é que envolve uma categoria de cada vez e com nível de aprofundamento maior.

Além dos detalhamentos apresentados na fase de implementação de estratégias, podem-se avaliar:

- **fornecedores atuais**: número de fornecedores, principal fornecedor, fragmentação de fornecedores e os nichos de relacionamento;
- **volumes**: por item e valor, por localidade, por unidade operacional e sazonalidade no uso;
- **preços**: preço pago por localidade, preço pago por unidade de negócio, preço pago por fornecedor/canal de distribuição, sazonalidade do preço, dados históricos do preço e estrutura preço/custo e cadeia de valor;
- **causa/previsão da demanda**: descrição de produto/*service* e locais de utilização.

O entendimento dos contratos vigentes com os fornecedores da categoria em questão é uma atividade primordial, portanto, é preciso realizar a revisão do escopo dos contratos, as especificações dos produtos e serviços contratados, preços e condições comerciais, indicadores de desempenho, penalidades e cláusulas especiais que eventualmente existam. Para a inteligência interna, é importante conhecer também as especificações da contratação.

Deve haver uma monitoração quanto às especificações de projeto, qualidades e testes, suporte técnico, cronograma de entrega, segurança, fabricantes autorizados, por exemplo. Em Compras técnicas, é bastante comum e importante que existam essas observações detalhadas sobre o produto e seus requerimentos, pois esse nível de aprofundamento auxilia a área de Compras no momento da contratação.

Outro aspecto a ser avaliado é o custo total de propriedade (*Total Cost Of Ownership* – TCO). Trata-se de uma avaliação importante, que ajuda a entender a característica daquele determinado produto ou serviço, e avalia o que pode influenciar no custo daquela categoria. Além do preço de compra – aquele que é negociado com o fornecedor –, podem ocorrer outros custos indiretos, como os de transporte, embalagem, entre outros, que, somados ao preço de compra, vão formar o custo total da propriedade (Figura 2.6).

Figura 2.6 Custo total de propriedade

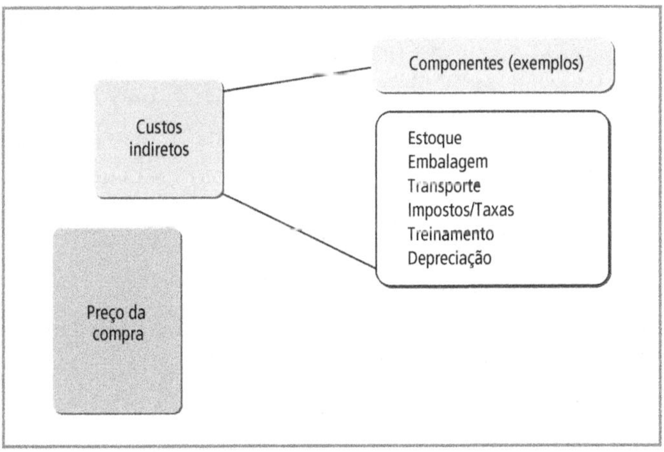

A razão da utilização do TCO é que impacta no fluxo de caixa da organização, tanto os diretamente ligados à aquisição – como o preço de compra e outros custos "escondidos", como custos de manutenção, custos de obsolescência, custo da mudança – quanto em produtividade e custos de descontinuidade. No TCO, é comum fazer a analogia do *iceberg*: ir além dos custos que são observados na superfície e, também, aqueles que estão nas profundezas. A análise de TCO é feita a cada caso e depende das características específicas da categoria em questão – e também do bom-senso.

Já há muito tempo se utiliza essa ferramenta para escolhas em tecnologia da informação, tanto para hardware quanto para software, pois não é novidade pra ninguém que, na tecnologia da informação, os custos vão muito além dos de aquisição de uma nova tecnologia. A utilização dessa ferramenta impacta também nos custos de mudança, na manutenção do sistema/hardware, na atualização de versões, entre outros. Um bom uso de TCO envolve todo o ciclo de vida útil do produto, serviço ou tecnologia em questão, pois incorpora os vários elementos de custo que vão desde a aquisição/desenvolvimento até sua descontinuidade.

A modelagem do TCO pode-se tornar bastante complexa, pois pode envolver diversas variáveis que vão muito além do processo de compra especificamente. O formato final do modelo econômico também pode variar bastante, indo do impacto direto no custo dos produtos e, consequentemente, no resultado econômico da empresa, até impactos na valoração da corporação, empregando outros mecanismos mais sofisticados. Depende muito da maneira como os projetos são avaliados na organização, seu formato mais usual, e também da cultura dela. Além disso, em geral o TCO permite uma análise comparativa de diferentes opções.

Outro aspecto importante é que o TCO provê uma visão quantitativa econômica, mas que não deve ser utilizada isoladamente para se tomar a decisão, e sim para compartilhar com as outras variáveis que definem um critério de escolha.

Faz muito sentido, portanto, avaliar o TCO ou ao menos as variáveis que poderão afetar o custo total na definição da inteligência interna, pois, à medida que os processos de formulação do relacionamento com os fornecedores progredirem, será possível avaliar os impactos no custo total das escolhas deste ou daquele fornecedor ou formato de relacionamento.

Inteligência externa

Neste passo, é importante avaliar as condições do mercado fornecedor da categoria, bem como quais as nuances e poder de barganha existentes. Da mesma forma que é importante saber o que se está comprando, é fundamental saber quem está vendendo, uma vez que as características do mercado fornecedor que afetam a relação com os compradores são várias, por exemplo, o poder de barganha entre as partes, diferenças entre mercados competitivos e oligopolizados, fornecedores nacionais e estrangeiros, características da cadeia produtiva, entre outros.

Uma ferramenta que tem auxiliado muito nesse sentido é o emprego de inteligência de mercado aplicada a Compras (inteligência em Compras), que abordaremos em capítulo específico.

O entendimento da cadeia produtiva da categoria a ser estudada pode trazer opções na formulação das estratégias de fornecimento. Tomemos como exemplo a provisão de filmes plásticos para embalagens. Uma forma de avaliar o fornecimento é considerar apenas o abastecedor do filme plástico em questão e suas características; no entanto, uma visão mais ampla e que provavelmente trará mais opções é avaliar os elos que compõem a cadeia de abastecimento até o fornecedor do filme em si (Figura 2.7).

Figura 2.7 Ilustração de cadeia produtiva de filmes plásticos

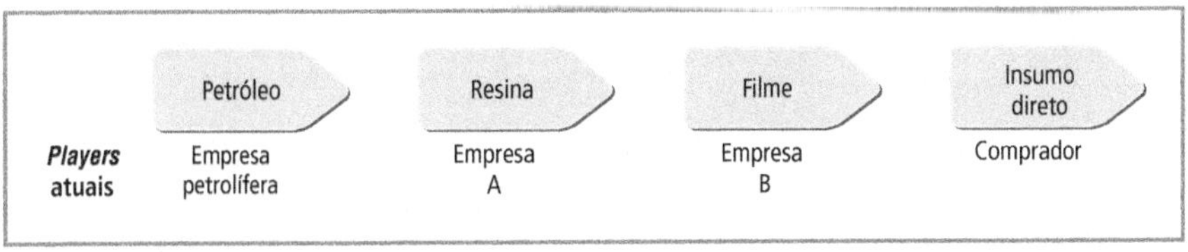

Dessa forma, algumas perguntas poderão ser formuladas, por exemplo: "Qual elo da cadeia produtiva possui mais poder de barganha em relação aos demais?"; "Quais gargalos ocorrem entre os elos?"; "Quais formatos de contratação poderão ser formulados?" Respondendo a essas e outras questões, relacionamentos com os fornecedores poderão ser mais bem estruturados.

Análise do poder de barganha em mercados competitivos: as cinco forças de Porter

Uma das ferramentas da gestão (não só aplicável à Gestão de Compras) mais poderosas é a análise de cinco forças desenvolvida por Michael E. Porter, que procura levantar quais forças competitivas agem em um determinado mercado. Para a utilização na Gestão de Compras, este diagrama é empregado posicionando determinado mercado fornecedor como alvo de análise (Figura 2.8).

Figura 2.8 Diagrama de cinco forças de Porter adaptado à Gestão de Compras

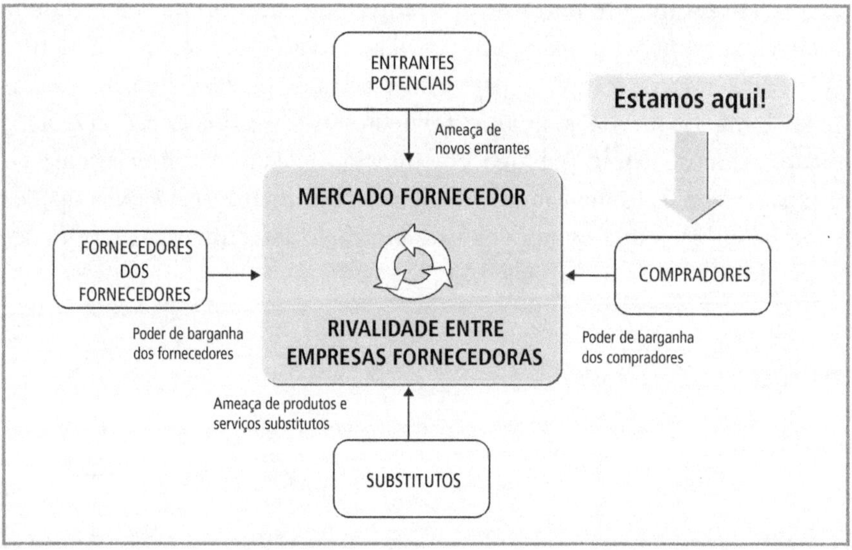

Cada uma das forças pode ser avaliada, e, entendendo os fatores que afetarão mais ou menos as cinco forças representadas pelas caixas no diagrama, o gestor de Compras poderá ter um panorama compacto, porém poderoso, das forças competitivas que atuam naquele mercado fornecedor e, consequentemente, quais estratégias poderão ser adotadas. A seguir, serão avaliadas cada uma das forças competitivas, bem como os fatores que nelas influenciam.

Rivalidade entre as empresas

A rivalidade entre as empresas significa o nível de competição existente no mercado fornecedor. Sendo assim, quanto maior for a competição, mais favorável será para o mercado comprador. Entre os fatores que podem afetar o nível de competição, podemos citar:

- Concentração ou fragmentação de participação de mercado dos fornecedores;
- Estágio do ciclo de vida do produto ou negócio;
- Competitividade do setor frente ao mercado internacional;
- Barreiras de saída, que incluem custos fixos de saída e restrições governamentais aos entrantes potenciais.

A ameaça de novos entrantes ao mercado fornecedor pode aumentar o nível de concorrência nesse mesmo mercado, e os principais fatores que influenciam são:

- Atratividade do mercado em questão;
- Estágio do ciclo de vida do produto ou negócio;
- Barreiras de entrada;
- Economia de escala;
- Custos de mudança (nós como clientes ao assumirmos novos fornecedores);
- Tecnologia;
- Acesso aos canais de distribuição;
- Retaliações dos *players* atuais.

Produtos ou serviços substitutos

Novos produtos ou serviços poderão competir com os atuais, podendo, dessa forma, mudar as relações de poder no mercado fornecedor. Os principais fatores que afetam são: estágio do ciclo de vida do produto/negócio, custos de mudança e propensão dos compradores à mudança.

Poder de barganha dos fornecedores dos fornecedores

A relação de barganha entre o mercado fornecedor e seus respectivos fornecedores pode estimular a competitividade do mercado específico. Por exemplo, se os fornecedores dos fornecedores estiverem-se consolidando, seus respectivos poderes de barganha aumentarão, redefinindo a divisão de margens e lucratividade na cadeia produtiva. Entre os fatores que afetam, podemos citar:

- Concentração ou fragmentação dos fornecedores dos fornecedores;
- Estágio do ciclo de vida do produto/negócio;
- Nível de integração da cadeia produtiva;
- Representatividade do mercado fornecedor com relação ao portfólio de vendas de seus fornecedores;
- Utilização da capacidade produtiva dos fornecedores dos fornecedores.

Poder de barganha dos compradores

Da mesma maneira que na força anterior, o poder de barganha entre os compradores e seu mercado fornecedor define as relações entre as partes. Por isso, é fundamental esse entendimento e, no caso do comprador, como atuar nos fatores que influenciam essa e as demais forças, buscando aumentar seu poder de barganha. Os fatores que afetam o poder de barganha dos compradores são:

- Concentração ou fragmentação dos fornecedores;
- Estágio do ciclo de vida do produto/negócio;
- Nível de integração da cadeia produtiva;
- Representatividade do mercado comprador com relação ao portfólio de vendas dos fornecedores;
- Utilização da capacidade produtiva dos fornecedores.

Várias das forças competitivas abordadas são influenciadas, entre outros, pelo ciclo de vida dos produtos ou negócios. Esse é um tema bastante discutido, principalmente no ambiente de vendas e marketing dos produtos e dos negócios – Philip Kotler, por exemplo, faz essa abordagem. No que diz respeito aos os aspectos ligados à contratação, essa temática merece discussão à parte.

No contexto do ciclo de vida de produtos e serviços, estes seguem fases claramente diferentes em termos mercadológicos, operacionais e financeiros ao longo de sua vida útil (Figura 2.9). Sendo assim, o entendimento dessas fases permite adotar diferentes estratégias, inclusive de fornecimento.

Figura 2.9 Ciclo de vida dos produtos

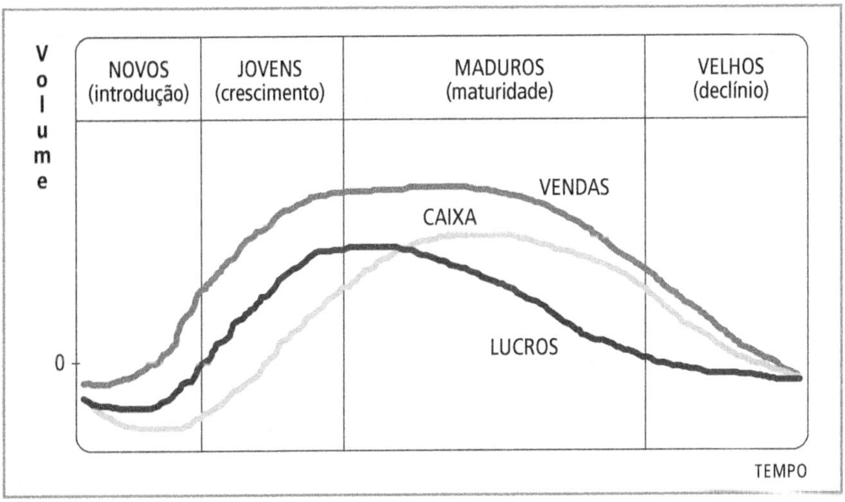

A fase de introdução de novos produtos ou serviços é caracterizada pelo lançamento no mercado de novas soluções, uma fase de grande expectativa e testes nas relações de compra e venda. Sob a óptica do comprador, exige-se a averiguação das vantagens da solução perante as existentes.

É possível que, em função de alguma vantagem competitiva oferecida, novos fornecedores entrem no mercado. Nesse cenário, uma possível estratégia é a empresa compradora alinhar parcerias com os fornecedores, para que estes tragam suas inovações de forma exclusiva ou em primeiro lugar para esse cliente.

A fase de crescimento representa a elevação em vendas da solução do fornecedor no mercado-alvo, o que é factível após o período de teste na fase anterior. Esse é um momento de grande benefício para o fornecedor por conta das vantagens competitivas do produto ou da solução, mas, ao mesmo tempo, representa um grande desafio para esse mesmo fornecedor no que diz respeito a posicionar-se e conquistar a fatia de mercado antes que os concorrentes lancem produtos similares.

Sob a óptica do comprador, o poder de barganha é favorável ao fornecedor pela inovação da solução proposta. É bem possível que o comprador não consiga negociar preço, pois o fornecedor não pretenderá comprometer sua margem de lucro, buscando o retorno do investimento no desenvolvimento da solução. Todavia, o comprador poderá eventualmente negociar investimentos iniciais (infraestrutura, custo da mudança, treinamento) na aquisição da solução.

A fase da maturidade é caracterizada quando a solução não é mais uma inovação e, consequentemente, não existe mais a vantagem competitiva, ou seja, quando já existe concorrência de produtos ou soluções similares e os investimentos iniciais de desenvolvimento já foram pagos ou depreciados em grande parte. Nesse contexto, do ponto de vista do fornecedor, interessa vender bastante, em volume, para financiar novos produtos e soluções.

Na abordagem conhecida como matriz Boston Consulting Group (BCG), as soluções nesta fase também são chamadas de "vacas leiteiras". O fornecedor pretende gerar fluxo que caixa mesmo sacrificando preço e, consequentemente, lucratividade, mas terá fluxo de caixa, uma vez que os investimentos já terão sido pagos. Na visão do comprador, uma estratégia possível é negociar preço com o fornecedor, utilizando como argumento o volume de compra, prática muito comum em mercados industriais maduros; ou seja, o comprador busca descontos progressivos de preço atrelados à compra de volumes crescentes, também chamados de *rebate*.

A fase de declínio, caracterizada pela redução em vendas da solução existente e possivelmente pela introdução de novas soluções, demanda avaliações ponderadas em função da possível extinção da solução em vigor. O fornecedor tentará prolongar a vida útil da solução, ao passo que o comprador deverá avaliar caso a caso a viabilidade de permanecer com a solução atual de mercado.

Outras análises podem ser realizadas visando a um melhor entendimento do mercado fornecedor e o posicionamento da empresa perante ele. Por exemplo: a análise SWOT (*forças, fraquezas, oportunidades* e *ameaças* ou *strenghts, weaknesses, opportunities* e *threats*), adaptado de Kotler, pondera aspectos positivos e negativos, tanto internos quanto externos, à organização compradora (Figura 2.10).

Figura 2.10 Diagrama da análise SWOT

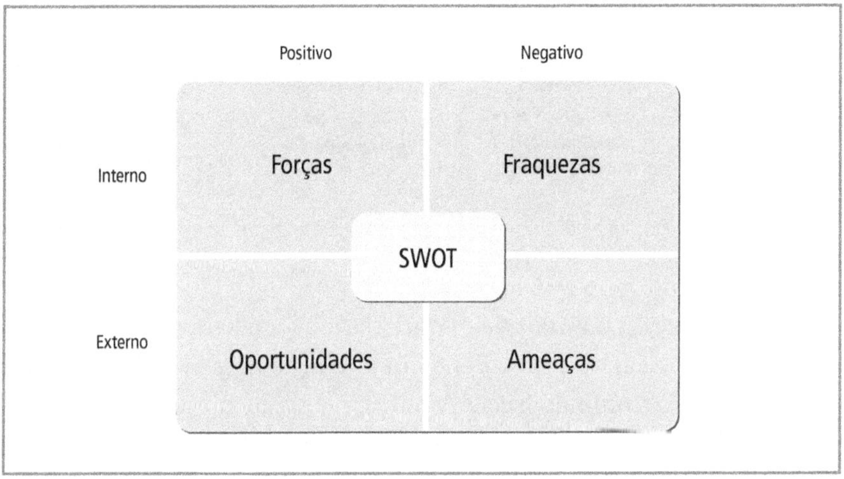

Estratégias de fornecimento

O objetivo desta fase é definir estratégias claras de fornecimento para a categoria trabalhada. Sabendo as expectativas de demanda e, ao mesmo tempo, entendendo como funciona o mercado fornecedor, é possível planejar o formato de relacionamento que se espera com esse mercado. Normalmente, associa-se a estratégia de fornecimento exclusivamente à técnica de negociação, mas não é só isso. Deve-se ir além, explorando, por exemplo, a relação de poder de barganha entre as partes por meio sensibilidade a do volume de compra.

Além disso, também é possível buscar fontes de fornecimento com estruturas de custo e margem diferenciadas, trabalhar especificações de demanda, melhorar processos operacionais e financeiros, entre outros. São inúmeras as oportunidades que podem trazer bons frutos (Quadro 2.1).

Quadro 2.1 Estratégias de fornecimento

Comercial		Estrutural	
Volume	Preço	Especificação/Produto	Processo/Outros
• Concentração de volume • Redução do número de fornecedores • Compra conjunta	• Re-negociação de contratos • Leilão – Reverso • *Global Sourcing*	• Melhoria & mudanças nas especificações • Padronização • Engenharia conjunta	• *Outsourcing*/verticalização • Investimento/ desenvolvimento de fornecedores • Planejamento integrado • Compartilhamento de Riscos e Lucros

Existem duas famílias de estratégias de fornecimento. A primeira delas é a comercial, que trabalha com a relação de poder de barganha, isto é, a relação volume/preço. A outra é composta por estratégias de fornecimento estruturais, que atuam nas especificações e nos processos ligados à categoria.

Entre as estratégias comerciais e, mais especificamente, as orientadas para alavancar volume de Compras, temos, principalmente, a concentração de volume de Compras – por exemplo, negociar com fornecedores um acordo anual em vez de pedidos *spot* ou, ainda, intermediar a compra para todas as unidades de uma mesma empresa em vez de cada uma das unidades comprar individualmente. Outra estratégia é a redução de fornecedores, visto que comprar de um número menor de provedores aumenta a parcela individual, o que pode ser um atrativo na negociação com eles.

Outra possibilidade, ainda, é a compra conjunta, isto é, comprar determinada categoria de compra com outras empresas. Essas estratégias de fornecimento são aplicáveis para várias categorias, mas não todas, pois levam em conta que as condições comerciais oferecidas pelo fornecedor são sensíveis ao volume de Compras, o que nem sempre é verdadeiro. Por exemplo, no caso de *commodities* ou categorias de mercados muito competitivos e com margens muito baixas, não é possível verificar a sensibilidade ao volume de compra.

O outro lado das categorias comerciais atua no preço de contratação. Nesse caso, quando se fala em preço, se subdivide em custo e em margem. Assim, essas estratégias tentam buscar estruturas de custo mais competitivas ou reduzir a margem do fornecedor. Nesse segundo caso, temos, por exemplo, o leilão reverso, ou, ainda, a revisão comercial de contratos existentes. Com tais atuações, busca-se redefinir níveis de margem dos fornecedores, e, do ponto de vista do custo, pode-se buscar fornecedores fora do país (o *global sourcing*), pois estes possuem uma estrutura de custo de mão de obra, capital e tributária diferenciados.

A outra vertente é das estratégias estruturais. Ao atuar na especificação do produto, é possível mudar o formato do que é adquirido, alterando especificações; por exemplo, rever formatos de material gráfico, buscando a otimização de papéis. Também é possível padronizar os insumos com e, com isso, reduzir a variedade de itens comprados e, ainda, aumentar a quantidade individual adquirida. Ainda no escopo dessas estratégias, pode-se trabalhar em conjunto com os fornecedores, no intuito de melhorar a estrutura dos produtos e serviços fornecidos, estratégia esta conhecida como engenharia conjunta, que é muito comum há anos nos setores empresariais, caracterizados por cadeias produtivas integradas, como a indústria automobilística ou a indústria de eletrodomésticos (Linha Branca). Além disso, também é possível trabalhar os processos, decidindo o que deve ser terceirizado ou internalizado. Outro caminho é definir o que investir em fornecedores, trabalhar no seu desenvolvimento e, com isso, trazer resultados para ambos.

Dentro dessa visão, é possível buscar o comprometimento dos fornecedores por meio do compartilhamento de riscos e lucros, e uma forma bastante usual de se fazer isso é utilizar relacionamentos baseados em níveis de serviço, isto é, pactua-se um prazo de entrega esperado com o fornecedor, por exemplo, à medida que as entregas forem feitas; se estiverem dentro do prazo pactuado, o fornecedor receberá a remuneração acordada. Caso as entregas sejam realizadas em um prazo menor que o pactuado, e isso for interessante para o comprador, o fornecedor receberá remuneração extra, mas, caso a entrega atrase, o fornecedor terá de dar um desconto, como uma espécie de penalização, diminuindo, assim, sua remuneração. Outra possibilidade ainda é trabalhar conjuntamente aos fornecedores no planejamento da demanda.

As estratégias estruturais demandam maturidade organizacional interna da Gestão de Compras, haja vista a necessidade de políticas, controles, papéis e responsabilidades necessárias, e também maturidade no relacionamento com os fornecedores, os quais, a serem trabalhados nestas estratégias são confiáveis e provavelmente já têm um relacionamento positivo estabelecido há algum tempo – a temática do relacionamento com fornecedores será trabalhada mais adiante neste livro.

A definição de estratégias de fornecimento, sejam elas comerciais ou estruturais, define ações concretas e diretas a cada categoria de compra ou contratação de uma empresa em determinado contexto e momento. Essas ações específicas oferecem a visibilidade de causa e efeito para os gestores das categorias e suas lideranças, além de serem suportadas por estratégias maiores, talvez em uma perspectiva da visão, definidas ao ponderar as várias categorias na matriz proposta por Kraljic.

Aliás, é bastante comum encontrar na pouca literatura existente sobre Compras ou mesmo em práticas adotadas por empresas algumas estratégias que supõem o fato de as estratégias gerais propostas por Kraljic possam ser tomadas como as estratégias de fornecimento específicas para cada categoria. Talvez por desconhecimento das ferramentas de gestão de categorias, que são mais recentes, exista certa confusão nas aplicabilidades, pois os objetivos de cada ferramenta são diferentes.

No caso da matriz de relacionamento de Kraljic – e mais especificamente as estratégias decorrentes–, o objetivo é avaliar a complexidade interna e externa do portfólio de aquisições de uma determinada organização. Avaliam-se risco, gargalos, importância estratégica das categorias, entre outros fatores. A partir daí, definem-se macroestratégias poderosas enquanto direcionadores estruturais e processuais para se trabalhar cada uma das possibilidades (quadrantes). Por exemplo, uma empresa que possui em seu portfólio de Compras muitas categorias que se enquadram no quadrante não crítico, provavelmente, deverá trabalhar seus processos visando à produtividade e, também, avaliar a terceirização de parte das aquisições. Agora, como exatamente irão trabalhar cada uma das categorias que se enquadrem nesta estratégia? Como cada gestor de categoria irá negociar as condições de contratação com seus fornecedores? Bem, as estratégias propostas em cada análise irão dizer. Por exemplo, para materiais de reposição de manutenção, que normalmente se enquadram nas categorias não críticas, pode-se alavancar volumes, buscar Compras conjuntas, novos fornecedores, padronizar consumos, melhorar o planejamento de demanda e terceirizar a compra etc. Em suma, as macroestratégias definidas na matriz de Kraljic e as estratégias de fornecimento da gestão de categorias são complementares, cada uma dentro de suas expectativas e níveis de atuação.

Negociação e contratação

Esta fase se caracteriza pela abordagem ao mercado fornecedor, pela negociação com os fornecedores e pela contratação deste de acordo com as estratégias propostas, lembrando que o levantamento de quais fornecedores participarão da negociação e da contratação é o passo inicial. Consideram-se os fornecedores já cadastrados, aqueles que já forneceram e já possuem relacionamento com a empresa. Além disso, os levantamentos feitos na fase de inteligência externa são de grande valia, pois servem de base para definir quais novos fornecedores poderão participar da negociação. Normalmente, prepara-se uma lista longa de fornecedores, envolvendo os preexistentes e potenciais novos fornecedores a partir dos estudos realizados. Em seguida, selecionam-se alguns fornecedores, considerando fatores como capacitação técnica, capacidade produtiva, escala, dispersão geográfica, portfólio de serviços oferecido e outros critérios de escolha que fizerem sentido para a categoria. Feito esse escrutínio, têm-se a lista curta de fornecedores que participarão da negociação.

O documento formal no qual os fornecedores são convidados a participar do processo de escolha para a contratação é a solicitação de proposta, ou, em inglês, *request for proposal* (RFP). Nesse documento, a empresa contextualiza a contratação, envia informações aos participantes das necessidades e as características da contratação, e solicita o envio de propostas. Entre os elementos que podem compor a RFP, podemos citar:

- Introdução/apresentação: que inclui as instruções gerais, os termos e as condições comerciais e as disposições legais;
- Informação sobre a empresa contratante;
- Solicitação de informações gerais do fornecedor;
- Solicitação de proposta comercial;
- Solicitação de documentos técnicos e legais;
- Anexos: que incluem os documentos técnicos e a minuta de contrato.

A equiparação das propostas deve seguir critérios claros e predefinidos. Normalmente, são dois quesitos a serem avaliados: técnico e econômico. O primeiro avalia a adequação às necessidades e especificações requeridas, e em geral os responsáveis por essa avaliação são os departamentos técnicos, operacionais ou o cliente interno da contratação. Já o critério econômico avalia o benefício no custo total que a contratação trará em comparação às previamente realizadas, às propostas oferecidas ou ao valor orçado – normalmente, são os responsáveis pela Gestão de Compras que realizam essa avaliação.

Em contratações complexas, que envolvem vários clientes internos, é uma boa prática ter mais critérios e envolver mais pessoas para a escolha. Por exemplo, no caso de uma empresa que possui fábricas e escritórios em vários estados do Brasil e decide realizar uma contratação de uma agência de viagens que irá gerenciar passagens aéreas, aluguel de veículos, hospedagens em hotéis, entre outros serviços ligados às viagens dos profissionais dessa empresa. Nessa contratação, praticamente todos os departamentos de todas as localidades da empresa serão usuários dessa contratação. Assim, ao criar o critério de equiparação de fornecedores, pode-se envolver os principais departamentos e as localidades na pontuação desses critérios, e, ainda, desenvolver critérios além do técnico e econômico. Por exemplo, pode-se criar critério de nível de serviço oferecido, no qual serão pontuados os serviços oferecidos em cada localidade por cada participante.

Após a pontuação nos critérios, a próxima etapa é a negociação direta com os fornecedores, e, eventualmente, alguns deles já poderão ser descartados na própria equiparação pela baixa pontuação. A negociação em si, suas rodadas e ferramentas, é uma prática extremamente importante no processo de contratação, por isso será tratada em capítulo específico mais adiante neste livro.

Ao final das rodadas de negociação, caso se chegue em condições interessantes para ambos os lados e que estejam de acordo com as estratégias previamente escolhidas, a contratação pode ser concretizada. A Figura 2.11 ilustra a negociação e a contratação como um afunilamento de potenciais fornecedores que, ao final do processo, se tornam parceiros da empresa contratante.

Figura 2.11 Negociação e contratação de fornecedores

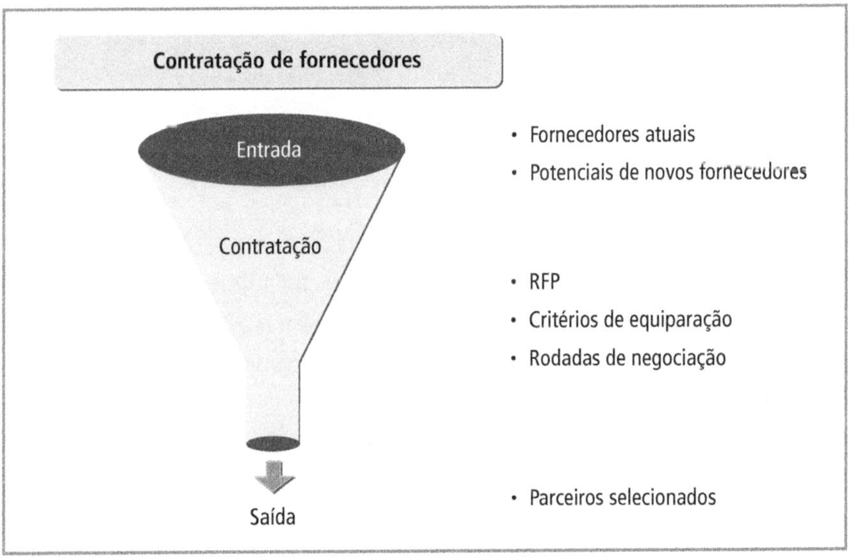

Implementação da contratação/relacionamento com fornecedores

A mensuração de resultados e o acompanhamento do relacionamento são fundamentais para o gerenciamento da contratação acordada. É importante avaliar os benefícios a serem gerados. Por exemplo: do ponto de vista quantitativo, é relevante mensurar, por meio de indicadores, os ganhos sobre o custo total atual, o aumento de produtividade, entre outros.

Em muitos casos, porém, como nos serviços indiretos e despesas gerais, os benefícios não estão ligados apenas ao aspecto quantitativo, mas também ao qualitativo. A Figura 2.12 ilustra exemplos de indicadores quantitativos e qualitativos.

Figura 2.12 Exemplos de indicadores qualitativos e quantitativos

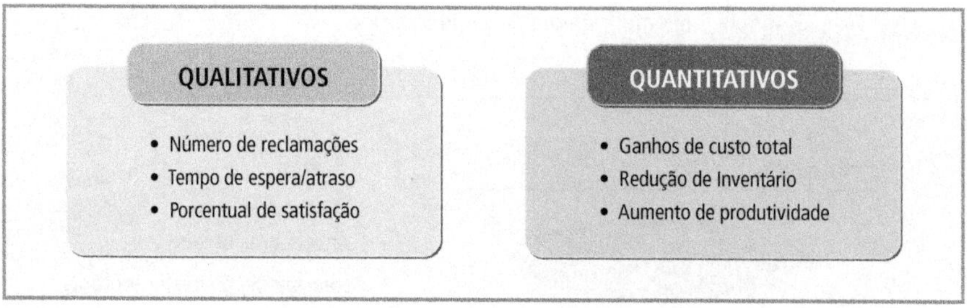

A contratação em si exige a formalização legal e processual nos contratos de fornecimento. Esse documento formal, bem como a abordagem processual, também é conhecido como gestão do ciclo de vida de contratações, ou, em inglês *contract lifecycle management* (CLM).

Outra demanda fundamental é a gestão do relacionamento com fornecedores, o acompanhamento das métricas, objetivos e planos de ação. Dessa forma, pode-se avaliar se as estratégias de fornecimento estão sendo implementadas e buscar a melhoria contínua – tanto a gestão de contratos quanto a gestão do relacionamento com fornecedores são tratados em capítulos específicos neste livro.

Concluindo

É inequívoca a relação entre as estratégias empresariais e as consequentes estratégias de fornecimento. A partir do entendimento externo e interno da organização, suas demandas e seus riscos, definem-se as estratégias empresariais. As Compras Estratégicas, em consequência, vêm para garantir o alcance das estratégias empresariais e podem ser de 3 ordens: garantia de fornecimento, gestão dos riscos empresariais ligados à cadeia de fornecimento e geração de valor econômico.

A implementação das Compras Estratégicas deve levar em consideração, além das estratégias empresariais, o perfil de consumo da organização, os processos ligados às Compras e contratações, o perfil e a cultura organizacional. Para auxiliar nessa jornada, podem-se utilizar ferramentas como a matriz de relacionamentos com fornecedores de Kraljic, mapeamento de processos, comunicação e gestão da mudança.

A gestão de categorias, por sua vez, auxilia pragmaticamente a estruturar relacionamentos individuais com as categorias de Compras ou contratações e, mais especificamente, com cada fornecedor. Serve ainda como ferramenta de alinhamento e comunicação dentro e fora do universo da Gestão de Compras, pois as abordagens metodológicas e sistemáticas normalmente associadas permitem a clara visualização de objetivos, papéis e responsabilidades de todos os envolvidos.

INTELIGÊNCIA EM COMPRAS

Como a inteligência de mercado é utilizada nas estratégias de Compras

Fabio Miguel

Neste capítulo, você estudará:

- O que é inteligência de Compras;
- A influência do cenário econômico (taxa de câmbio, juros, inflação) nas negociações;
- Como a área de inteligência de Compras auxilia na definição de estratégia de Compras e na explicação dos indicadores-chaves de performance ou *Key Performance Indicators* (KPIs).

O que é inteligência? O que é mercado? De que modo a inteligência de mercado tem sido utilizada nas áreas de Compras para definir as estratégias de longo prazo, determinar objetivos e *targets*, gerar inovações de produtos, buscar novos fornecedores, explicar e monitorar o impacto do cenário macroeconômico, seja no dia a dia das negociações (inflação, taxa de câmbio, juros, importações chinesas etc.), seja nas decisões de Compras (*strategic sourcing*, contratos de longo prazo, necessidades de qualificação de fornecedores) e, por fim, nos indicadores (*savings*, custo, estoque, *cost avoidance*, entre outros).

As mudanças que a todo o tempo afetam as empresas (tecnologias inovadoras, novas organizações industriais, fusões/aquisições, formas avançadas de produção, aumento da concorrência) criaram para elas um ambiente de mercado cada vez mais competitivo e lhes impuseram a necessidade de encontrar soluções imediatas (*time-to-market*), reduzir custos e aumentar a competitividade diante da concorrência.

Buscando prevenir-se dos riscos e, ao mesmo tempo, criar novas oportunidades de mercado, as empresas vêm desenvolvendo mecanismos de monitoramento do conhecimento de seu ambiente externo, que afetam diretamente os seus negócios. Em tal contexto, emerge das áreas de marketing e/ou planejamento estratégico a área de inteligência competitiva ou inteligência de mercado, que dá assistência a esse monitoramento, valendo-se de técnicas, métodos e ferramentas para a localização e a análise de informações consideradas estratégicas para as empresas.

Na opinião de estudiosos e profissionais da área de Compras, os principais focos de ação da área de inteligência de mercado compreendem a atuação das empresas no seguinte sentido:

- ajudar nas decisões estratégicas;
- prever oportunidades de mercado e ameaças concorrenciais;
- analisar a concorrência;
- prestar assistência no planejamento estratégico e sua implementação;
- inteirar-se das novas tecnologias, produtos e processos que interessam à empresa;
- manter-se ao corrente das mudanças políticas, legislações ou medidas reguladoras que afetam a empresa;
- buscar novos negócios, melhorar o desempenho e, consequentemente, obter mais vantagens competitivas.

Esse contexto de acirrada competição entre as empresas as obriga a executar planos estruturados de Gestão de Compras e de custos, visando a reforçar seu posicionamento estratégico mediante a busca de inovações tecnológicas que desencadeiem novos produtos ou melhorem a qualidade dos existentes, tais como as parcerias entre fornecedores e empresas da indústria automobilística, informática/telecomunicações e cosméticos, e a procura de custos baixos, especialmente no Brasil, no que diz respeito à mão de obra, que tem sido objeto de sucessivos aumentos reais de salário. Esses fatos, acrescidos à sobrevalorização cambial, levam as empresas a importar insumos e produtos de origem asiática, como alternativa para diminuir custos, uma prática que tem impactado fortemente a indústria têxtil e as de calçados e brinquedos, as quais sofrem os efeitos da valorização do real e da competição dos produtores asiáticos que provocam alterações importantes na geografia dos fornecedores desses produtos.[1]

Em um momento de grandes mudanças no contexto macroeconômico, destaca-se a necessidade de um acompanhamento do ambiente externo (por exemplo, fornecedores, preços, tecnologias, aspectos regulatórios e macroeconômicos) como forma de evitar ou diminuir os possíveis riscos a que as empresas estão sujeitas.

O objetivo deste capítulo é explicar o conceito de inteligência de mercado aplicado às áreas de Compras, bem como as metodologias adotadas e os resultados da sua implantação nas empresas, com vistas à aferição do seu desempenho em matéria de Compras.

A inteligência de mercado aplicada às áreas de Compras

Afinal, o que é inteligência? O que é mercado? "O termo inteligência, de origem latina, é definido como a capacidade de aprender, compreender, interpretar. Se for considerada sua origem anglo-saxônica, pode também significar um serviço de informações".[2]

Já o mercado nada mais é do que o lugar onde se compram e vendem mercadorias, ou seja, as interações entre compradores e vendedores para a concretização de trocas reguladas pela lei da oferta e da procura.

Inteligência competitiva ou inteligência de mercado é, portanto, o processo sistemático de coleta, tratamento, análise e disseminação da informação sobre as atividades dos concorrentes, bem como sobre as tecnologias e tendências gerais dos negócios, a fim de subsidiar a tomada de decisões e atingir as metas estratégicas da empresa de que se trata.[3]

---

[1] BRAGA, Ataíde R. Inteligência de mercado. *Revista Tecnologística*. São Paulo, n. 129, 2008.

[2] CARVALHO, Kátia de. Disseminação da informação e informação da inteligência organizacional. *Data Grama Zero, Revista de Ciência da Informação*, v. 2, n. 3, jun. 2001.

[3] COELHO, Gilda. *Inteligência competitiva*: definindo a ferramenta e seu uso no Brasil. São Paulo: IBC, p. 1-24, mar. 1999.

Com a importância crescente da área de Compras dentro das empresas, tem surgido nas grandes corporações mundiais e locais uma área específica denominada "inteligência em Compras", cuja principal responsabilidade compreende:

- pensar a área de Compras de forma estratégica mediante a análise do portfólio de Compras e o controle e acompanhamento dos principais fornecedores;
- avaliar o desempenho do departamento de Compras;
- buscar oportunidades para reduzir custos, independentemente dos critérios técnicos e de negociação que os compradores possam adotar; e
- integrar as estratégias em matéria de Compras às estratégias da empresa.

As operações de Compras Estratégicas proativas podem proporcionar às empresas uma vantagem competitiva ao diminuírem os desperdícios na cadeia de valor. Elas, entretanto, não podem desenvolver-se isoladamente. Para serem bem-sucedidas, devem estar integradas não só às estratégias corporativas como ao ambiente externo, que influi diretamente nas operações de Compras (ambiente macroeconômico, taxa de câmbio, matérias-primas, novas tecnologias, meio ambiente etc.).

A origem dos processos de inteligência em Compras está nas áreas de marketing e/ou inteligência competitiva. Esta última é um processo informacional proativo, que conduz à melhor tomada de decisões, quer estratégicas, quer operacionais. Trata-se de um processo sistemático, que visa a detectar as forças que regem os negócios, a diminuir os riscos e a levar o tomador de decisões não só a agir antecipadamente, como a proteger o conhecimento gerado. Esse processo compreende as etapas de coleta e busca ética de dados, apresentação de relatórios e informações formais e informais (tanto do macroambiente como do ambiente competitivo e interno da empresa), bem como análise filtrada e integrada e respectiva disseminação.

O processo de inteligência competitiva tem sua origem nos métodos empregados pelos órgãos governamentais de inteligência com vistas basicamente a identificar e avaliar informações relacionadas com a

Defesa Nacional, ferramentas estas que foram adaptadas à realidade empresarial e à nova ordem mundial. Foram incorporadas nesse processo informacional as técnicas utilizadas pelas áreas de Ciência da Informação, principalmente no que diz respeito ao gerenciamento de informações formais, de Tecnologia da Informação, com ênfase nas suas ferramentas de gerenciamento de redes e informações e nas ferramentas de extração de dados, e, também, da Administração, representada por suas áreas de estratégia, marketing e gestão.

As metas associadas aos processos de inteligência em Compras baseados em conceitos consolidados de inteligência competitiva podem ser resumidas da seguinte maneira:

- Definição do que avaliar/monitorar: determinação de uma matéria-prima principal, um mercado fornecedor específico etc;
- Coleta de informações e qualificação das fontes: seleção dos tipos de informação e suas fontes, determinação das fontes confiáveis, montagem de bancos de dados etc;
- Análise: geração de inteligência e utilização de ferramentas analíticas e estatísticas, os porquês, os "e se..." etc;
- Operacionalização: definição da forma de divulgação do trabalho (*ad hoc* ou rotineira), de tomada de decisão etc;
- Monitoramento: avaliação de indicadores e melhoria permanente.

Para a maioria dos executivos de Compras, a área de inteligência em Compras visa, antes de tudo, a integrar a função de Compras ao planejamento estratégico da empresa. A orientação estratégica da função de Compras tem a área de inteligência como mecanismo de implementação prática de conceitos estratégicos orientados para o gerenciamento, o desenvolvimento e a integração da competência e capacidade dos fornecedores, com vistas à obtenção de vantagens competitivas para a empresa compradora, que podem estar relacionadas à redução de custos, ao desenvolvimento de tecnologia, à melhoria da qualidade, ao encurtamento do ciclo de atendimento dos pedidos colocados pelos clientes ou, ainda, à diminuição do tempo necessário para disponibilizar novos produtos aos consumidores, além do aprimoramento do serviço de entrega.

Antes, porém, de a função de Compras impactar o planejamento e as decisões de longo prazo no nível corporativo, ela deve desenvolver e implementar estratégias de maneira mais eficaz no seu próprio âmbito, as quais devem ser aplicadas internamente no nível departamental para, posteriormente, alcançarem o nível corporativo. As contribuições da inteligência em Compras para esse planejamento estariam consubstanciadas no seguinte: monitorar as tendências do mercado fornecedor, interpretar o impacto dessas tendências na empresa, identificar os materiais e serviços necessários para apoiar as estratégias da empresa e das unidades de negócio, e desenvolver alternativas de fornecimento. Também integra essas contribuições a mensuração dos impactos econômicos dentro da área de Compras, tais como os resultantes da evolução da inflação e da oscilação nos preços de *commodities* e de outros materiais necessários à produção, bem como das questões fiscais, entre outros.

Cenário econômico e o impacto na área de Compras

A análise do impacto da conjuntura econômica é de grande relevância para a área de Compras, uma vez que os indicadores econômicos – inflação, taxa de câmbio e preço das *commodities*, por exemplo – exercem forte influência no processo de negociações com os fornecedores, impactando os custos das empresas e podendo aumentar ou diminuir a competitividade das organizações compradoras.[4]

As áreas de Compras devem agir proativamente, a fim de não só responder com rapidez às mudanças econômicas, como saber identificar as oportunidades para diminuir custos a partir das análises de indicadores macroeconômicos. O cenário macroeconômico também deve ser utilizado pela área de Compras para a projeção e a implantação de estratégias de longo prazo, a definição de metas, as decisões sobre investimento e *sourcing*, entre outros objetivos.

---

[4] MIGUEL, Fabio Luiz Peres. *As estratégias de Compras das multinacionais automobilísticas*: um estudo de caso da PSA Peugeot Citroën no Rio de Janeiro. Tese (Doutorado). Instituto de Economia, Universidade Federal do Rio de Janeiro, 2009.

Os principais indicadores econômicos monitorados pelas empresas são o PIB, as taxas de juros e de câmbio, produção industrial, balança comercial e inflação "geral" ou especifica (serviço, *commodities*, preços de matéria-prima etc).

A ordem econômica internacional tem-se caracterizado pela globalização dos circuitos produtivos e dos fluxos de comércio, de investimento e de capital financeiro. Nos últimos anos, as mudanças ocorridas em vários sistemas econômicos e o dinamismo do processo evolutivo da economia mundial vêm mostrando que a tendência das relações econômicas, no cenário econômico contemporâneo, será a de consolidação do processo de globalização dos mercados.

Em um contexto econômico caracterizado pela globalização, é impossível para um país ter qualquer autonomia econômica isolada do cenário econômico mundial, embora os países disponham individualmente de estratégias e políticas fiscais e monetárias que visam a proteger a população e as finanças das crises econômico-financeiras.

Nesse cenário mundial, são boas as perspectivas do cenário econômico brasileiro. O Brasil possui uma série de atrativos, dentre os quais se destacam uma classe C emergente com mais de 100 milhões de pessoas, uma das maiores biodiversidades mundiais, uma parte substancial da água potável existente no mundo, um volume expressivo de reservas de petróleo e a maior área agriculturável disponível no mundo. Além disso, somos um dos principais produtores de minerais, tais como minério de ferro, alumínio e níquel, e representamos uma parcela cada vez maior da população em idade ativa.

A indústria brasileira, que durante anos acompanhou o ritmo de crescimento da economia nacional e da indústria mundial, vem perdendo competitividade em relação aos fornecedores mundiais. Esse recuo decorre de uma série de fatores, como a excessiva valorização cambial, que tornou o país caro e incentiva a importação, notadamente a oriunda de países asiáticos que possuem grande vantagem competitiva graças aos baixos custos de produção, sobretudo os de mão de obra, os problemas de infraestrutura (rodovias, ferrovias, portos), a alta tributação e os custos elevados que têm a energia, a logística, os encargos trabalhistas e os investimentos.

Os ganhos reais de salários representam um importante fator de pressão sobre o custo das indústrias. As empresas, entretanto, não conseguem repassá-los com facilidade para o preço final do produto que oferecem aos consumidores, fato que ocorre com maior frequência no setor de serviços e no agropecuário. Assim, uma dificuldade adicional antepõe-se aos compradores de serviços e produtos agrícolas, os quais, por negociarem com setores que não sofrem a concorrência de produtos importados, podem absorver maiores custos e transferi-los para o preço de venda, caso que não é o da indústria.

Por exemplo, a fórmula de reajuste do salário mínimo acordada pelo governo e pelas centrais trabalhistas (Produto Interno Bruto – PIB dos 2 anos precedentes mais a inflação acumulada do ano anterior) fez o salário mínimo passar de R$ 545,00 em 2011 para R$ 622,00 (+14%) em 2012 e R$ 678,00 (+9%) em 2013 para R$ 724,00 em 2014 (+ 6,8%), devendo passar de R$ 779,79 em 2015 (+ 7,7%) e, com novos reajustes pode subir 8% a 9% por ano. O que pode fazer a área de Compras diante desse cenário? As soluções de melhoria do custo logístico e tributário dificilmente serão implementadas sem a ajuda de medidas de incentivo governamental. Já a pressão dos salários sobre os custos de Compras passará necessariamente por maior automatização das empresas e, por conseguinte, de seus fornecedores, como forma de diminuir custos e fortalecer a competitividade frente aos produtos importados.

Para favorecer a competitividade da indústria brasileira, o governo lançou, em várias oportunidades, programas de benefícios e incentivos às indústrias, como o Plano Brasil Maior, que deu prioridade a ações de estímulo à inovação e à diminuição da carga tributária sobre as folhas de pagamento e concedeu incentivos a indústrias em situação difícil em virtude da sobrevalorização cambial (entre as quais as têxteis e as de calçados e brinquedos).

Somam-se ao Plano Brasil Maior outros incentivos à indústria, como a queda da taxa básica de juros entre 2011 até meados de 2013 e a redução de impostos, entre os quais o Imposto sobre Produtos Industrializados (IPI), incidentes nas indústrias automobilística, moveleira e de linha branca. Podemos citar também o Programa de Investimentos em Logística – rodovias e ferrovias –, que prevê grandes investimentos mediante a concessão à iniciativa privada de rodovias e ferrovias.

Com tudo isso, é válido supor a existência da intenção do governo de baixar os custos nas cadeias industriais, a começar pelos referentes à energia, à logística e aos encargos trabalhistas. Esse pode ser o caminho que trará de volta parte da competitividade das indústrias, que, dessa forma, poderão diminuir seus custos de produção, incentivar tanto o consumo como a geração de impostos e, em consequência, possibilitar o crescimento econômico do país.

Inflação

A inflação pode ser conceituada como um aumento contínuo e generalizado dos preços durante um período de tempo. Após anos de convívio com altas taxas de inflação (80% ao mês no inicio dos anos 1990), em 1º de julho de 1994, entrou em vigor uma nova moeda no Brasil. Como primeiro passo no processo de estabilização da economia, criou-se, a partir de 1º de março daquele ano, a Unidade Real de Valor (URV), indexador que faria a transição entre o Cruzeiro Real e a moeda recém-nascida, o Real (R$).

O êxito do Plano Real no combate à inflação foi importante. De uma taxa anual de 2.491%, em 1993, a inflação caiu praticamente a zero em 1998. Na primeira década dos anos 2000 e na atual, a inflação mereceu atenção, mas não se apresentou como um sério risco para a economia brasileira, à exceção da que incidiu sobre os alimentos e serviços.

A área de inteligência de Compras deve ajudar os compradores na análise da inflação e do verdadeiro impacto que ela produz no custo de suas aquisições. Além disso, a inflação tão propalada nos ambientes de negócios não deve ser tomada como um dado único, sem que os compradores façam uma análise mínima da sua composição.

Para os compradores de serviços, o Índice de Preços ao Consumidor Amplo (IPCA) não corresponde à realidade das negociações, uma vez que a inflação de serviços pode em certos anos superar a inflação calculada pelo Instituto Brasileiro de Geografia e Estatística (IBGE), tal como exemplificado no Gráfico 3.1.

Um segundo exemplo de indicador de inflação é o Índice Geral de Preços ao Consumidor (IGPM), também bastante utilizado nos

Gráfico 3.1 IPCA e IPCA de Serviços (em %)

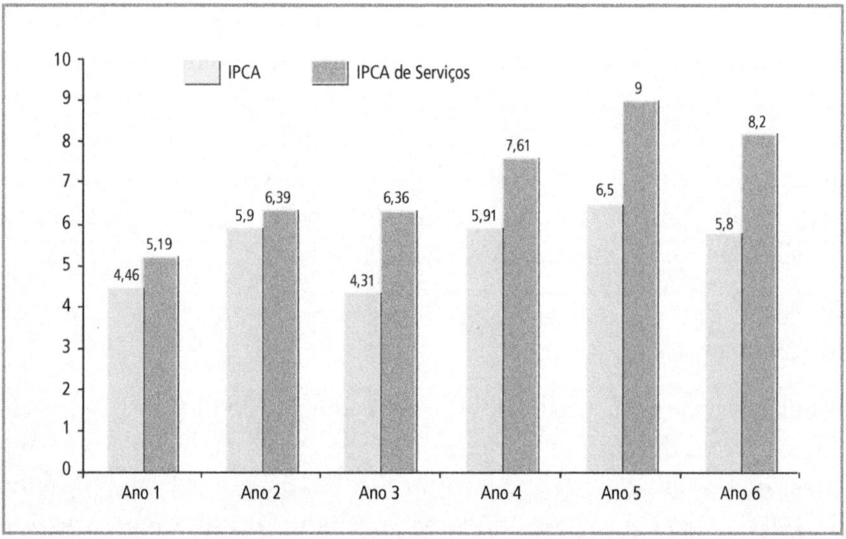

contratos e nas negociações comerciais. Tomando-se o exemplo de um IGPM de 7,46% acumulado em 12 meses e após uma análise mais minuciosa da sua composição, constata-se que ele é formado por três outros índices: o Índice de Preços ao Atacado (IPA), de 60%, o Índice de Preços ao Consumidor (IPC), de 30%, e o Índice Nacional do Custo da Construção (INCC), de 10%. Assim, um comprador que estivesse negociando uma obra ou a construção de uma fábrica teria o seu custo de mão de obra reajustado em torno de 11%. Já o comprador de matéria-prima, por sua vez, teria uma pressão de 15,2% para ser negociada, ao passo que as taxas que afetariam os compradores de serviços de saúde e educação seriam de 6,4% e 6,8%, respectivamente, e não de 7,46%, conforme o IGPM (Tabela 3.1).

Por fim, a análise da inflação proporciona aos departamentos de Compras das empresas uma informação correta para a elaboração de seus orçamentos, a previsão de gastos e a projeção de lucros e perdas nos programas de redução de custos, na consecução das metas da área de Compras e, muitas vezes, nos custos evitados (*cost avoidance*).

Tabela 3.1 IGPM Acumulado em 12 Meses (exemplo hipotético)

IGPM	**7,46**
IPA – 60%	**7,56**
Bens finais	5,08
Matéria-prima bruta	15,2
IPC – 30%	**7,11**
Alimentos	9,24
Habitação	5,09
Vestuário	7,27
Saúde e cuidados	6,43
Educação	6,88
Transportes	8,53
Despesas diversas	5,37
INCC – 10%	**7,64**
Materiais	4,4
Mão de obra	11,1

Taxa de juros

A taxa de juros do Sistema Especial de Liquidação e Custódia (Selic), que é definida nas reuniões mensais do Comitê de Política Monetária do Banco Central (Copom), é o instrumento de que o governo se vale para manter a inflação sob controle.

As taxas de juros exercem forte influência nas decisões de investimentos das empresas, como as que envolvem a compra de uma nova máquina ou a construção de uma fábrica e, ainda, na política de estoques. Outro aspecto importante é o forte impacto que as taxas têm na saúde financeira dos fornecedores quando lhes proporcionam facilidades de crédito para novos investimentos ou quando geram um endividamento pesado para as empresas que se defrontam com a necessidade de obter crédito bancário para sustentar suas operações.

Com a desverticalização das empresas, um parâmetro importante na hora de escolher os fornecedores é a capacidade financeira que eles possuem. Por meio desse parâmetro, as corpora ções avaliam se os seus fornecedores têm uma situação financeira sólida que lhes permita comprar de terceiros e investir em novas tecnologias e em melhorias dos processos de produção, entre outras inovações.

Uma análise financeira dos balanços dos fornecedores e o levantamento de protestos de títulos são feitos internamente (pela área de Compras ou pela área financeira das empresas) ou são contratados com empresas especializadas nesse tipo de serviços. Não são raros os casos de falência de fornecedores que paralisam a linha de produção das montadoras. Um exemplo concreto foi a falência repentina de um produtor de itens de baixo valor agregado, que provocou a produção de centenas de veículos incompletos de uma grande montadora brasileira. Em casos como esse, há aspectos legais que podem dificultar a retirada de moldes e ferramentas de propriedade da montadora, retardando com isso a transferência da produção para outro fornecedor. A fim de evitar ocorrências desse tipo, cabe às empresas monitorarem periodicamente a situação financeira de seus fornecedores, mas essa é uma prática pouco difundida ou que é adotada sem maior rigor pela maioria das empresas, após anos de transações com antigos fornecedores.

Taxa de câmbio

A taxa de câmbio corresponde ao preço de uma moeda estrangeira medido em unidades ou frações (centavos) da moeda nacional. Desse modo, ela reflete o custo de uma moeda em relação à outra, podendo ser fixa ou flutuante. No primeiro caso, é o Estado que a estabelece; já a taxa de câmbio flutuante corresponde à taxa estabelecida pelo mercado, pela determinada lei da oferta e da procura.

Cabe, porém, assinalar que o Banco Central do Brasil atua energicamente no mercado de câmbio livre, quando identifica flutuações “fora” do normal. Age, então, como comprador ou vendedor de moeda, a fim de tranquilizar o mercado cambial e evitar riscos em operações que envolvam investimentos, empréstimos e negociações entre empresas brasileiras e estrangeiras, ou mesmo riscos de inflação pela maior liquidez de dinheiro no mercado ou aumento dos custos de insumos e produtos importados.

A taxa de câmbio exerce uma forte influência nas negociações de Compras e no custo de insumos e produtos adquiridos pelas empresas. Nesse contexto, sua evolução tem grande impacto no custo das corporações, seja quando há desvalorização da moeda com consequente aumento dos custos, seja quando ocorre uma valorização da moeda, que gera oportunidades de importação de bens, sobretudo dos países asiáticos, baixando, com isso, os custos de produção, além de expandir a base de fornecedores internacionais das empresas, gerando oportunidades de importação de máquinas e equipamentos dos países europeus oriundos em grande parte da Alemanha.

Na verdade, o fato para o qual os compradores devem atentar é o das implicações diretas que a taxa de câmbio tem nas suas previsões tanto orçamentárias como de custo e em outros instrumentos de planejamento e controle. Ela influi igualmente nas transações com fornecedores internacionais, podendo resultar no aumento ou na diminuição do preço original oferecido pelo vendedor. Sua influência na busca de preços de produtos importados leva à tendência de incrementar práticas de *global sourcing* nas estratégias de aquisição de materiais. E, por fim, podemos citar seu controle nas negociações com fornecedores locais cujos custos estão diretamente ligados ao mercado internacional (*commodities*, matérias-primas, produtos de alta tecnologia, entre outros).

Matéria-prima

As matérias-primas sempre são consideradas críticas pelo fato de se caracterizarem como produtos padronizados, que são comprados em grandes quantidades em virtude dos contratos anuais celebrados. Nos últimos anos, dada a evolução do custo das matérias-primas, que sofreram um pesado aumento de preços e se tornaram mais escassas em virtude da forte demanda local e internacional, é válido considerá-las estratégicas no contexto das áreas de Compras das empresas. No âmbito dessas áreas, faz-se necessário o monitoramento rigoroso da evolução dos índices das matérias-primas empregadas na produção, uma vez que tais preços exercem grande influência nos custos e nas negociações cotidianas, e, além disso, têm impacto no planejamento, no orçamento e, também, no desempenho da área de Compras das empresas e nos respectivos índices de rentabilidade.

A evolução de certos índices – como aço, alumínio, petróleo, plástico, borracha, ferro, milho e soja – é fundamental para a análise do risco de aumento dos preços de matérias-primas. Consequentemente, é preciso que haja uma base estruturada de decomposição dos vários custos (*supplier cost breakdown*), a fim de permitir às empresas conhecer os principais *drivers* dos custos de produção.

Por exemplo, a nafta (componente derivado do petróleo) representa 70% dos custos das empresas petroquímicas. Por conseguinte, não só a evolução e o monitoramento do preço do petróleo são fundamentais para esse tipo de indústria, como as oscilações no valor dessa matéria-prima têm forte impacto nas negociações do dia a dia dos compradores de plásticos (indústria automotriz, farmacêutica, de cosméticos, aparelhos telefônicos e embalagens, entre outras).

Para a indústria de papel e celulose, os principais *drivers* de custo são madeira, produtos químicos, energia e mão de obra. O segmento da indústria de higiene pessoal tem como seus principais custos os correspondentes a matérias-primas básicas (ácidos graxos, glicerinas), tensoativos (óleos de origem animal e vegetal), essências, fragrâncias, fixadores, corantes e materiais de embalagem (papelão, plástico e vidro). Como último exemplo, não se pode esquecer a indústria automobilística, visto que cerca de 60% dos custos desse segmento são representados por matérias-primas (aço, tinta, plástico, borracha, alumínio, vidros).

Um dos principais itens de monitoramento da área de inteligência em Compras é, portanto, a evolução dos preços das matérias-primas, pois elas respondem por parte substancial do custo dos produtos. De modo geral, as matérias-primas representam de 30% a 70% do custo das indústrias, daí a grande importância que é atribuída à presença de um processo de análise e acompanhamento (mensal ou diário) da evolução dos seus preços. O Gráfico 3.2 mostra um exemplo hipotético de decomposição do custo de um material ou produto que entra na produção de um automóvel, uma geladeira, um perfume ou um computador. Nesse exemplo, a matéria-prima ainda pode ser dividida em plásticos (90%) e aço (10%), e nele se destaca a importância da análise dos custos na aquisição de produtos pelas empresas, bem como a participação das matérias-primas no custo total.

Gráfico 3.2 Exemplo hipotético da participação da matéria-prima no custo total de um material ou produto*

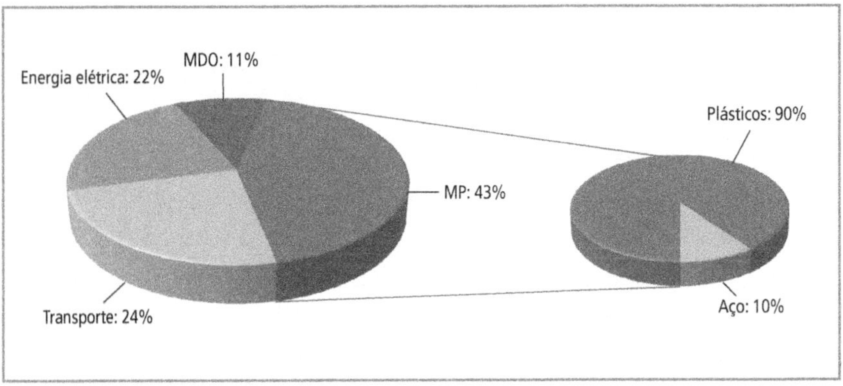

As matérias-primas, que têm maior relevância, contidas nos conjuntos de peças que compõem um veículo, por exemplo, podem ser vistas no Gráfico 3.3.

Gráfico 3.3 Participação das matérias-primas em um veículo

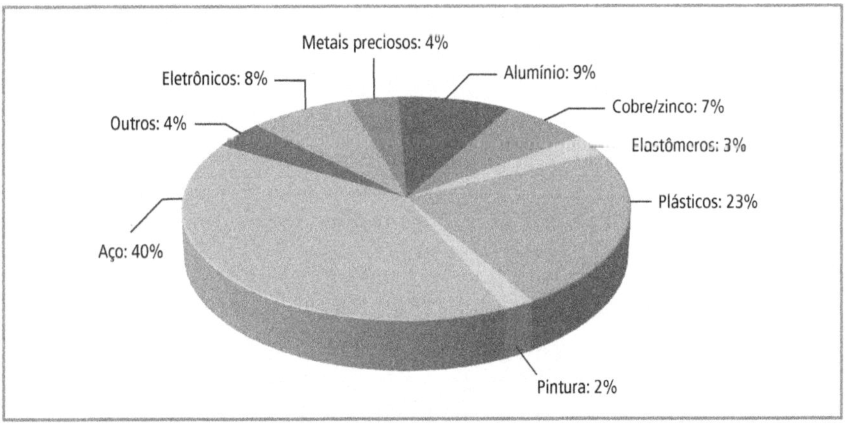

O aço representa, em média, 40% das matérias-primas que entram na fabricação de veículos e corresponde a quase 20% do custo

* MIGUEL, 2009.

total de produzi-los. Um estudo feito pelo Instituto Brasileiro de Siderurgia (IBS) com dois veículos – um de pequeno porte (Gol) e outro de médio porte (Astra) – mostra que o aço pode representar em torno de 10% do preço de venda dos veículos, incluídos os impostos (Tabela 3.2).

Tabela 3.2 Participação do aço no preço de venda dos veículos

	Gol	Astra
Peso total do veículo (fabricante)	903 kg	1.180 kg
Peso dos componentes feitos em aço	503 kg	594 kg
Participação do aço no peso total do veículo	**55,7%**	**50,3%**
Quantidade de aço necessário para fabricação dos componentes	749 kg	1.014 kg
Valor do aço necessário para fabricação dos componentes (1)	R$ 2.302,29	R$ 3.211,49
Valor de aquisição do veículo (2)	R$ 22.990,00	R$ 49.500,00
Participação do aço no valor de venda do veículo	**10,01%**	**6,49%**

Já na indústria de cosméticos, o custo da embalagem e da matéria-prima representa praticamente 90% do custo total do produto, tal como se vê no exemplo do Gráfico 3.4:

Gráfico 3.4 Preços dos insumos negociados ou cotados em bolsas (*commodities*)

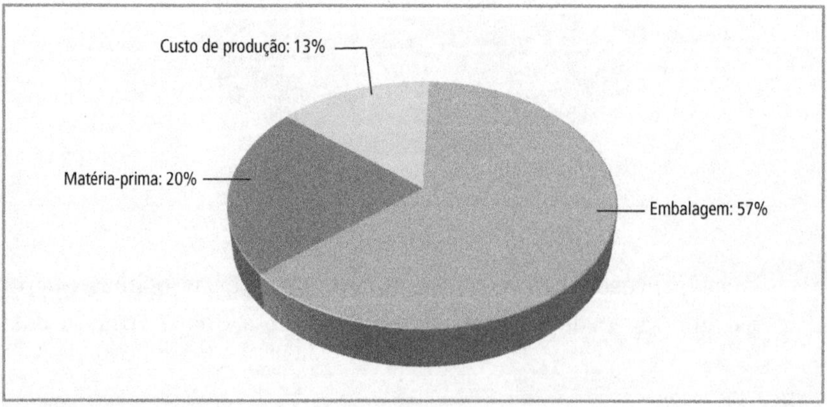

Cabe observar que os preços de algumas matérias-primas (alumínio, borracha, níquel etc.) são cotados em bolsas de valores e por isso os preços são internacionais. Outras matérias-primas, como espumas, plásticos e aço, têm seus preços negociados em função da realidade ou oportunidade econômica em cada país (Quadro 3.1).

Quadro 3.1 Matérias-primas negociadas em bolsa

Preços negociados	Preços cotados	
Aço:	Não ferrosos (LME):	
• planos, longos	• alumínio	LONDRES
• laminados frios, quentes	• cobre	
• inox	• zinco	
	• chumbo	
Outros:		
• plásticos	Preciosos:	
• espumas	• platina	LONDRES
• elastômeros	• paládio	NOVA YORK
	• ródio	TÓQUIO
	Borracha natural	SINGAPURA

Fonte: Miguel, 2009.

Custo total

Outro ponto relevante na estruturação do processo de inteligência em Compras é o entendimento dos vários elementos associados aos custos, como o impacto produzido no custo dos insumos na cadeia produtiva (custo total de aquisição) e os fatores que influenciam o custo de determinado insumo (*cost drivers*).

Considerando-se que as Compras feitas pelas empresas representam de 60% a 80% do custo de um veículo, pequenas reduções no custo dessas Compras têm grande impacto no resultado das empresas. Por conseguinte, nas estratégias traçadas pelas empresas para diminuir custos, a área de Compras é vista como uma atividade dotada de enorme potencial nesse sentido. Assim, as organizações passaram a ver seus fornecedores como agentes potenciais da criação de valor.

Essas considerações poderiam indicar que as vantagens competitivas não mais estariam exclusivamente no interior das empresas, mas também em suas decisões sobre fornecimento. Sendo assim, elas começaram a reformular o modo como suas decisões de fornecimento são tomadas[5] e, nesse contexto, os fornecedores que apresentam os preços mais atraentes não são necessariamente a melhor opção: é preciso considerar o custo total da operação (preço dos componentes, logística, impostos) chamado custo total de propriedade (*Total Cost of Ownership* – TCO).[6]

Na análise segundo a metodologia de TCO, consideram-se "todos os custos associados à compra, uso e manutenção" de um bem ou serviço (Gráfico 3.5). No TCO, estão incluídos os custos de transporte, de recebimento, de qualidade (de inspeção, retrabalho e rejeição), as despesas administrativas de Compras (inclusive tempo de gerência) e o preço do produto comprado. Alguns estudos classificam os direcionadores do TCO em treze diferentes tipos de custos, compreendendo os de operação, qualidade, logística, vantagem tecnológica, confiabilidade e capacitação do fornecedor, manutenção, estoques, transação, ciclo de vida, preço inicial, relacionamento com o cliente e oportunidade, entre outros.[7]

É possível classificar os custos citados em três categorias: de prétransação, de transação e de pós-transação. Na primeira, estariam incluídos os custos de identificação das necessidades, pesquisa de fontes de fornecimento, qualificação dessas fontes, inclusão do fornecedor nos sistemas internos e "educação" ou treinamento do fornecedor. Já os custos de transação englobariam o preço do produto e a preparação e colocação do pedido, além dos custos do transporte e entrega, os impostos devidos e a forma de pagamento, as despesas de inspeção,

---

[5] ANDERSON e KATZ, 1998.

[6] SALIBA, Fernando Miguel Pinto. *A adoção do custo total de propriedade no processo de Compras de grandes empresas brasileiras: um estudo de casos.* 2006. 152 f. Dissertação (Mestrado) – UFRJ/COPPEAD – Universidade Federal do Rio de Janeiro, Rio de Janeiro, 2006.

[7] FERRIN e PLANK, 2002.

Gráfico 3.5 Custo total de propriedade (TCO)

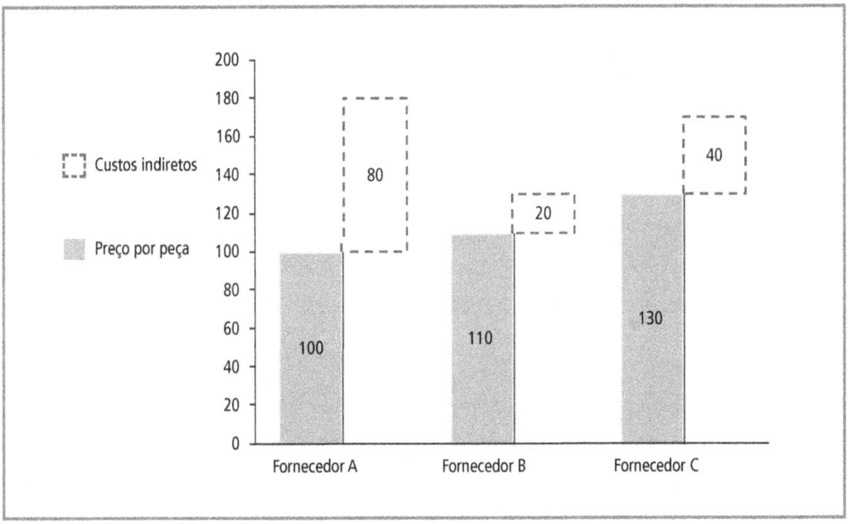

devolução (se houver), acompanhamento e correção. Por fim, nos custos pós-transação estariam compreendidos aqueles referentes a paradas de linha, rejeição de produto acabado após a fabricação, problemas de campo, conserto ou troca de produtos no campo, confiança do cliente e reputação da empresa, bem como os custos de peças de reposição e os de manutenção.[8]

A gestão de estoque é incluída na análise do TCO porque, dos custos nela envolvidos, fazem parte o financeiro (custo de oportunidade) e os de seguro e estocagem, além dos correspondentes ao risco de obsolescência e vencimento dos materiais. Destacam-se, entre as técnicas utilizadas no gerenciamento de estoque:

- o sistema cíclico ou de pedidos a intervalos regulares, um processo bastante antigo e praticamente em desuso nas empresas, dado que o pedido de uma quantidade predeterminada é feito regularmente e independe do consumo passado e da previsão de consumo futuro;

[8] ELLRAM, L. M.; CARR, A. Strategic purchasing, a history and review of the literature. *International Journal of Purchasing and Materials Management*, v. 30, n. 2, p. 10-18, 1994.

- a abordagem *just-in-time*, em que o fornecedor entrega o produto de acordo com as necessidades do cliente, com alta frequência e em pequenas quantidades, de modo que o estoque de produtos mantido pelo cliente seja o menor possível;
- o sistema de planejamento das necessidades de materiais (*Material Resource Planning* – MRP), que planeja a demanda e informa quanto comprar para o próximo período; e
- o sistema de ponto de reposição, em que o pedido é feito quando o estoque atinge determinado nível e, nesse caso, a quantidade de reposição é geralmente fixa.

Na metodologia do TCO, o enfoque no custo total de propriedade em substituição à orientação por preço seria essencial para a exploração do potencial estratégico da área de Compras. Na opinião de um especialista em Compras, a utilização do TCO traria como benefícios a mensuração do desempenho de fornecedores, a disponibilidade de uma base para a tomada de decisões sobre Compras, a melhoria da comunicação (interna e com os fornecedores), o acesso a maiores informações sobre custos e o apoio ao desenvolvimento contínuo. A adoção do TCO afeta diretamente a sistemática de Compras das empresas e dá oportunidade para significativa redução de custos e aumento da lucratividade.[9]

Caso: um exemplo do impacto econômico nos custos de Compras

Considere um cenário hipotético em que um produto negociado a R$ 100,00 apresenta uma estrutura de custo (Tabela 3.3) em que 20% são insumos importados, 10% são custos de mão de obra e energia elétrica e 70% são matérias-primas (vidros, plásticos, aço e alumínio). Veja o Gráfico 3.6.

Tabela 3.3 Decomposição de custos

US$	Matéria-prima	R$
20%	70%	10%

[9] SALIBA, 2006.

Gráfico 3.6 Composição da matéria-prima

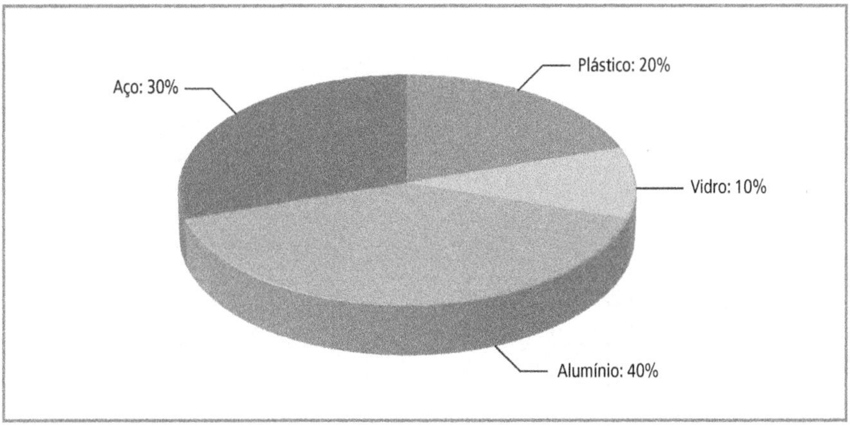

Suponha, então, que no ano de 20x1 tenha havido uma série de evoluções econômicas (inflação de 5%, taxa de câmbio 18% maior e outras oscilações nos custos de matérias-primas), conforme mostrado na Tabela 3.4.

Tabela 3.4 Evolução dos custos de matérias-primas

	Composição	Altas/Baixas	Total
Plástico	20%	10%	2,0%
Vidro	10%	9%	0,9%
Alumínio	40%	–3%	–1,2%
Aço	30%	14%	4,2%
Total	100%		5,9%

Nesse exemplo, o aumento previsto no custo de matérias-primas deveria ser de 5,9%, que, somado à inflação e à taxa de câmbio, resultaria em um aumento de 8,2% no custo a ser negociado com os fornecedores (Gráfico 3.7).

Gráfico 3.7 Simulação de aumento de custo decorrente das evoluções econômicas

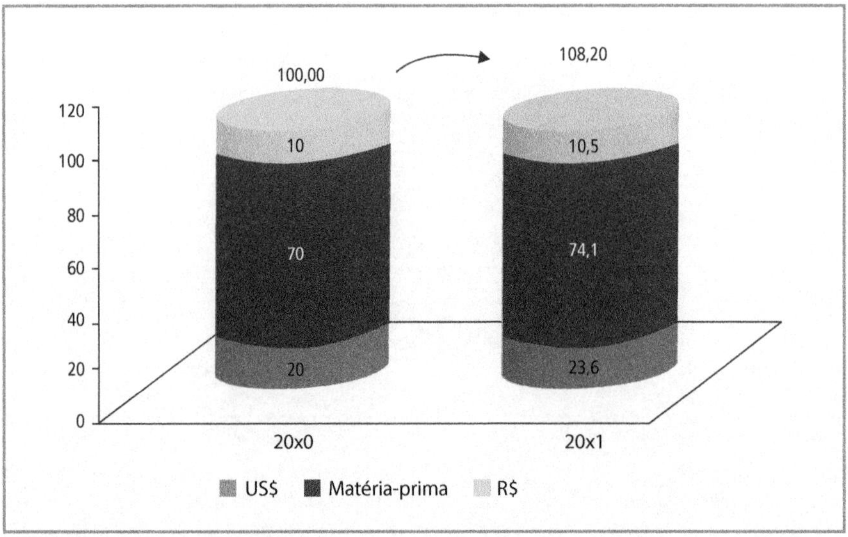

Como a valorização cambial elevou o custo das importações em 18%, o comprador passou a desembolsar R$ 23,60 pelo componente importado. O preço da matéria-prima sofreu incremento de 5,9%, conforme assinalado na Tabela 3.4, alterando-se o seu custo de R$ 70,00 para R$ 74,1. Os insumos e serviços nacionais, como mão de obra do fornecedor ou energia elétrica, sofreram os efeitos da inflação interna de 5% e resultaram em um custo de R$ 10,50 para o ano de 20x1. Estimando-se todo o impacto dos indicadores econômicos, o novo custo dos insumos dessa peça hipotética passou a ser de R$ 108,20, ou seja, aumentou 8,2%.

KPIs e indicadores de performance de Compras

No século XIX, o desempenho das empresas era medido por indicadores físicos, como os oriundos dos estudos de Frederick Taylor, e também monetários (indicadores contábeis). No início do século XX, a Du Pont Company desenvolveu o indicador de retorno sobre o investimento (*Return on Investiment* – ROI), que, juntamente a outros indicadores financeiros, passou a ser usado pelos tomadores de decisão de inúmeras grandes empresas para o controle da organização. Na década de 1960, os indicadores não financeiros ganharam força a partir do advento das normas de qualidade. Hoje, a maioria das empresas adota medidas financeiras e não financeiras, embora muitas ainda empreguem medidas não financeiras para orientar melhorias localizadas, enquanto medidas financeiras agregadas são usadas pela alta administração.

Com relação à área de Compras, além de monitorar o desempenho de seus fornecedores, a empresa deve fazer o mesmo no que diz respeito à própria função que exerce. Monczka et al.[10] listaram estes quatro indicadores de desempenho em matéria de Compras:

- a eficiência no tocante a preço, que permite saber se as Compras foram feitas ao menor preço possível e, em caso contrário, por que motivo;
- as economias obtidas graças à redução de custos de materiais (economias de custos);
- a eficiência em Compras, que leva em conta o trabalho demandado e o efetivamente realizado;
- a análise do desempenho de Compras em relação à atuação dos respectivos fornecedores, que considera as medidas tomadas no sentido de corrigir problemas de desempenho no fornecimento.

Para outros estudiosos,[11] existem cinco "macroindicadores" e, na esfera de cada um deles, vários outros pontuais. Os "macroindicadores" a que esses autores se referem são:

- o controle do fator "pontualidade", que permite saber se a área de Compras está abastecendo a linha de produção conforme o desejado, isto é, se não falta material nessa linha;
- os preços e custos dos materiais, ou seja, a indicação de que os preços obtidos pela área de Compras estão de acordo com os preços de mercado ou são, de preferência, inferiores a eles;

---

[10] MONCZKA, R. et al. *Purchasing & supply chain management*. 2. ed. Estados Unidos: South-Western, 2002.

[11] DOBLER, B.; BURT, D. *Purchasing and supply management*. New York: McGraw-Hill, 1996.

- o controle de qualidade dos materiais, que avalia a conformidade daqueles que a área de Compras está adquirindo com as especificações da empresa;
- o controle da confiabilidade dos fornecedores, que mostra a medida em que os fornecedores selecionados são confiáveis e pontuais nas entregas; e
- o gerenciamento das relações com os fornecedores, que aponta a existência de um relacionamento satisfatório entre eles e a área de Compras.

A mensuração dos indicadores de Compras tem como principais objetivos:

- Dar visibilidade aos resultados alcançados mediante a apuração sistêmica de dados relevantes para a gestão do negócio.
- Aperfeiçoar a comunicação interna por meio da clareza na definição de metas e oportunidades de *feedback* pertinentes.
- Estimular os profissionais na busca e superação contínua de resultados em função da definição clara de metas.
- Contribuir para o sucesso do negócio ao direcionar corretamente os esforços e focalizar as metas no que for essencial.

O desempenho da área de Compras geralmente é medido pelas reduções de custos (*savings*) obtidas pelos compradores. Há diversas formas de medir a evolução dos preços de Compras, conforme ilustrado no Quadro 3.2.

O Gráfico 3.8 apresenta um exemplo de evolução do preço de Compras em valores absolutos (unidade monetária) e porcentagem. Nesse caso, um produto ou serviço comprado em 2001 por 1.200 unidades monetárias passou a custar 1.500 em 2002, isto é, 25% mais. Assim, o gerenciamento da *performance* é feito não só em valores absolutos, mas também em porcentagem dos aumentos e reduções de preços negociados entre clientes e fornecedores.

Em outra modalidade de mensuração do desempenho da área de Compras, compara-se a evolução dos preços de Compras com os valores do orçamento (*budget*), conforme ilustrado na Tabela 3.5.

Quadro 3.2 Indicadores de desempenho de compras

	Indicadores de desempenho de compras	Indicador exemplo
1	Volume de compras realizado	Por fornecedores, por grupo de mercadorias (famílias), por organização de compras (divisão), por comprador.
2	Cumprimento de quantidades	Por fornecedores e por material.
3	Número de fornecedores	Por grupo de mercadorias (famílias).
4	Histórico do preço das ofertas	Comparativo entre preços negociados.
5	Análise ABC	Análise ABC realizada por valor comprado, quantidade etc.
6	Volume de itens de requisições de compras	Total, por comprador, por organização de compras (divisão), por grupo de mercadorias (família).
7	Volume de documentos de compras	Por fornecedor, por organização de compras (divisão), por grupo de compradores (comprador).
8	Volume de itens (materiais) de compras	Total, por grupo de compradores (comprador), por organização de compras (divisão).
9	*Budget* de funcionamento	Valor realizado × orçado por mês, acumulado, anual.
10	Cumprimento de prazos	Comparativo entre a data da entrega e a data da solicitação.

Gráfico 3.8 Evolução de preços em valor e porcentagem

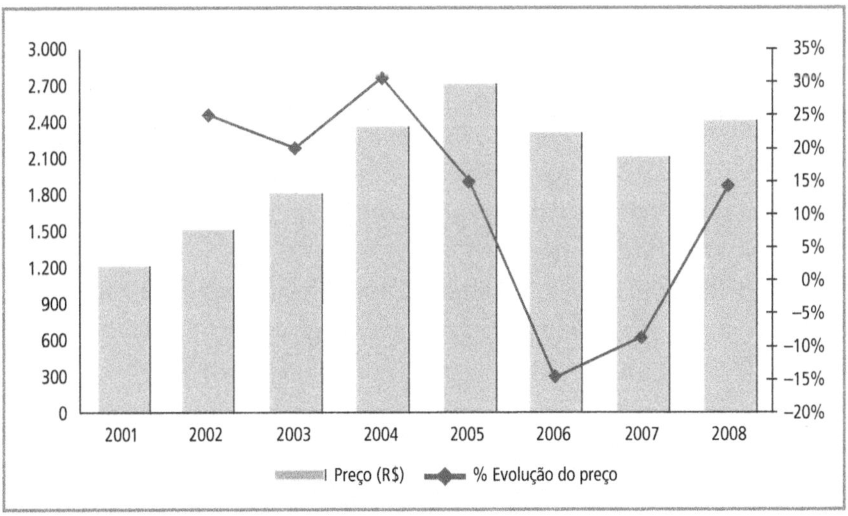

Fonte: MIGUEL, 2009. Elaborado pelo autor.

Tabela 3.5 Ganhos/perdas em relação ao orçamento

Categoria	Quantidade	Orçamento anual milhões R$	Redução de preços realizada milhões R$	Redução de preços realizada	Meta
A	500	55	3,7	7%	5%
B	120	80	2	3%	5%
C	350	38	5	13%	5%
D	130	77	8,5	11%	5%
E	450	25	2	8%	5%
F	500	43	2	5%	5%
G	200	60	–0,5	–1%	5%
H	150	31	3	10%	5%

Muitas empresas adotam a metodologia de *cost avoidance* (custo evitado), o qual calcula o preço e o montante total que cabe pagar ao fornecedor no caso de as ações de Compras não serem "eficazes". Como o preço de compra atual pode ser mais alto do que o preço anterior, nenhuma redução de custo é registrada. Mas supondo que o preço anterior fosse de 100 unidades monetárias e que, na renovação do contrato – após três anos, durante os quais houve uma inflação anual de 5% – três fornecedores oferecessem, respectivamente, 115, 120 e 125 unidades monetárias para vender o mesmo produto, a média do preço sugerido seria de 120 unidades e o menor preço, de 115 unidades. O preço final negociado pelo comprador foi, entretanto, de 110 unidades monetárias, representando um custo evitado de, no mínimo, 5 unidades por produto, embora o novo preço seja 10 unidades superior ao do contrato antigo.

A metodologia descrita é a mais intangível de todas, porque se trata de gasto futuro eliminado ou deferido. Esse gasto jamais ocorreu – não há um valor previsto. Outros exemplos de custo evitado incluem:

- Resistência ou demora no aumento do preço ao fornecedor;
- Preço de Compras inferior ao anterior;
- Inclusão de serviços sem custos adicionais (treinamento na compra de uma máquina, software etc.);

- Contratos de longo prazo com cláusulas de proteção de preços;
- Introdução de um produto que requer a compra de material novo a um preço inferior ao do material antigo, mas sem a disponibilidade de uma comparação histórica.

Por fim, apresenta-se uma forma mais elaborada de estimar a evolução dos preços de Compras: a decomposição deste em diferentes fatores, como matérias-primas, mão de obra, impostos, cotações de câmbio, produtividade das negociações, entre outros. Pode-se, desse modo, não só calcular mensalmente os resultados em milhões de unidades monetárias e percentuais, mas também comparar, a cada mês, os resultados alcançados e os objetivos propostos, conforme ilustrado no Gráfico 3.9.

Gráfico 3.9 Performance de Compras

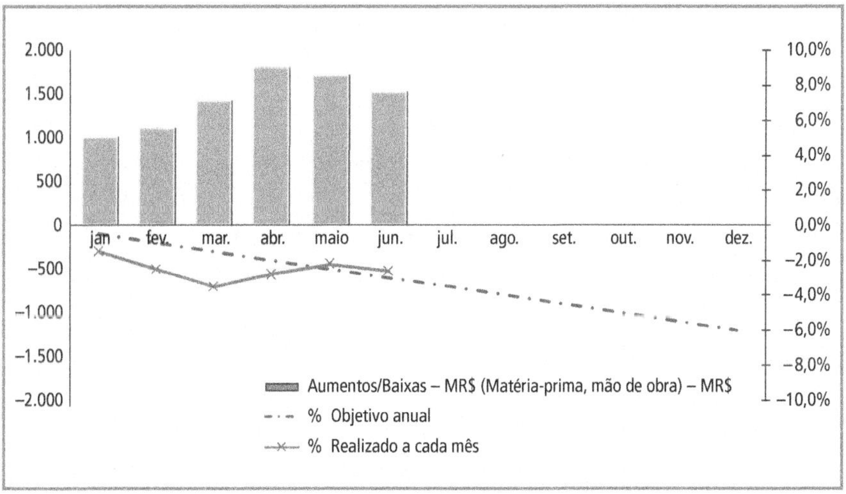

Concluindo

A área de Compras vem procurando, cada vez mais, construir modelos para compreender a lógica que suporta a política de preços do fornecedor, especialmente no que diz respeito ao custo das matérias-primas utilizadas na fabricação de seus produtos, à mão de obra direta e aos custos indiretos. Esse esforço requer uma ampla pesquisa de mercado sobre os preços pagos pelos fornecedores, os salários e benefícios pagos aos empregados, a idade e a eficiência dos equipamentos utilizados, os métodos de depreciação, o custo operacional da fábrica e o impacto dos trabalhadores indiretos. Tipicamente, a modelagem de custo é usada para suportar negociações contratuais e prover modelos quantitativos para o reajuste dos preços, bem como permitir um melhor entendimento do processo, que culmina na decisão entre fazer ou comprar.[12]

Uma novidade introduzida pela inteligência em Compras no monitoramento do desempenho desta área diz respeito à comparação da evolução dos preços de Compras em função do cenário econômico correspondente ao custo do produto. Por exemplo, um veículo tem seus custos formados por matérias-primas (a, b, c etc.), componentes locais (o custo da eletricidade, da mão de obra etc.) e componentes importados (impactados pela variação cambial). Por conseguinte, o contexto econômico desse veículo ou o custo teórico da evolução do seu preço[13] podem ser representados pela evolução dos preços de cada insumo (matérias-primas e insumos importados/locais ponderados pela respectiva participação no custo total do veículo) e ser comparados com a evolução real dos preços de compra de peças do veículo, o que se pode traduzir como o desempenho de Compras em face da evolução real dos indicadores econômicos, conforme os Gráficos 3.10 e 3.11.

Para a implantação da metodologia de inteligência em Compras, comparando-se o contexto econômico-teórico de um veículo – peças de aço/plástico/outros, componentes importados em dólares americanos ou euros, mão de obra/eletricidade/outros cujos custos estão mais ligados à inflação local – com os índices econômicos de cada segmento da matéria-prima empregada, bem como as taxas de câmbio e inflação, as empresas têm-se valido de ferramentas de *cost drivers* (*drivers* de custo), que permitem monitorar mensalmente a variação dos custos ou os preços pagos pelos componentes do custo de produtos industrializados

---

[12] BRAGA, Ataíde R. Inteligência de mercado. *Revista Tecnologística*. São Paulo, n. 129, 2008.

[13] O custo teórico de um veículo seria a soma de todas as peças decompostas em matéria-prima (aço, plástico, alumínio), peças e componentes comprados localmente, que sofrem influência da inflação local e peças e componentes importados, que sofrem influência das taxas de câmbio.

Gráfico 3.10 Simulação de preços de Compras por impacto econômico em um veículo

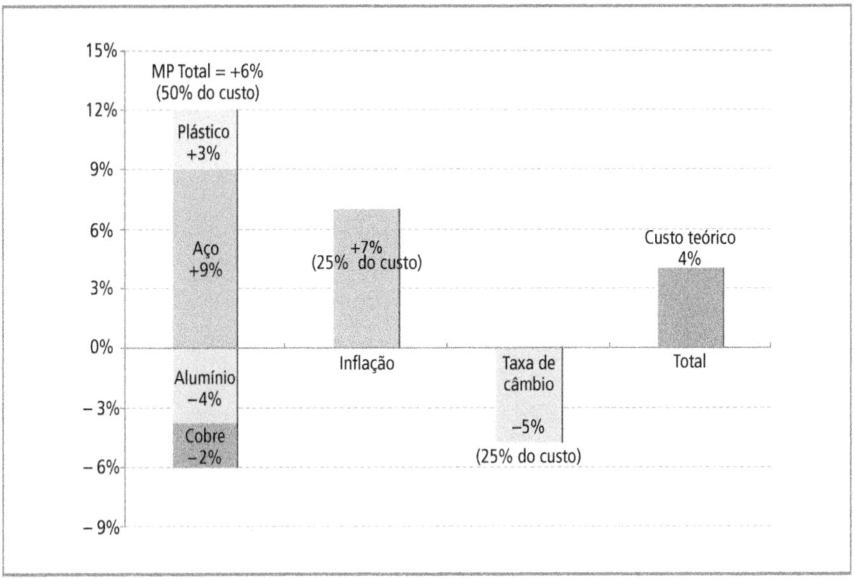

Gráfico 3.11 Contexto econômico *versus* performance de Compras

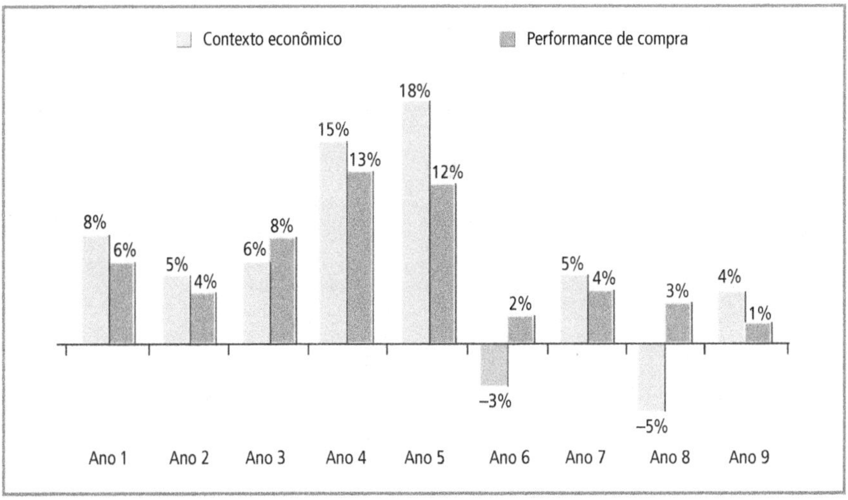

por meio de composições de custos ou preços ponderados em relação ao peso que cada componente de custo tem no direto total. Além de comparar o custo ou preço pago com um contexto econômico passado, também se fazem previsões baseadas em tendências de custo ou preço futuro para cada produto analisado, por meio de séries históricas de índices de preços mensais, indicadores econômicos e projeções de preços futuros oriundas de fontes confiáveis.

Resumindo, a área de Compras tem procurado cada vez mais construir modelos para integrar as políticas e os mecanismos de preços dos fornecedores no que se refere principalmente ao custo de matérias-primas e a outras despesas relacionadas com a produção de seus produtos finais (eletricidade, mão de obra direta, impostos etc.). Segundo o pensamento de vários estudiosos, a modelagem de custo é usada com a finalidade de dar suporte a negociações contratuais, prover modelos quantitativos para reajustes de preços e promover um melhor entendimento do processo que culmina na decisão entre fazer ou comprar.

GESTÃO DO RELACIONAMENTO COM FORNECEDORES (*SUPPLIER RELATIONSHIP MANAGEMENT* – SRM)

Gustavo Menoncin de Carvalho Pereira

Neste capítulo você estudará:

- O conceito de gestão do relacionamento com fornecedores (*Supplier Relationship Management*);
- Elementos a serem avaliados no relacionamento comprador--fornecedor;
- Avaliação de estágio do relacionamento;
- Etapas para a implantação do programa;
- Critérios a serem avaliados no relacionamento;
- Estabelecimento de *ranking* de desempenho;
- Dinâmica do programa de gestão do relacionamento com fornecedores;
- Momento de corte ou preservação do relacionamento comprador-fornecedor.

O conceito de gestão do relacionamento com fornecedores

No final dos anos 1990, a área de Compras passou a ganhar maior importância no meio empresarial e acadêmico. Cooper, Lambert e Pagh (1997) definiram a gestão do relacionamento de fornecedores (*Supplier Relationship Management* – SRM) como um dos processos que compõem a gestão da cadeia de suprimentos (*Supply Chain Management* – SCM). Essa nova abordagem defende que, com a aplicação dos princípios de SCM, as empresas podem melhorar a sua competitividade, sendo a gestão do processo de Compras parte importante nessa busca pela vantagem competitiva. Com isso, o SRM, como um processo de SCM, se torna um elemento central da gestão estratégica nos últimos anos, com a cooperação entre firmas e no uso de suas cadeias de suprimentos como forças competitivas. Sendo assim, é necessária uma nova abordagem dos papéis organizacionais tradicionais, assim como das responsabilidades e das relações de hierarquia (esse conceito é representado pela Figura 4.1).

Figura 4.1 Compras e o SCM

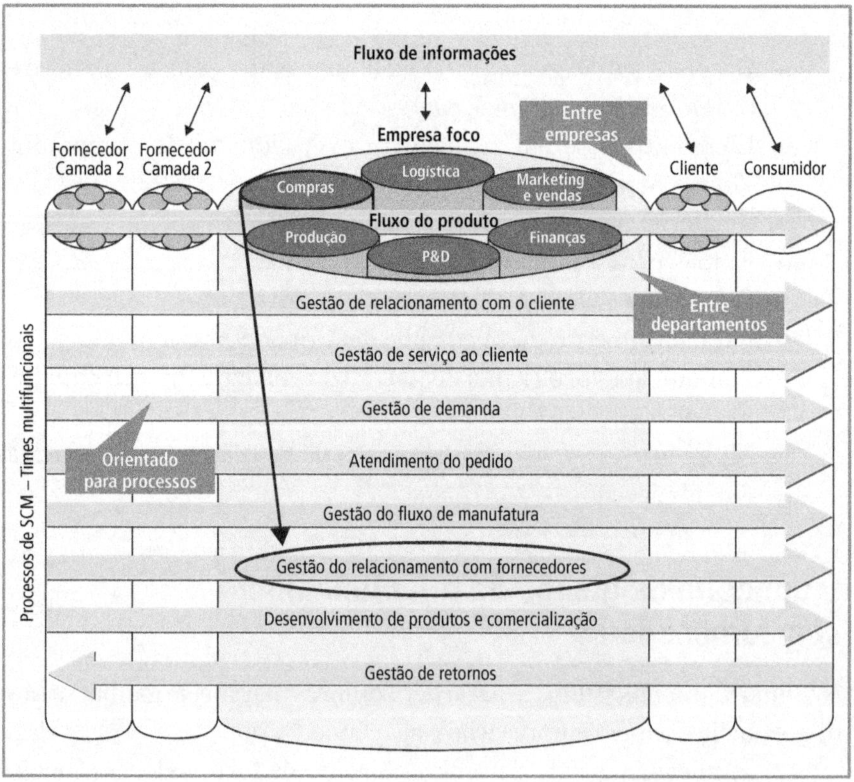

O departamento de Compras interage com os demais (logística, marketing e vendas, finanças, pesquisa & desenvolvimento, produção) no sentido de criar um processo que fará a gestão do relacionamento com os fornecedores. Sendo um processo de SCM, é multifuncional.

Elementos a serem avaliados no relacionamento comprador-fornecedor

Relacionamento transacional e mútuo

Uma visão simplista da atividade de Compras é o mero ato de comprar, que, em essência, consiste em encontrar um fornecedor que esteja disposto a trocar os bens ou serviços exigidos por determinada soma em dinheiro. Essa percepção de Compras se tornou conhecida como a visão "transacional" e está baseada na ideia de que o ato de comprar diz respeito à simples trocas, com comprador e vendedor interagindo entre si a curta distância (Figura 4.2). O interesse básico do comprador nesse cenário limitado é adquirir o volume máximo de recursos pela menor quantia de dinheiro que for necessário pagar.[1]

Figura 4.2 Relacionamento transacional

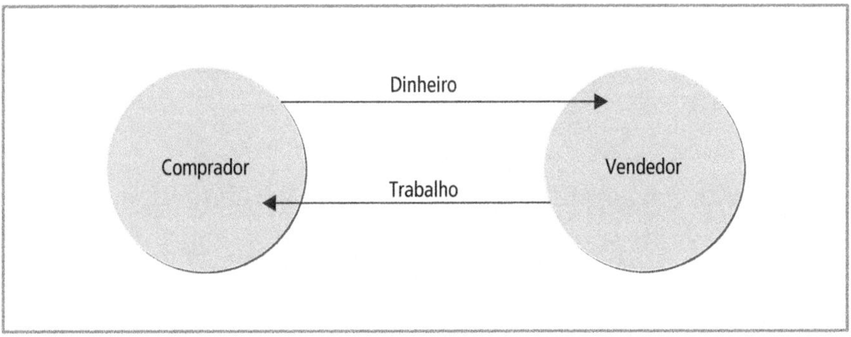

Fonte: BAILY et al., 2000.

[1] BAILY, Peter et al. *Compras*: princípios e administração. São Paulo: Atlas, 2000.

Em um relacionamento mútuo, a ênfase está em construir um resultado satisfatório conjunto (Figura 4.3). Ambos os lados estão investidos de confiança e apoio com o propósito de acrescentar valor, um processo não possível em uma simples transação. Baily et al. (2000) enfatiza que, à medida que a atividade de Compras se desenvolve, uma proporção mais significativa do tempo do comprador é dedicada aos "aspectos mais estratégicos" e menos às atividades operacionais. Isso é particularmente verdadeiro quando a função Compras se torna mais envolvida na administração estratégica da cadeia de suprimentos.

Figura 4.3 Relacionamento mútuo

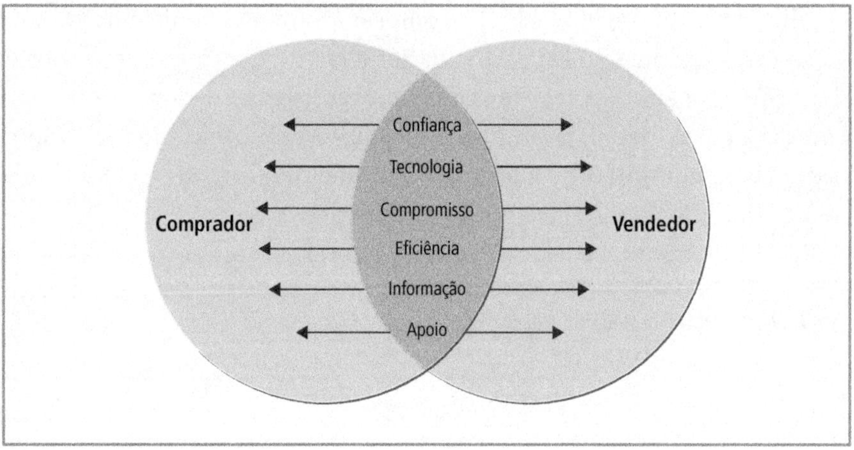

Fonte: BAILY et al., 2000.

Conjunto de características que formam um relacionamento

Carr e Pearson (1999) afirmam que ter Compras como função estratégica é importante para o sucesso da empresa. Segundo os autores, empresas que têm essa função como estratégica devem implementar um sistema de avaliação de fornecedores. Lamming et al.,[2] com base na revisão e análise de 20 anos de literatura sobre modelos de avaliação da performance e do

[2] LAMMING, R. C. et al. The relationship assessment process (RAP) and beyond. *European Management Journal*, v. 26, 4. ed., p. 274-287, 2008 *Management Journal*, v. 26, 4. ed., p. 274-287, 2008.

relacionamento com fornecedores mostram a evolução ocorrida nesse campo e propõem um modelo para medir o relacionamento.

Uma das conclusões do estudo desses referidos autores é que o modelo transacional dá a vez ao relacionamento mútuo, conforme o relacionamento e as necessidades de busca por resultados conjuntos crescem. A partir do estudo dessa evolução apresentada nos diversos artigos revisados, Lamming et al. (2008) definiram as características manifestadas nos relacionamentos entre compradores e fornecedores e sua relevância para a avaliação da qualidade desse relacionamento.

As características do relacionamento entre o comprador e o fornecedor são influenciadas pelos fornecedores dos fornecedores e pelos clientes dos clientes em termos de limitação de tecnologia e capacidade (o modelo proposto está representado na Figura 4.4.). Os autores reconhecem que apresentam mais um modelo conceitual do que operacional, e este capítulo tem como objetivo entender, em um caso específico, o tipo de relacionamento existente entre compradores e fornecedores.

A adoção do modelo e das características (Figura 4.4) deve-se pelo resultado do trabalho de Lamming, Johnsen e Johnsen (2008), que foi construído tendo como base uma síntese da literatura fundamentada predominantemente nas pesquisas das áreas de Compras e marketing industrial e de gestão de suprimentos.

Esse modelo é chamado pelos autores de modelo de avaliação do relacionamento de abastecimento.

Figura 4.4 Relacionamento mútuo

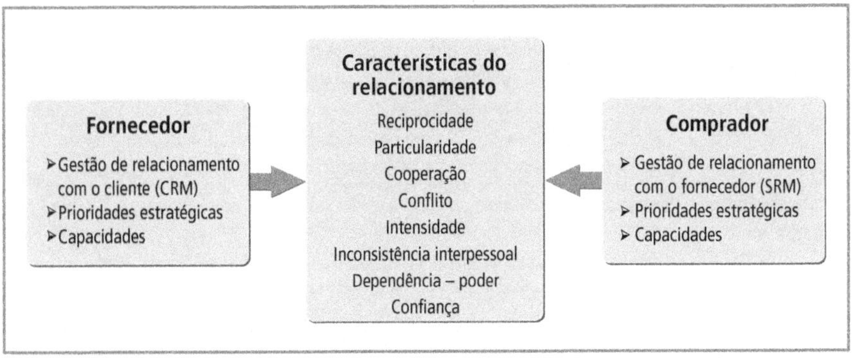

Fonte: Adaptado de LAMMING et al. (2008).

As oito características de relacionamento identificadas no modelo de avaliação do relacionamento de abastecimento, proposto por Lamming et al. (2008) são definidas no Quadro 4.1:

Quadro 4.1 As oito características de relacionamento, segundo Lamming et al (2008)

Reciprocidade	Implica que existem objetivos e interesses em comum que direcionam as empresas em uma proposta compartilhada. Ao avaliar um relacionamento, é importante identificar o quanto um ator está disposto a abrir mão de um interesse individual para aumentar os resultados de ambas as empresas, pois reciprocidade é um *trade-off* entre o oportunismo de curto prazo e os ganhos de longo prazo.
Particularidade	É a direção única a que a interação do relacionamento leva. Essa característica reflete níveis de adaptação que uma parte faz para se adaptar à especificidade da outra, bem como o quanto as duas partes estão dispostas a investir na adaptação de uma à outra e se comprometer perante o relacionamento. Para algumas empresas, nem sempre é uma questão de escolha: a particularidade pode ser imposta e transformar-se em uma restrição ou uma barreira.
Cooperação	Cooperação é uma medida de quanto as empresas trabalham juntas para determinar ou implementar um direção para o relacionamento. É baseada no reconhecimento de que nenhuma empresa ou organização tem a capacidade de realizar todas as atividades ou ser proprietária de todos os recursos necessários para atender a todas as necessidades que os mercados demandam. A cooperação tende a ampliar exponencialmente quando as empresas vislumbram novas oportunidades de crescer juntas, combinando atividades e recursos de maneira criativa.
Conflito	Todos os relacionamentos são caracterizados por uma mistura de conflito e cooperação, e não existe uma fronteira clara entre relacionamentos conflitantes e os cooperativos. Conflito pode ser gerado das diferentes expectativas, objetivos e cultura de uma organização quando comparadas com as da outra. É um aspecto crítico a ser considerado quando se está avaliando o relacionamento entre compradores e fornecedores, e, se identificado, não precisa ser classificado necessariamente como um problema, mas sim ser considerado como uma forma construtiva no relacionamento.
Intensidade	A intensidade de um relacionamento pode ser vista como um elemento importante na avaliação daquele, refletindo o nível de contato e recursos trocados entre um comprador e um fornecedor. Um relacionamento intenso inclui a interação de profissionais de ambas as partes em projetos e na resolução de problemas entre as partes, inclusive compondo times multifuncionais entre as empresas.
Inconsistência interpessoal	Esta característica remete às expectativas pessoais e aos interesses individuais que influenciam a interação. Isso significa que as mesmas áreas das empresas podem ter entendimento diferente dos problemas e interagir de forma distinta, como a maneira que áreas comerciais se relacionam e áreas técnicas. Ao trazer diferentes empresas e gestores, com visões, culturas, estratégias e capacidades variadas, isso pode oferecer um escopo para criatividade ou inovação no desenvolvimento do relacionamento.

(*continua*)

Quadro 4.1 As oito características de relacionamento, segundo Lamming et al (2008)

(*continuação*)

Dependência poder	Ao avaliar o relacionamento de comprador e fornecedor, é importante entender que poder não é o monopólio de uma empresa sobre a outra, que pode ser diagnosticado pela prevalência de uma especialidade de uma parte sobre a outra (por exemplo, supremacia técnica sobre a econômica). A relação de poder e dependência não pode ser ignorada quando da avaliação de um relacionamento estratégico entre comprador e fornecedor, mas precisa ser endereçada a um conceito multidimensional.
Confiança	A característica da confiança é um importante apoio contra a incerteza gerada pelo oportunismo. Três tipos de confiança são listados: a contratual, na qual as partes irão aderir aos pontos explícitos e implícitos acordados; a confiança na competência, em que uma das partes não tem dúvidas da habilidade de entregar e produzir o que o contrato estipula; e a confiança no *Goodwill*, ou seja, uma parte confia que a outra vai exceder as expectativas contratadas, revertendo em um valor e benefício maior do que o esperado.

Avaliação de estágio do relacionamento

A metodologia a ser adotada para medir o estágio de relacionamento que comprador e fornecedor devem focar em três situações que envolvam processo de renegociação de condições comerciais:

- o comprador que negociaria é entrevistado antes da primeira reunião com o fornecedor;
- observar o andamento desta primeira reunião, acompanhando os possíveis contatos, por meio de telefone, e-mails e visitas que possam surgir;
- agendar uma segunda reunião e observar a evolução da negociação; em seguida, uma entrevista final com os compradores.

Essa sugestão se justifica porque a negociação é um processo onde realmente a qualidade do relacionamento é posta a prova.

Os fornecedores a serem pesquisados são selecionados conforme a proposta de identificação do estágio, e eles devem ser previamente avisados sobre o interesse em estudar o relacionamento entre as empresas. Assim, fica estabelecida a clareza de que as observações das reuniões poderiam ser realizadas e que os documentos gerados seriam analisados para entender o relacionamento entre as empresas.

Esse processo pode ser realizado com técnicas quantitativas (por meio de questionários) ou qualitativas (etnografia, autoetnografia). O objetivo é construir uma forma de verificar se existem evidências, positivas ou negativas, da presença das oito características de relacionamento discutidas em detalhes anteriormente, e é recomendável que se verifique com a área que define a estratégia da empresa se as oito características são desejadas e alinhadas com o negócio, pois não é obrigatória a presença e a existência delas em todas as companhias, variando conforme a estratégia desejada.

Etapas para a implantação do programa

Os fornecedores a serem monitorados pelo SRM geralmente devem possuir contratos estabelecidos entre as empresas justamente pela sua importância, seja ela definida pelo gasto, pela criticidade, pela estratégia ou pelo risco. Antes de iniciar o programa, é necessário ter certeza se a base de fornecedores está consolidada ou se é necessário algum processo de concorrência. Após a implantação dos contratos, surge a necessidade de monitoramento destes e, também, da criação de critérios e de um *dashboard* para avaliação de fornecedores.

O processo de gestão do relacionamento com fornecedores é responsável pela segmentação destes, pelo estabelecimento de programas de parceria e pela definição das bases de contratos de produtos e serviços com os fornecedores. No entanto, o valor proveniente do relacionamento mais próximo com os fornecedores tem como fonte a redução de custos, a divisão de riscos, a inovação, a extensão de produtos e serviços, a economia de escala e o acesso à tecnologia e ao conhecimento.

Os passos para a implementação do SRM são:

- identificar os componentes dos produtos e serviços que são pontos-chave para o sucesso da organização;
- segmentar de acordo com a matriz estratégica de Compras (Kraljic) – este ponto é fundamental, e a forma de construir a matriz já foi amplamente discutida neste livro;
- desenvolver um modelo de métricas para a avaliação dos fornecedores.

O controle dos fornecedores a serem incluídos no Programa de SRM é realizado por meio de um painel (*dashboard*), que, para ser elaborado, necessita de três premissas: classificar os fornecedores; sistematizar as rotinas de atualização de dados e estabelecer o *ranking* de desempenho.

O programa de SRM tem critérios para definir que fornecedores participarão dele por conta do detalhe de controle e da necessidade de acompanhamento. Devem ser incluídos no programa os fornecedores estratégicos, os críticos e aqueles que não se encaixam nessas classificações, mas apresentam gasto elevado e risco. A matriz estratégia de provedores fornece esse tipo de informação e classificação de maneira adequada para fundamentar um programa de SRM.

Critérios a serem avaliados no relacionamento

Estabelecer o *ranking* de desempenho significa definir os seguintes pontos:

- pesos de cada critério de avaliação;
- como medir cada critério;
- faixas de *ranking* para as notas calculadas; e
- as ações a partir dos resultados.

Os critérios mais comuns utilizados para medir o relacionamento com fornecedores são: qualidade, nível de serviço, custos, aspectos jurídicos, risco financeiro, atualização e fornecimento de dados cadastrais. Outros menos utilizados envolvem inovação e, mais recentemente, questões de sustentabilidade.

Para definir o peso dos critérios na avaliação dos fornecedores nesta etapa também é importante cruzar com as características de relacionamento desejadas. Ou seja, cada critério deverá ser avaliado conforme sua intersecção com essas características, e aqueles que mais se aproximarem destas deverão ter um peso maior na nota final do fornecedor, por influenciarem mais do que os outros. Um exemplo da formação dos critérios é apresentado no Quadro 4.2.

Quadro 4.2 Exemplo de formação de critérios

Dados cadastrais	Inovação	Legal/Jurídico	Qualidade	Risco financeiro	Custo
5%	10%	10%	25%	25%	25%

Estabelecimento de *ranking* de desempenho

Com os critérios e pesos definidos, todos somados atingem o valor de 100 pontos. É necessário entender o que se espera dos grupos de fornecedores "ouro", "prata" e "bronze", e também daqueles que estão abaixo do grupo "bronze". Cada empresa pode adotar um critério, mas o importante é estabelecer faixas-limite para essas notas. Por exemplo, fornecedores com pontuação 100 ou superior podem ser enquadrados no grupo "ouro", menor que 100 e maior que 90 podem ser os "prata", e por assim diante. Um exemplo do quadro final a ser produzido está é apresentado na Figura 4.5.

Figura 4.5 Exemplo de quadro final a ser produzido

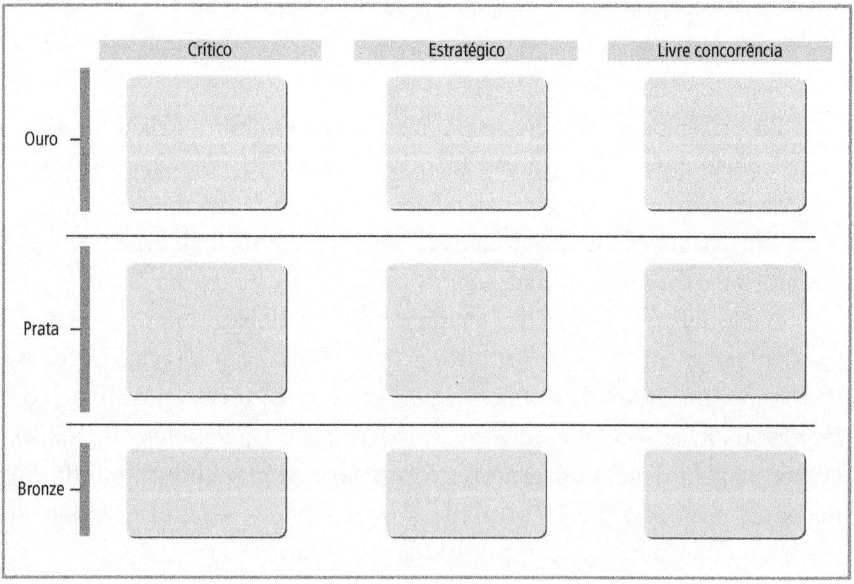

Dinâmica do programa de gestão do relacionamento com fornecedores

Para estabelecer o programa, deverão ser desenvolvidos as ferramentas e os avaliadores de cada critério; para isso, é de suma importância que exista um ambiente e um clima favoráveis para essa discussão, além, é claro, de um consenso interno. O usuário, cliente de Compras, deve ser envolvido o máximo possível nessa etapa, e a avaliação de critérios como qualidade, inovação, jurídico e risco financeiro não deve ser feita pelo departamento de Compras, e sim pelas respectivas áreas especialistas de cada assunto. Sugere-se que as informações sejam atualizadas mensalmente e que reuniões internas entre o departamento de Compras e os usuários ocorram trimestralmente. Assim, as informações estarão alinhadas, e os fornecedores devem ser chamados para reuniões, nas quais se demonstre sua classificação ("ouro", "prata", "bronze") e se discutam os critérios em que ele está mais forte e nos quais está mais fraco. A Figura 4.6 apresenta uma sugestão de como manter uma dinâmica no processo de SRM.

Figura 4.6 Exemplo para manter a dinâmica do processo de SRM

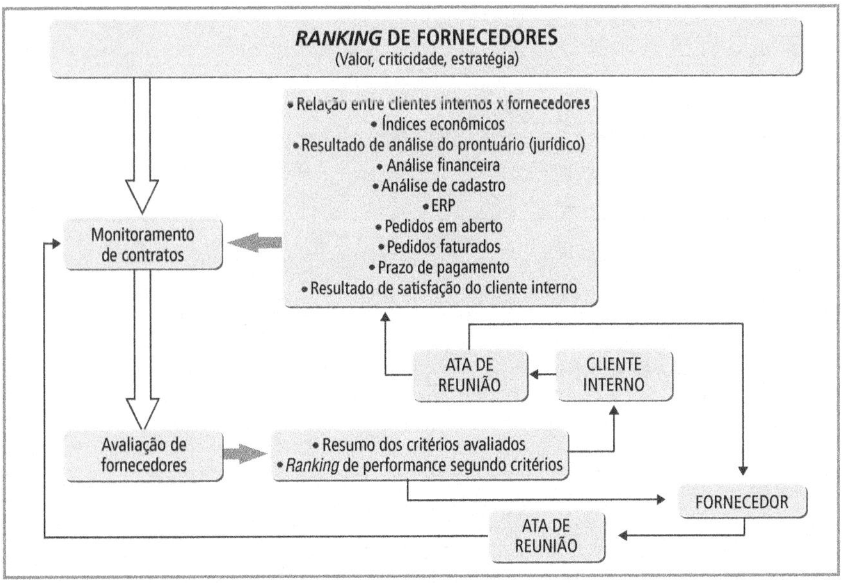

Momento de corte ou preservação do relacionamento comprador-fornecedor

Este momento de avaliar, com base nos dados do SEM, se o relacionamento com os fornecedores deve ser mantido ou encerrado é muito particular entre as empresas. Uma sugestão seria que fornecedores que mantêm seu desempenho como "bronze" por três avaliações semestrais seguidas e os que mantém seu desempenho como crítico por duas avaliações trimestrais seguidas fossem considerados como desinteressados em manter negócios. Por isso, as reuniões com fornecedores são fundamentais para o registro e entendimento do desempenho deles, portanto, é importante se preparar antes dessas reuniões. A Figura 4.7 apresenta a sugestão de um roteiro para conduzir e registrar as reuniões, a qual pode ser adaptada e adotada para o registro no SRM.

Figura 4.7 Roteiro para condução e registro de reuniões

Nome do fornecedor: ______________________

Interesses do comprador:	Interesses do fornecedor:
1. ______	1. ______
2. ______	2. ______
3. ______	3. ______

O que não é negociável:	O que o fornecedor não negocia:
1. ______	1. ______
2. ______	2. ______
3. ______	3. ______

Estratégia para abordagem:	Como o fornecedor costuma comportar-se:
1. ______	1. ______
2. ______	2. ______
3. ______	3. ______

Além disso, também é recomendado que se acompanhe o o desempenho do fornecedor, como apresentado na Figura 4.8.

Figura 4.8 Histórico e tendência do SRM

Histórico e tendências – SRM													
FORNECEDOR	1/1/2010	1/6/2010	1/11/2010	1/4/2011	1/9/2011	1/2/2012	1/7/2012	Mín.	Máx.	Penúltimo	Último	Tendência	Média
								0	0	0	0	→	
								0	0	0	0	→	
								0	0	0	0	→	
								0	0	0	0	→	
								0	0	0	0	→	
								0	0	0	0	→	

Encerrando este capítulo, propomos um roteiro completo de tudo o que deve ser abrangido até a implantação do programa, como forma de orientar as empresas nesta fase ou, até mesmo, de verificar programas já existentes.

ADOTAR MODELO DE DEFINIÇÃO DE CARACTERÍSTICAS DO RELACIONAMENTO

↓

PRIORIZAR QUE CARACTERÍSTICAS DE RELACIONAMENTO SÃO INERENTES À CADEIA

↓

SELECIONAR FORNECEDORES ESTRATÉGICOS PARA PESQUISA DO ESTÁGIO DO RELACIONAMENTO

↓

REALIZAR *SPEND ANALYSIS* PARA IDENTIFICAÇÃO DE GASTOS POR CATEGORIA E FORNECEDORES

↓

IDENTIFICAR ONDE O GASTO MAIOR É DISPENDIDO

DEFINIR METODOLOGIA PARA A PESQUISA (ETNOGRAFIA, AUTOETNOGRAFIA, QUANTITATIVA)

↓

REALIZAR A PESQUISA PARA IDENTIFICAR O RELACIONAMENTO TRANSACIONAL, MÚTUO OU SCM

↓

REALIZAR *STRATEGIC SOURCING* PARA POTENCIAIS OPORTUNIDADES EM CATEGORIAS

↓

DEFINIR CRITÉRIOS: CONSTRUÇÃO DAS MATRIZES

↓

IDENTIFICAR FORNECEDORES ESTRATÉGICOS E CRÍTICOS

REALIZAR ANÁLISE DO RISCO DE FORNECEDORES

↓

IDENTIFICAR FORNECEDORES SOB RISCO

↓

DEFINIR CRITÉRIOS: COMPOSIÇÃO DE NOTA SRM

↓

CATEGORIZAR OS FORNECEDORES EM DIRETOS/INDIRETOS E SUBCATEGORIAS

↓

PROCESSAR AS NOTAS *DASHBOARD*

↓

CLASSIFICAR OS FORNECEDORES SRM EM OURO, PRATA E BRONZE

REALIZAR AS REUNIÕES DE COMUNICAÇÃO SRM

↓

MONITORAR AS AÇÕES E EVOLUÇÃO DOS FORNECEDORES BRONZE E CRÍTICOS

↓

REALIZAR *SPEND ANALYSYS* VERIFICANDO INFLUÊNCIA: FORNECEDORES BRONZE E CRÍTICOS

↓

REALIZAR *STRATEGIC SOURCING* PARA FORNECEDORES BRONZE E CRÍTICOS "ESTÁVEIS"

↓

ATUALIZAR BASE DE DADOS MENSALMENTE

Esse roteiro teve cada um de seus passos explicados ao longo deste capítulo.

Exemplos de aplicação do SRM

Em uma organização, existe um conflito grande entre a área de Compras e seus clientes internos quanto aos fornecedores e os processos de concorrência. Os clientes internos não sentem segurança nas opções apresentadas pelos profissionais de Compras, e estes pensam que seus clientes internos preferem privilegiar aqueles fornecedores com que tem mais contato e confiança, relevando o aspecto de custos. Com a criação do programa de "gestão de relacionamento de fornecedores", foram incorporados os critérios que cada uma das áreas considera importante na escolha de um fornecedor, além de outros – por exemplo, avaliação de áreas especialistas, como finanças e jurídico. Ao construir o painel de indicadores e ponderar as diversas variáveis, tanto clientes internos surpreenderam-se com informações da fragilidade financeira dos fornecedores que tanto confiavam, como o departamento de Compras também teve conhecimento do alto índice de serviço e ausência de retrabalho que outros fornecedores com preços mais altos proporcionavam. Assim, a avaliação de atuais e novos fornecedores passou de uma visão simplesmente de preço por parte da área de Compras ou de afinidade por parte dos clientes internos para uma visão sistemática e imparcial.

Concluindo

Não se pode mais ter uma única visão sobre o desempenho dos fornecedores. Medir o relacionamento passa por uma série de critérios mensuráveis, quantitativamente ou qualitativamente, no sentido de traduzir o relacionamento. A adoção do programa de SRM proporciona isso e uma integração interfuncional, que reduzirá os conflitos internos e a diferença do nível de conhecimento entre o departamento de Compras e seus clientes internos. Outros aspectos serão minimizados, e, assim, a confiança interna substituirá o atrito entre as áreas, ou seja, os objetivos de ambas as áreas poderão ser atingidos de maneira clara e justificada.

GESTÃO DO RISCO COM FORNECEDORES (*SUPPLIER RISK ASSESSMENT* – SRA)

Gustavo Menoncin de Carvalho Pereira

Neste capítulo, você estudará:

- O conceito de gestão do risco com fornecedores (*Supplier Risk Assessment* – SRA);
- Critérios para avaliação do risco;
- Matriz probabilidade *versus* impacto;
- SRA e outras abordagens;
- Passos para implantação do programa.

O conceito de gestão de risco de fornecedores

O objetivo da "avaliação do risco com fornecedores" é identificar e controlar os riscos de fornecedores classificados como críticos, estratégicos e de alto valor. Assim, é possível mitigar esses riscos que potencialmente podem ocorrer, provocando grande impacto ao negócio.

Os pré-requisitos para um programa de gestão de riscos podem ser classificados como:

- fontes e relatórios muito bem construídos e confiáveis;
- necessidade de ordenar as informações inerentes ao Relacionamento (performance) e ao risco (negócio);

- separar fornecedores custo (diretos) de despesa (indiretos) – programas e necessidades diferentes.

O programa de avaliação do risco com fornecedores (SRA) difere de um programa de gestão de relacionamento de fornecedores (SRM) será discutido em detalhes no Capítulo 9. O SRM é uma rotina de avaliação do estágio do relacionamento com os fornecedores, ao passo que o SRA é um programa de avaliação do risco (impacto e probabilidade) de manter o fornecedor na cadeia. Cada programa tem públicos e ações diferentes.

Existe uma integração entre os dois conceitos (SRM e SRA). Além disso, é sempre importante ressaltar que a identificação da fonte de informações é básica para pensar em qualquer uma das iniciativas, e não somente identificar as fontes, mas também criar uma metodologia que permita atualizar os dados de maneira sistemática e confiável. A partir da definição da base dos dados, ambos projetos podem ser iniciados, integrando-se com sinergia, conforme descrito na Figura 5.1.

Figura 5.1 Integração entre SRM e SRA

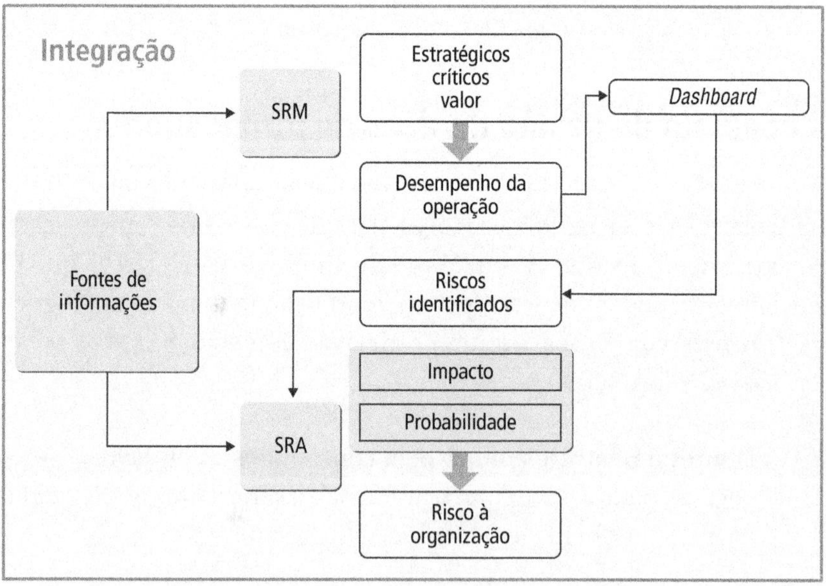

Critérios para avaliação do risco

O objetivo da avaliação de risco de fornecedores é controlar e conhecer os riscos de fornecedores críticos, estratégicos e de alto valor. Assim, é possível mitigar esses riscos que potencialmente podem ocorrer e ter um sério impacto no negócio. Eles são ponderados conforme a matriz de "probabilidade *versus* impacto", em que "impacto" são os riscos identificados por fornecedor e devem ser mensurados em forma de dinheiro, dependência etc., além de ponderamentos entre si; "probabilidade" são as perguntas que devem ser gerados com informações externas, principalmente inteligência.

Algumas definições importantes são:

- Identificação do risco: reconhecer eventos não previsíveis (incertezas) ou oportunidades emergentes que podem influenciar o alcance dos objetivos, caso ocorram;
- Gestão do risco: processo, estrutura e cultura colocados em ação para efetivamente gerenciar a incerteza ou as oportunidades emergentes;
- Avaliação do risco: processo focado no impacto no negócio e na probabilidade de ocorrer, e tem como objetivo detectar o risco antes que ele ocorra;
- Comunicação do risco: processo de troca de informação sobre o risco e suas gestão entre as partes envolvidas.

Na Figura 5.2, é esquematizada a relação entre causas, eventos e consequências que devem ser controlados na avaliação de risco.

As causas podem-se originar dos fornecedores ou do ambiente, mas é fundamental distinguir entre as duas possibilidades. Além disso, os eventos ocasionados devem estar relacionados a elas, bem como às consequências que trarão à cadeia de suprimentos envolvida. Por exemplo, o fato de um fornecedor não ter uma política de sustentabilidade pode acarretar problemas de qualidade ao processo do comprador, gerando um abalo na reputação da empresa – o que é gravíssimo e de mensuração até mesmo incalculável.

Figura 5.2 Relação entre causas, eventos e consequências a serem controlados na avaliação de risco

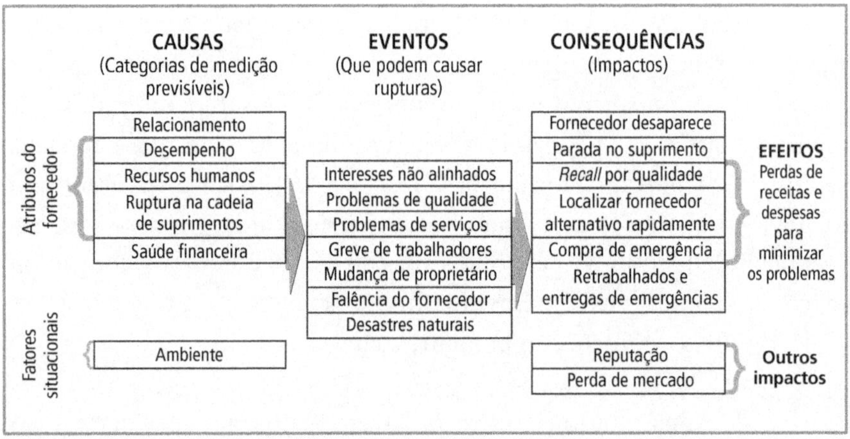

Por isso, o processo de SRA deve ser considerado em um fluxo normal de atividades de Compras nos seguintes momentos:

- análise do mercado fornecedor;
- negociação do contrato;
- gestão do contrato; e
- gestão dos pagamentos aos fornecedores.

O ciclo da avaliação de risco com fornecedores deve seguir a lógica da Figura 5.3.

Quanto mais as empresas se interessam pelos resultados que uma área de Compras pode trazer ao negócio, mais o risco aumenta. Pelo fato de esta ser a atividade de adquirir insumos e serviços de maneira aderente à estratégia empresarial, bem como em linha com os direcionadores de valor, este se percebe, principalmente no impacto do *bottom line* – que é o resultado final das organizações, o lucro líquido –, na estratificação do efeito consumo *versus* preço e no valor adicionado – o fluxo a seguir (Figura 5.4) exemplifica essas relações:

Figura 5.3 Ciclo da avaliação de risco com fornecedores

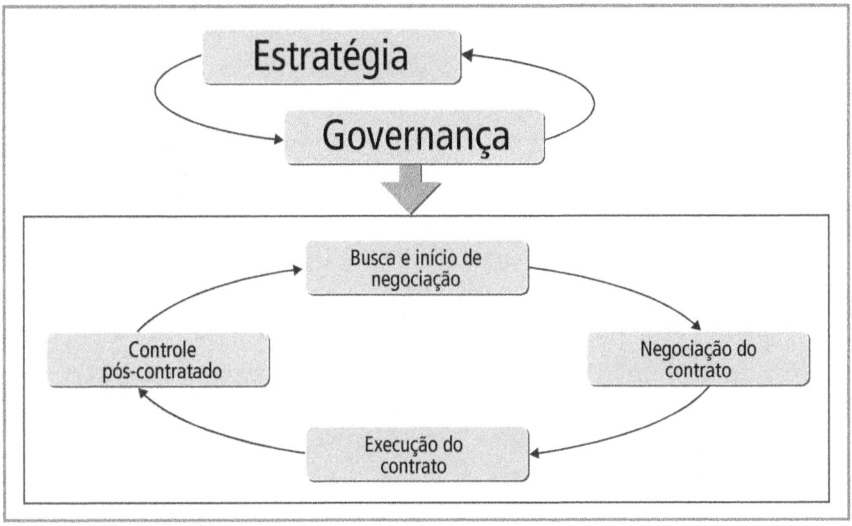

Figura 5.4 Relação entre risco e a área de Compras

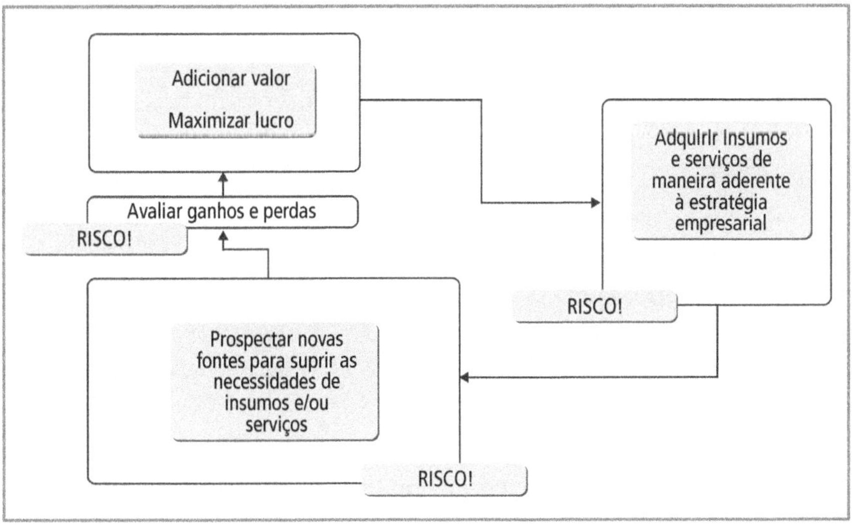

A área de Compras pode agregar valor aumentando a quantia adicionada, o que contribui com o efeito preço, sendo o menor esforço para alcançar maior lucro e também por meio da redução do custo de aquisição de produtos e serviços dos fornecedores, uma vez que aumentar volumes proporciona redução de preços de maneira racional, que não é 100% proporcional à elevação de volume. O grande desafio é, juntamente ao fornecedor, desmembrar quanto do preço é custo fixo e quanto é variável; a lógica é que, aumentando o volume, o custo fixo é rateado por uma maior quantidade de serviços, o que implica uma redução nessa parcela.

Um dos critérios mais utilizados para medir o risco de fornecedores é a análise financeira. Para isso, é preciso entender e interpretar contabilmente a estrutura financeira dele, e, assim, medir se o risco é alto, médio ou baixo.

Matriz probabilidade *versus* impacto

A matriz "probabilidade *versus* impacto" é sem dúvida a ferramenta de maior utilidade para avaliar o risco de fornecedores na cadeia; o primeiro passo é definir as perguntas-chave que podem dar a noção da probabilidade de ocorrer riscos com os fornecedores, como:

- Existem dois fornecedores homologados para fornecer o material?
- Existe um fornecedor homologado e outro em fase de homologação?
- Existe apenas um fornecedor, mas o mercado tem oferta de alternativas?
- Existe apenas um fornecedor e o mercado não oferecer alternativas?
- Existe apenas um fornecedor e este apresenta problemas de qualidade e de atendimento e não há alternativa de mercado?

Nesse exemplo, a probabilidade de ruptura cresce de acordo com a classificação das cinco possíveis alternativas – esse seria um cenário mais simples de a aplicação de uma hipótese de ruptura de fornecimento ocorrer. Em cadeias mais maduras e complexas, a captação dos sinais de quais riscos pode ocorrer envolve uma elaboração muito maior e aprofundada, o que também implica maior abrangência e confiabilidade nas fontes de informações que proporcionarão respostas às perguntas.

Geralmente, os profissionais de Compras são os responsáveis por responder as perguntas, mas algumas estratégicas podem necessitar de consultas a outras áreas e profissionais. Todo o sinal recebido do mercado deve ser cuidadosamente analisado e verificado, pois um sistema de avaliação de riscos de fornecedores não pode basear-se em boatos, e sim em fatos.

Alguns exemplos de perguntas-chave que medem a probabilidade em casos mais complexos podem envolver o impacto na capacidade de geração de caixa (EBITDA), conforme o Quadro 5.1:

Quadro 5.1 Perguntas-chave para medir a probabilidade de ruptura

Nos últimos seis meses, o fornecedor:
1. Perdeu grandes e importantes clientes?
2. Vem sofrendo mudanças frequentes na liderança?
3. Seguiu uma estratégia clara e estável?
4. Tem cumprido os níveis de serviço acordados?
5. Solicitou revisões de termos e condições comerciais?
6. Perdeu negócios e/ou teve queda no EBITDA?
7. Demitiu funcionários?
8. Responde a questionamentos e resolve os problemas apontados?
9. Tem reclamado de dificuldades no mercado?
10. Tem má repercussão no mercado ou na imprensa?

Para cada uma das perguntas, deve-se dar um peso e classificar as respostas, de preferência, de 1 a 3, onde 1 é NÃO e 3, SIM. O mesmo raciocínio e a mesma responsabilidade devem ser aplicados no caso de impacto, que pode ser calculado por meio da soma da margem de contribuição que todos os produtos dependentes do fornecedor oferecem à companhia. Ou seja, em caso de ruptura, a falta desencadeará a não oferta do produto ou serviço final ao mercado, o que prejudicará o negócio como um todo. Novamente, esse é o passo inicial e básico de avaliação do impacto que o risco pode acarretar, e, em casos mais maduros e complexos, também deve ser aprofundada a elaboração das perguntas, como:

- **Gasto anual (em R$):** gasto real, não o contratado com o fornecedor; é a soma de todos os produtos ou serviços fornecidos;
- **Intensidade do relacionamento:** indica quantos contatos formais e informais (representantes, gerentes de contas, diretor, VP) que há com o fornecedor e em que nível. Quanto mais contatos e com maior hierarquia, maior a intensidade do relacionamento. Se o contato for apenas com representantes = 1; com gerentes = 2; se com diretoria e acima = 3;
- **Nível de dependência:** indica a necessidade de adquirir seus produtos e serviços, bem como a possibilidade de trocar para um potencial fornecedor que presta o mesmo serviço ou fabrica o mesmo produto. Se somos um comprador "transtorno" (dependência = 1), "potencial" (dependência = 2) ou núcleo (dependência = 3);
- **Complexidade dos processos:** indica quão bom é o processo com o fornecedor; para esse tópico, podem ser feitas perguntas como:
  - Temos um único ponto de entrega para esse fornecedor?
  - Existem poucas transações com o fornecedor no ano?
  - Temos sistemas de informação integrados com o fornecedor implementados?

Quanto mais difícil for substituir os processos atuais, maior é a complexidade. Se as três respostas forem negativas, 3; se duas forem negativas, 2; e 1 para o caso de uma resposta negativa:

- **Tempo para substituição**: indica a quantidade de tempo para substituir um fornecedor por outro, ou a obrigação de cumprir um contrato, o tempo de assinar um distrato e assinar um novo acordo com outro fornecedor.

Com a definição das perguntas-chave para medir o impacto e a probabilidade, o próximo passo é montar o gráfico da matriz, conforme demonstrado no Gráfico 5.1.

Gráfico 5.1 Gráfico da matriz

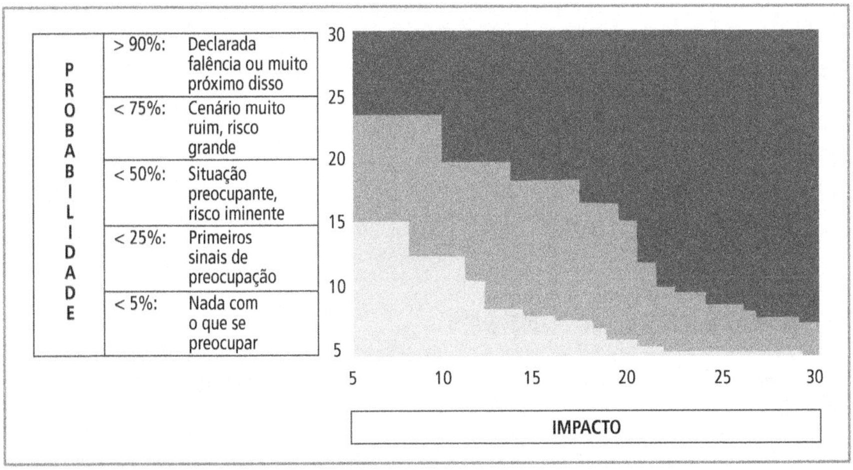

A área cinza-escuro do gráfico representa os fornecedores de maior risco, ao passo que a cinza-claro representa aqueles que menor risco apresentam à cadeia de suprimentos. O balanceamento do impacto com a probabilidade é o que proporciona a clareza do que realmente priorizar e se preocupar. Pode haver um impacto muito expressivo se um fornecedor causar ruptura, mas se a probabilidade for muito baixa, o risco também é. O mesmo acontece em casos cuja probabilidade pode ser alta, mas o impacto é insignificante. Na gestão de negócios, deve-se trabalhar nas exceções, e por isso o investimento em programas como o SRA trazem seu valor. Não se deve e nem é possível avaliar todos os fornecedores, mas sim aqueles que estão com um risco alto e eminente ao negócio.

O passo mais avançado no processo de SRA é o cálculo do custo do risco. Para se chegar neste, deve-se avaliar o "prejuízo" que o fornecedor pode causar se falhar. Este valor deve considerar o custo do não fornecimento no tempo e nas especificações contratadas. Também pode ser extraído como o valor do "impacto" da matriz de risco produzida por fornecedor na gestão da avaliação do risco.

A "probabilidade" de a falha ocorrer pode ser calculada em relação ao nível de serviço prestado pelo fornecedor, mas também pode ser extraída da matriz de risco produzida por provedor na gestão da avaliação do risco.

Conseguindo quantificar o impacto, e fazendo isso estatisticamente, com os dados da probabilidade apurados, pode-se chegar ao custo do risco, multiplicando, por exemplo, o prejuízo pela probabilidade de este ocorrer. Ou seja, a partir de certo percentual dos fornecimentos, o risco pode-se tornar realidade e, consequentemente, a o prejuízo a ser causado pela falha naquele numero de eventos, mensurado.

SRA e outras abordagens

A implantação do programa de SRA pode somar a outras abordagens de gestão, e uma delas é incorporar o conceito de SRA ao *balanced scorecard*. Esse conceito, muito utilizado pelas organizações, visa a balancear a administração das empresas por quatro perspectivas (financeira, fornecedor, aprendizado e processo). Adaptando ao SRA, o modelo proposto seria como o que é apresentado na Figura 5.5.

Figura 5.5 BSC para a gestão de fornecedores (*supply management*)

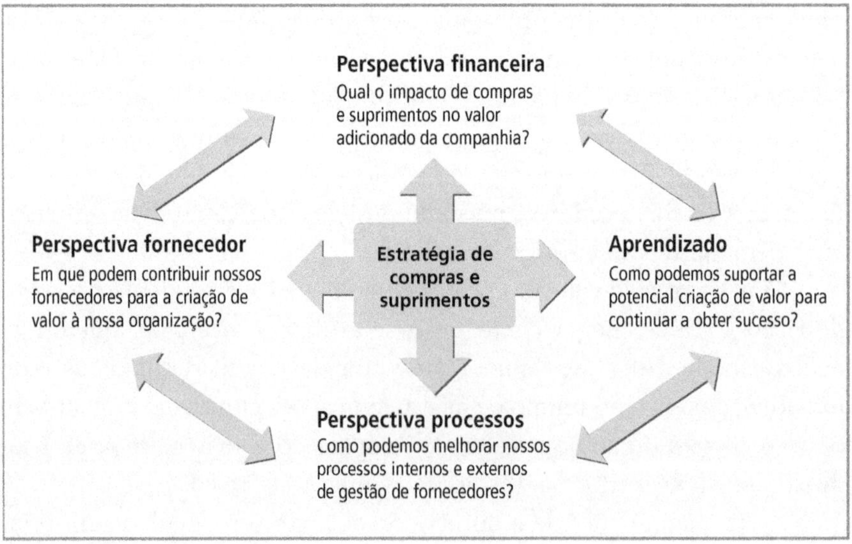

(*continua*)

(*continuação*)

Perspectiva Financeira		Perspectiva Processos	
Objetivo	Medição	Objetivo	Medição
Realização de *Savings*.	Redução de custos comparada ao preço histórico. Evitar aumento de custo comparado à solicitação.	Uso do *e-procurement*.	% do total gasto.
Cumprimento do contrato.	Valor gasto com o contrato.	Redução do ciclo do pedido.	Média de tempo do processo.
Impacto financeiro no risco de suprimentos.	% de acréscimo/decréscimo no valor calculado do risco.	Conformidade com as regras de auditoria interna.	Número de violações.

Perspectiva Fornecedor		Perspectiva Aprendizado	
Objetivo	Medição	Objetivo	Medição
Redução da base de fornecedores. Qualidade no suprimento.	Número de fornecedores. % e número de pedidos perfeitos atingidos.	Formação dos colaboradores. Gasto em países de baixo custo. Programas de inovação.	Horas de treinamento. Gasto em países de baixo custo. Número de programas realizados a partir da sugestão de colaboradores.
Conformidade com a redução do risco de não cumprimento do nível de serviço contratado.	Número de violações ao contrato. % do volume de gasto com fornecedores classificados como críticos (perspectiva de SRM).	Desenvolvimento da percepção sobre o risco.	Horas de treinamento por colaborador.

Passos para implantação do programa

A implantação de um programa de avaliação de riscos de fornecedores deve seguir alguns passos para seu sucesso. A primeira etapa envolve os dados do SRM, programa de relacionamento com fornecedores, de onde se extraem as informações do desempenho atual de cada fornecedor. Em seguida, deve-se entender a atratividade que o comprador tem para seu fornecedor. Em seguida, deve-se processar a análise do risco financeiro.

Essas são as etapas básicas e preliminares da avaliação de risco. Depois de realizá-las, deve-se iniciar a medição da probabilidade, definir as perguntas-chave e a fonte para respondê-las. O mesmo se aplica às perguntas de impacto.

Por fim, na elaboração da matriz impacto *versus* probabilidade, o risco é calculado e demonstrado. Com isso, alguns relatórios podem ser criados para acompanhar a evolução do programa (Figura 5.6).

Figura 5.6 Relatório de acompanhamento da evolução do programa

Compra de diretos

Categoria/Líder	Fornecedores	Situação
Matéria-prima Líder:		
Embalagens Líder:		
Contratos de industrialização Líder:		
Líder:		

Compra de indiretos

Category/Lead	Fornecedores	Situação
Marketing e vendas Líder:		
Operações Líder:		
Serviços profissionais Líder:		
TI Líder:		
Administração Líder:		
Pesquisa e desenvolvimento Líder:		

Legenda da situação

231-450 – Vermelho (urgente)	
121-230 – Amarelo (atenção)	
50-120 – Verde (ok)	
Total	0

No exemplo apresentado na Figura 5.6, classificam-se as Compras em diretas e indiretas, e suas respectivas categorias, pois, dessa maneira, pode-se visualizar em quais casos as ações são mais urgentes. Em empresas de manufatura, geralmente, nas Compras de diretos, se muitos fornecedores estiverem mapeados como de Risco, a situação é grave. No caso de serviços, geralmente, as Compras de indiretos com uma base de fornecedores sobre risco podem produzir o mesmo impacto.

Novamente, o importante é sempre alinhar a estratégia do negócio com os parceiros e fornecedores na cadeia de suprimentos, e, a partir daí, definir programas e ações. A implantação do programa de análise de risco com fornecedores pode-se pagar facilmente ao evitar prejuízos na cadeia de suprimentos.

Agindo proativamente, o programa pode evitar surpresas como falências de fornecedores, incapacidade técnica e de fornecimento, estoques em excesso por insegurança, e outros tantos eventos.

Exemplos de aplicação do SRA

Uma empresa decidiu fazer um processo de concorrência para o fornecimento de suas embalagens. Para isso, consolidou toda a demanda pelos produtos em questão e foi ao mercado pedir cotações a fornecedores. Por se tratar de material tecnicamente não muito complexo de ser fabricado, baseou-se nos critérios de preço e qualificação tecnológica para escolher o vencedor. Conseguiu uma economia em relação aos preços anteriormente praticados na ordem de 25%, o que representava cerca de US$ 2 milhões anuais. Entretanto, no terceiro mês de fornecimento esse fornecedor entrou em colapso financeiro e parou de suprir a empresa com as embalagens. Para retomar o fornecimento, a empresa teve de retomar as negociações com os antigos fornecedores e ficou cerca de 10 dias sem poder embalar seus produtos finais, provocando desabastecimento no mercado e perdendo cerca de US$ 3 milhões de margem nesse período, pois o valor agregado do produto onde a embalagem era aplicada era muito alto. Após essa experiência, a empresa decidiu incorporar em suas análises em processos de concorrência os quesitos exigidos pelo SRA, pois uma economia de 1 ano na compra de embalagens foi totalmente eliminada em dias de falta de venda de produtos, em virtude da falência do fornecedor que havia ganhado a concorrência.

Este caso ilustra a importância do SRA e de saber o que perguntar e analisar os dados certos dentro do conceito de cadeia de suprimentos, pois o risco de parada de fornecimento pode trazer consequências muito maiores ao negócio.

Concluindo

A avaliação do risco de fornecedores é uma prática a ser implantada, principalmente, no processo de seleção de novos parceiros na cadeia de suprimentos. Uma oportunidade de redução de custos em materiais e serviços pode ser totalmente absorvida pela incapacidade de suprimento por parte dos fornecedores, os quais também devem ter seus riscos monitorados, pois podem demonstrar sinais de fragilidade e colocar em risco a cadeia. Outro importante fator de risco é a exclusividade de fornecimento, que pode ser uma boa estratégia desde que os riscos pertinentes sejam controlados e monitorados.

ORGANIZAÇÃO DE COMPRAS

Cristiane Biazzin Villar

A ideia de organizar a área de Compras surgiu em meados dos anos 1980, nos movimentos de reengenharia, com o intuito de examinar a função efetiva desta área para a empresa. A partir daí, seguiu-se uma série de etapas, visando à melhoria de qualidade de processos, governança e satisfação de clientes. Tomou-se por base, entre os anos 1990 e 2000, a necessidade de responsividade, flexibilidade e a condução de negócios mais eficientes. Recentemente, o papel do comprador nas organizações tem tomado novos direcionamentos. Os olhos voltaram-se à área de suprimentos, e, em alguns setores, percebe-se que organizações têm baseado sua competitividade na gestão eficiente de fornecedores e suas estratégias de aquisição. Nesse contexto, nota-se que essa mudança reflete a visão da organização da demanda por um perfil proativo, que busque relacionamentos mútuos, conhecimento do negócio, não apenas da sua organização, mas do mercado dos fornecedores.

Esse novo direcionamento pode ser percebido também na configuração das estruturas organizacionais. Como a área de Compras passa a estar mais alinhada às estratégias organizacionais de forma cada vez mais refinada, sua estrutura organizacional tende a refletir esse novo papel. Sendo assim, este capítulo visa a explorar a estrutura organizacional de Compras e os diferentes perfis profissionais requeridos para esses novos desafios.

O preparo para a definição estrutural

Definir uma estrutura de Compras não é simplesmente dividir as tarefas entre os atores. Na verdade, em linha com os capítulos anteriores, a estratégia da organização afeta diretamente a forma de que a estrutura de Compras será composta, assim como o seu relacionamento entre departamentos e com o mercado (conhecimento do mercado, clientes, fornecedores). Consequentemente, alguns fatores influenciam esse processo, como a cultura organizacional, a percepção e demanda da alta liderança e o nível de autonomia que a área de Compras terá. Entre os pontos críticos, é importante avaliar preliminarmente alguns fatores, entre eles:

- **O papel efetivo de Compras**: a primeira abordagem a ser considerada é a compreensão de qual papel a área de Compras exercerá efetivamente na organização. Em outras palavras, o executivo deve analisar criticamente quais os objetivos, resultados operacionais e a inserção da área, pois isso direcionará claramente qual nível de abertura a organização estará disposta a tratar, qual o enfoque (se custo, participação no desenvolvimento de novos produtos ou melhoria da qualidade ou a tomada de decisão sob o custo total). Cada uma dessas abordagens nos conduz a uma estrutura e perfis profissionais completamente diferentes;
- **Qual a posição estratégica da área de Compras na organização**: em seguida, deve-se observar o estado atual da área de Compras, quais as abordagens e os casos de sucesso, quais os níveis de reporte e hierárquico demandante. Entretanto, poderíamos destacar que, em linha com a estratégia de Compras, a decisão de quem será o principal executivo deste setor é fundamental. Todavia, devemos perguntar-nos se esse nível atual é adequado para os próximos desafios em que a área se insere, pois essa observação é relevante, uma vez que direciona qual o nível de influencia de Compras nas decisões estratégicas. Diversos fatores influenciam esse posicionamento, como o setor em que está inserido, sua trajetória e a fluidez de suas relações dentro e fora da organização;

- **Lições aprendidas**: quais os principais pontos frágeis da atual estrutura de Compras? Onde estamos mais desconectados: internamente ou com o mercado? Qual a prioridade nessa conexão? Um exemplo claro dessa falta de conexão pode ser o seguinte: imagine uma fábrica com três subsidiarias,[1] uma em Teresina (PI), uma em Belo Horizonte (MG) e outra em Campinas (SP). Todas as unidades produzem o mesmo produto (tinta), e definimos um único comprador para determinada categoria (embalagens, por exemplo). O comprador, desconhecendo a complexidade das unidades, decide que o fornecedor será a empresa de Minas Gerais, pois tem o menor preço. Entretanto, como o principal indicador de Compras é "o valor da compra do período anterior em comparação com o período atual", ele desconsidera o tempo de trânsito para Teresina, o impacto nos estoques e os custos "escondidos" no processo logístico, por exemplo. No entanto, um comprador de embalagem para cada subsidiária pode desenvolver fornecedores diferentes e perder em escala.

De forma geral, a definição da estrutura de Compras não é um ato isolado e, como pode ser percebido, não é a única forma de resolução de problemas. Trata-se de uma definição complexa (existem muitas variáveis impactantes) e que necessita da conexão intraorganizacional e interorganizacional.

Centralização, descentralização e autoridade de Compras

Uma organização deve centralizar ou descentralizar suas Compras? Esse questionamento é antigo e muito comum nas empresas. O formato original das estruturas organizacionais geralmente partia de um modelo centralizado, no qual os departamentos ficavam próximos (fisicamente) da alta administração, e o mesmo ocorria com a estrutura de Compras. A ideia da centralização de Compras, nesse contexto, reflete uma gestão singular que parte de um centro para as demais

[1] Exemplo de empresa fictícia, utilizado apenas para ilustrar o conceito apresentado.

unidades da organização, em que o principal ganho é a economia de escala e a redução de retrabalhos. Trata-se do controle centralizado em uma pessoa ou unidade de negócios de todas as Compras da organização. Entretanto, com a virtualização das relações e a troca rápida de informações por meios eletrônicos, esse modelo foi aos poucos perdendo força.

A decisão da centralização ou não da área de Compras, na verdade, poderia ser redirecionada para um modelo misto ou híbrido. Propõe-se ao gestor refletir mais precisamente sobre "o que" centralizar neste setor e, dessa forma, alguns pontos podem nortear o processo decisório (Figura 6.1).

Figura 6.1 Pontos que norteiam o processo decisório

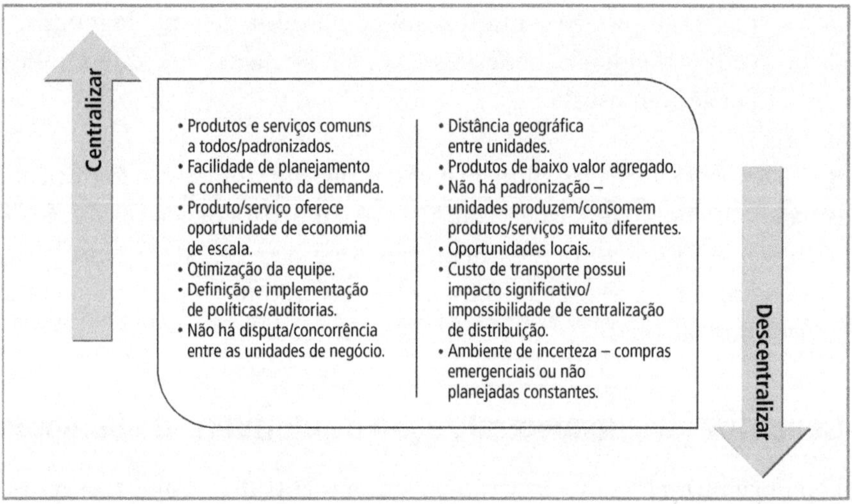

Dessa forma, produtos com demanda previsível poderiam ser centralizados para otimização de custos e ganho de economia de escala. Além disso, produtos e serviços específicos de cada unidade poderiam ser comprados de forma descentralizada, por conta de possíveis dificuldades de previsão, especificidade de ativos ou por causa do ambiente político-econômico instável.

No caso da descentralização, mesmo considerando a possibilidade de autonomia da unidade, o fornecedor pode sentir-se confuso com estratégias, relacionamentos e políticas de aquisição diferentes. Nesse sentido, problemas de duplicação de ordens, retrabalhos e possíveis *gaps* financeiros são passíveis em caso de descentralização, mas cabe ao gestor equilibrar esse *trade-off*.

Considerando-se organizações que possuam uma matriz que centraliza decisões corporativas, é plausível a existência de um executivo ou estrutura de Compras corporativa que controla e gerencia as aquisições do grupo. Na verdade, essa estrutura não "compra" efetivamente, apenas coordena as ações, define políticas etc.

Essa estrutura proporciona às unidades a autonomia para aquisição e, ao mesmo tempo, oferece a possibilidade de consolidação de contratos, políticas e uso de acordos de fornecimento. A desvantagem desse modelo é a possibilidade de favoritismo, riscos comerciais em que as unidades não aderem às condições firmadas pelo corporativo e possível sobrecarga a equipe de suporte.

Em suma, o melhor padrão varia a cada empresa, setor, país, cultura organizacional. Além disso, também não há um "tamanho único"; pelo contrário, cada organização deve delinear essas fronteiras dentro de suas necessidades e reavaliar, com o passar do tempo, se ainda as atende.

Estrutura operacional de Compras

Tradicionalmente, as organizações refletiam em Compras um modelo reativo, focado em preços, com estratégias de abastecimento e visão de curto prazo. Entretanto, com a inserção de Compras no contexto estratégico das organizações, a área foi aos poucos tomando forma, tamanho e importância.

Por focar, preliminarmente, na redução de custos, preços baixos e questões puramente financeiras, essas estruturas normalmente se reportavam à diretoria financeira e, além disso, havia pouca estruturação estratégica. Na verdade, praticamente refletiam a visão econômica da organização, segregando em Compras produtivas (de componentes e matéria-prima) e improdutivas. A Figura 6.2 apresenta um modelo de Compras com enfoque em preços.

Figura 6.2 Modelo convencional de Compras com enfoque em preços

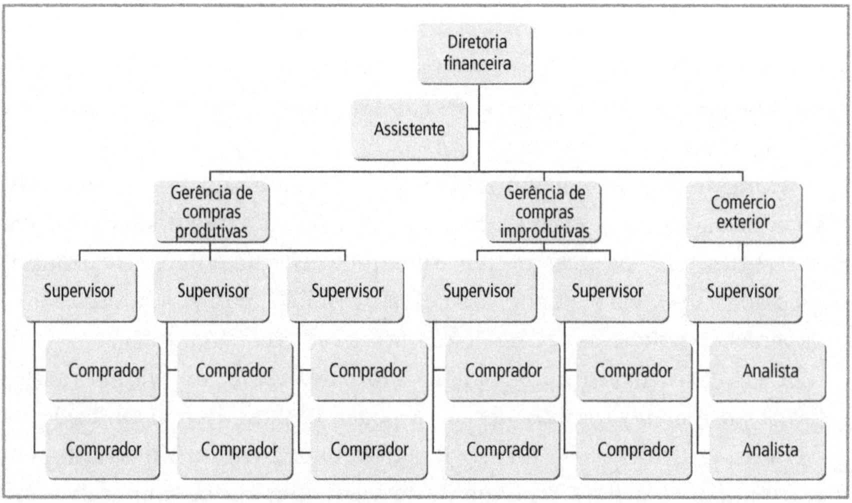

Esse modelo de estrutura de Compras também refletia o modelo de processo adotado pelas organizações: "comprar conforme o especificado". Dessa forma, não era surpresa que o desenvolvimento do fornecedor não fosse responsabilidade da equipe, e sim das áreas técnicas, dos próprios requisitantes. Em outras palavras, a estrutura organizacional refletia o papel de Compras, que era operacional e com baixíssimo poder decisório.

Com o passar dos anos, e com a desverticalização das organizações, as empresas começaram a perceber que boa parte do conhecimento técnico e até da sua competitividade dependeria de seus fornecedores, e, a partir de então, questões como responsividade, qualidade, comprometimento, segurança, meio ambiente, começaram a ser relevantes na parceria com novos fornecedores e no desenvolvimento de novos produtos. Dessa forma, aos poucos a área de Compras passou a considerar essas novas variáveis em seus processos decisórios, no momento de selecionar os fornecedores. Como consequência, as estruturas começaram a mudar, passando a responsabilidade da diretoria financeira para outras diretorias – por exemplo, a diretoria industrial, no caso de indústrias manufatureiras –, até seguir para a criação de um cargo executivo de suprimentos, com reporte direto à presidência da empresa. Além disso, houve também algumas reestruturações operacionais nessa etapa, com criação de subgrupos e compradores especializados por *commodities*, indo além da simples divisão produtivo/improdutivo.

Consequentemente, esse direcionamento contribuiu para o desenvolvimento de competências específicas de compradores, favorecendo o desenvolvimento de inteligência em Compras, uma vez que agora estes deveriam ter um maior aprofundamento no conhecimento do que estariam comprando.

Figura 6.3 Exemplo de estrutura por categorias

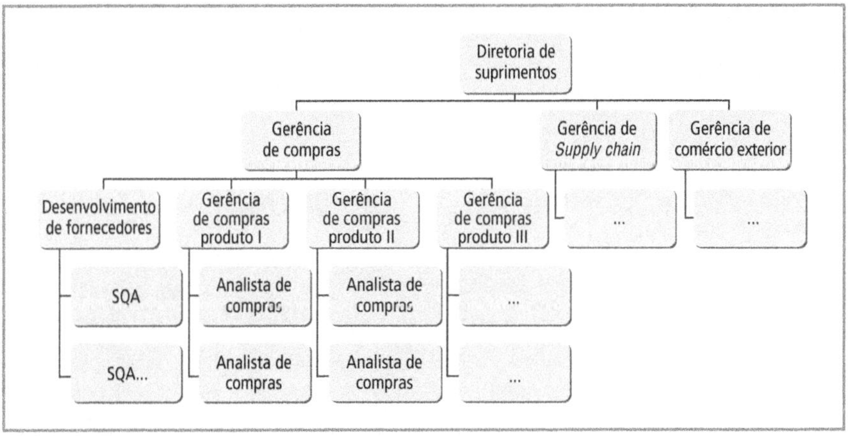

O nível de especialização de Compras e suas relações com outras unidades também devem ser observados na estruturação. No tocante às organizações multinacionais ou com unidades espalhadas geograficamente, pode-se tomar como exemplo a Figura 6.4.

Estrutura por categorias

A Figura 6.4 reflete o modelo de estrutura por "categorias" de produto comprado. Em outras palavras, o volume de Compras é segmentado em categorias de produtos e estas são distribuídas entre os executivos de

Compras. Esse modelo normalmente é utilizado nas organizações, como uma forma de ordenação e de fácil identificação de responsabilidade dos atores. Entretanto, o modelo oferece limitações; por exemplo, quando as unidades produzem ou consomem produtos e serviços muito diferentes, a gestão por categorias torna-se inconsistente.

Figura 6.4 Exemplo de estrutura global

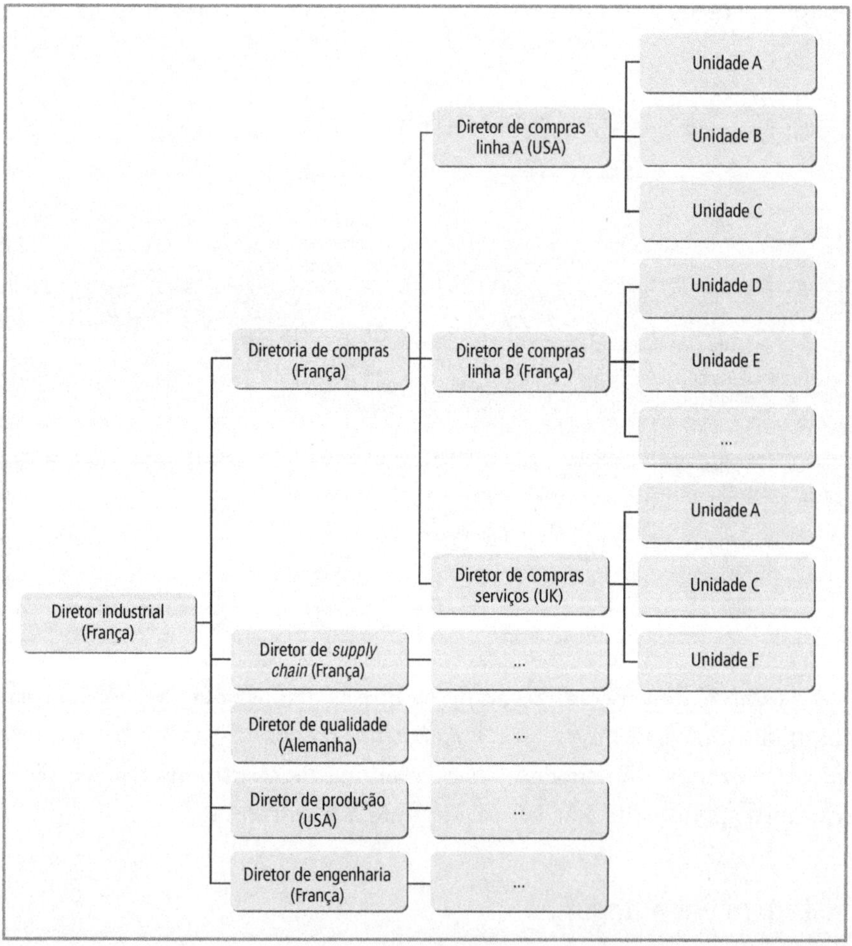

Tomemos como exemplo a categoria de rolamentos para uma indústria. Para uma unidade de manufatura automotiva, a compra de rolamentos é um componente do automóvel, ao passo que, para outra unidade, essa peça pode ser componente de uma manutenção industrial. E no que concerne às prioridades, a estratégia de administração da compra e a previsibilidade de demanda são distintas.

Estrutura por unidade de negócio

Outra alternativa para estruturação de Compras é a divisão por unidade de negócio. Nesse modelo, direciona-se uma equipe para cada unidade, e esta incumbe-se do processo de aquisição da unidade em especial.

Por um lado, a ideia de focar o cliente é adequada se a organização for altamente demandante de definições técnicas de fornecedores para avançar as Compras ou se seu banco de dados for frágil, com qualidade de especificação baixa. Nesse caso, o "cliente interno" demanda grande atenção e tem dificuldade de esclarecer sua necessidade de aquisição. No entanto, essa estrutura é critica se não houver convergência com as demais, pois as decisões isoladas podem encarecer o processo, perdem-se em escala e previsibilidade, com aumento desnecessário do numero de fornecedores etc.

Estrutura mista

A estrutura mista seria uma composição das duas estruturas anteriores, na qual parte da organização pode ser focada no cliente, para os casos mais críticos ou altamente técnicos, e parte pode ser caracterizada como "compra corporativa" e ser posteriormente segregada em categorias, quando aplicável. Dessa forma, tomando-se por base o exemplo anterior da aquisição do rolamento, poderia existir uma gestão de Compras de rolamentos como material produtivo e com demanda dependentes; já para os itens de manutenção, a gestão poderia ser pela unidade de negócio. Essa estratégia pode trazer maior responsividade à organização.

Exemplo de estratégia adotada no contexto brasileiro

A empresa A é uma grande fabricante de etanol de cana-de-açúcar do Brasil, com produção de cerca de 2 bilhões de litros do biocombustível por ano, além da produção de 4 milhões de toneladas de açúcar e da comercialização de um pouco mais de 1 milhão de MWh de energia elétrica. Contando com mais de vinte unidades de produção, terminais de distribuição e centenas de postos de combustível e de lojas de conveniência, possui atualmente 40 mil funcionários.

Até meados de 2008, a área de Compras era totalmente descentralizada e composta basicamente por um gerente, um coordenador e por aproximadamente 40 compradores. Essa estrutura reportava-se à época a diretoria de recursos humanos, e a divisão de tarefa era um pouco dispersa. As Compras eram divididas entre os compradores sem muitos critérios, uma vez que a produtividade do setor era o principal indicador, ou seja, o tempo de resposta ao requisitante. Na verdade, como uma característica do departamento, até esse momento a área não era critica aos negócios e tinha pouca influência na tomada de decisões como um todo.

Entretanto, após uma grande reestruturação com fusões e aquisições, alinhada à crise econômica de 2008/2009, a área de Compras passou a ser um possível caminho de vantagem competitiva para a organização. Dessa forma, a alta liderança da organização delegou a reestruturação da área a um bem-sucedido executivo de logística da organização. Com a autonomia necessária para ser um agente de mudanças efetivo, esse executivo contou com o suporte de RH para começar a avaliar os perfis dos atuais colaboradores. Infelizmente, boa parte dos colaboradores da época não tinha perfil arrojado o suficiente para assumir os desafios que estavam sendo propostos. Dessa forma, parte da equipe foi substituída, e a remanescente foi intensamente treinada para se adequar às mudanças. Paralelamente, novos gerentes começaram a ser contratados em funções complementares para o inicio da estruturação.

Após diversos *benchmarkings* no mercado, o primeiro direcionamento adotado foi a gestão por categorias. Essa abordagem foi direcionada pela possibilidade de compra em escala para duas grandes empresas, o que poderia ser uma excelente oportunidade de redução de custos. Todavia, os resultados não foram exatamente bem-sucedidos... Em aproximadamente 6 meses percebeu-se um erro fundamental: apesar do volume de Compras, tratavam-se de empresas muito diferentes ainda imersas no processo de fusão, com choques culturais. Sendo assim, a ideia de comprar pensando apenas no volume não atendia a necessidade da organização, e era preciso o foco no cliente interno. Dessa forma, a empresa migrou para uma estrutura mista, como pode ser observado na Quadro 6.1.

Quadro 6.1 Exemplo da estrutura organizacional de Compras na empresa A

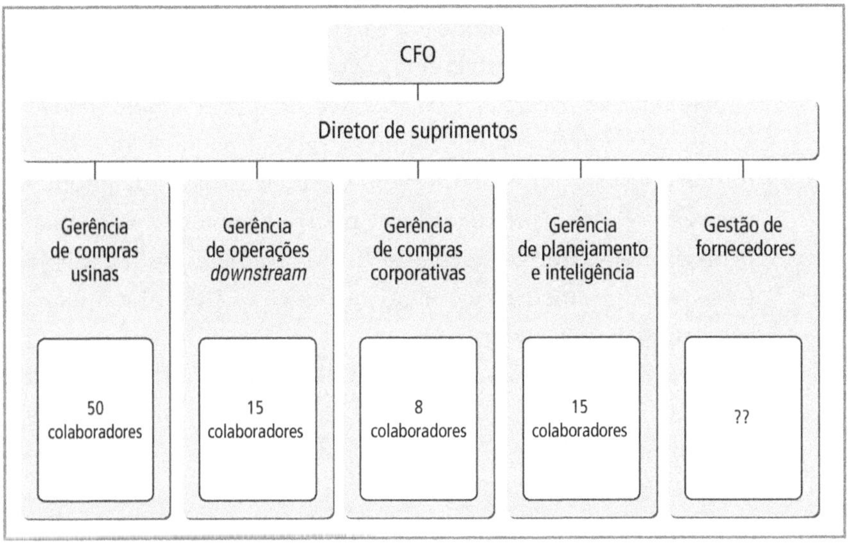

A primeira hierarquia foi estruturada por negócio, e, para as Compras das unidades fabris (usinas de açúcar e álcool e para os postos e terminais) foram direcionadas outras equipes. Entretanto, para produtos e serviços compartilhados, como telefonia, TI, serviços etc., houve a centralização de Compras.

Essa estrutura favoreceu a troca de informações, assertividade nas aquisições e a compreensão dos negócios. Apesar do direcionamento por unidade de negócios, os colaboradores estão no mesmo prédio e, dessa forma, mesmo que pouco frequente, quando há a necessidade de aquisição de produtos similares entre gerencias esses executivos compartilham as informações e "compram juntos". Por exemplo, em determinado momento houve a necessidade de compra de tanques de aço para alguns portos, e havia uma *expertise* de aquisição desse produto na gerência das usinas. Logo, os grupos trocaram informações e utilizaram a base homologada de fornecedores para a aquisição desse produto. Essa estrutura permanece até os dias de hoje.

Entre as lições aprendidas com a organização, podemos destacar:

- *Autonomia do mais alto executivo de suprimentos em estruturar a* área (*carta branca para mudar*): o executivo explorou sua competência em *supply-chain* para delinear a estrutura necessária em Compras de forma a alinhar a estratégia corporativa a execução;
- *O bom relacionamento de Compras com recursos humanos contribuiu significativamente com a definição a equipe:* desde a análise de perfil dos colaboradores do momento, a identificação de potenciais necessidades de treinamento e, principalmente, a contratação profissionais com o perfil que fosse arrojado suficiente para transpor o momento que estavam vivendo (fusão) e ajudar na estruturação desejada;
- *Cuidado com os modelos prontos*: a experiência da adoção de modelos *best practice* não se adequava a realidade vivida. Além disso, as melhores práticas em alguns setores podem ser fatídicas em outros ambientes;
- *Ter sensibilidade para reconhecer erros e mudar rapidamente*: aceitar resultados medíocres podem desestimular a equipe e proporcionar a perda da confiança na organização. Por esse motivo, é importante compreender a diferença entre processo de construção do conhecimento ou ciclo de amadurecimento deste e iniciativas ou decisões equivocadas;
- *Sensibilidade da alta liderança para controlar a velocidade da mudança*: mesmo após a contratação dos novos gerentes de Compras, esse executivo foi sensível o suficiente para perceber um possível atrito de gerações. Dessa forma, o primeiro gerente de Compras contratado assumiu temporariamente a gestão de almoxarifado e fornecedores, o segundo, a inteligência de Compras etc. Dessa forma, ele favoreceu a integração horizontal entre os executivos, possibilitando a construção de confiança e zelando pelo relacionamento entre os pares como uma forma de compartilhamento de informações riquíssimas para a construção da nova estrutura.

Quando mudar?

Como abordado anteriormente, para cada uma das estruturas adotadas, deve-se observar a aplicabilidade. Além disso, a definição da estrutura não é estática. Felizmente, o cenário é dinâmico e esta deve evoluir com a organização e com o mercado.

O executivo deve desenvolver a competência de estar atento a dinâmica do ambiente, pois essa habilidade favorecerá a maximização da função de Compras em linha aos objetivos da organização. Dentre as competências em especial que esse executivo deve desenvolver, destacam-se duas. A primeira delas é "compreender o contexto da mudança estrutural de Compras e os impactos dessas mudanças". O executivo deve, acima de tudo, estar atento à dinâmica e à complexidade da definição das estratégias estruturais adotadas. Entretanto, alguns profissionais podem ter dificuldade em identificar ou até ignorar os impactos no contexto organizacional. Todavia, esse esforço é de grande valia no entendimento da função de Compras, principalmente se o executivo não estiver na organização ou na carreira há muito tempo.

Diversas fontes podem ser consultadas, em especial aqueles que conhecem a "historia do setor ou da organização." Mas é importante ressaltar que a velocidade de mudança e até a possível inércia da organização, bem como suas relações interpessoais e informais, também são variáveis importantes para observar os possíveis impactos da nova estrutura a ser adotada, e ignorar essas variáveis pode comprometer seriamente o sucesso da implementação.

A segunda competência que o executivo deve desenvolver é a de controlar a natureza e a velocidade que a mudança estrutural traz à organização e ao sistema como um todo. Nesse ponto, ele precisa compreender as possíveis origens e os direcionadores de mudança da empresa, e também avaliar qual sua influência sobre elas. Esse conhecimento está diretamente relacionado ao nível de integração entre a estratégia de Compras e a corporativa. Tomemos como exemplo a decisão sobre qual o grau de centralização ou descentralização de Compras que a companhia deve adotar. Sugere-se a adoção gradual e, assim, o executivo deve antecipar ganhos e perdas de decisões, e também prever os possíveis impactos na organização e possivelmente na cadeia de valor. Com o amadurecimento desse conhecimento, começa-se a prever, por exemplo, a eficiência em cada nível da mudança estrutural, os benefícios em se aumentar ou diminuir gradativamente a centralização/descentralização de Compras.

Profissional de Compras – a emergência de novas competências

Há algum tempo, percebia-se que diversos grupos de Compras eram formados por profissionais de outras áreas, em geral por profissionais em fase de aposentadoria ou com perfil unicamente tácito. Em muitos casos, os profissionais de Compras não eram aqueles que se preparavam anteriormente ou escolhiam fazer parte do time deste setor; pelo contrário, eles eram direcionados pela organização a assumir essa atividade.

Entretanto, esse panorama tem mudado significativamente nos últimos anos. Algumas competências específicas para atender aos novos desafios tem demandado preparos antecipados. Além disso, a área tem contado com um conjunto de profissionais diversificados de forma a atender objetivos comuns.

Uma das emergentes características desse novo profissional e seu grande interesse por inovação e por "fazer diferente", e o que o distingue do empregado tradicional é sua ânsia em mudar e atingir resultados superiores.

Outra competência presente nesse profissional é sua habilidade de integração. Em vez do antigo "barganhador", esse novo perfil busca, acima de tudo, a integração de informação, objetivos e ganhos para ambas as partes, uma vez que já percebeu que atitudes puramente oportunistas podem oferecer ganhos a curto prazo, mas são altamente prejudiciais ao negócio a médio longo prazo, por conta da retroação do mercado. Assim, abre-se espaço para competências de "persuasão" e "compreensão profunda do negócio" – os exemplos tradicionais na gestão de operações da Toyota e da GM refletem claramente isso.

Complementarmente a essa dimensão, uma vez que estamos cada vez mais imersos em dados e a informação flui cada vez mais rápido, o novo profissional precisa dominar a gestão de informação. Uma recente edição da *Revista HBR* (outubro de 2012) demonstra que a nova fonte de vantagem competitiva das organizações é a sua habilidade em gerenciar uma grande quantidade de dados, altamente dinâmicos.

Um dos emergentes tendências de Compras é a virtualização das operações. Esse direcionamento proporciona aos executivos a possibilidade de acesso rápido e fácil a informações de mercado, tendências, riscos, além de favorecer a sinergia entre as organizações. Não apenas com fornecedores, mas com outras organizações que demandam pelo menos tipo de serviço/produto – um exemplo disso são as Compras coletivas.

Existem diversos formatos para definição de responsabilidades e principalmente os limites entre Compras e Planejamento. Em diversas organizações é comum a combinação de funções. Por conta da grande proximidade entre planejadores e compradores, em alguns momentos esses papéis se fundem em um único colaborador. Em outras organizações, a estratégia adotada pode ser diferente, como apresentado no exemplo a seguir (Figura 6.5).

Figura 6.5 Exemplo de definição de funções e a rede de contatos que influencia a tomada de decisões

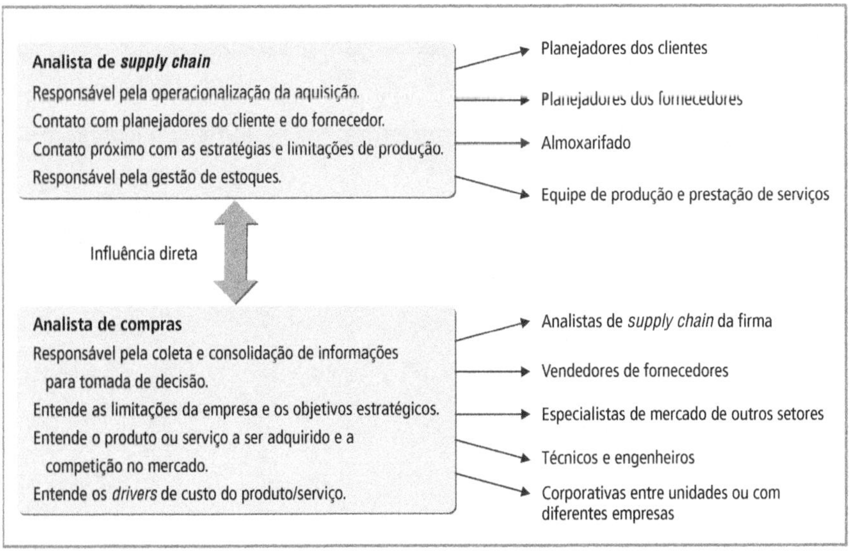

Concluindo

Novos desafios emergem a cada dia. É fato que a estratégia é muito importante para as organizações, porém a estrutura tática também é essencial para seu sucesso. A definição da melhor estrutura de Compras para a organização está diretamente relacionada à posição que o setor exercerá, à sua autonomia, aos aspectos técnicos, comportamentais e relacionais de seus membros. Muitas empresas ainda pecam nesse processo sem perceber a verdadeira contribuição que uma organização adequada da equipe de Compras poderia trazer à companhia. Não é uma questão de copiar modelos de outros ambientes, mas adequá-los a realidade e aos objetivos estratégicos da firma.

Outro ponto relevante é quanto ao nível de autoridade da área de Compras e suas relações com outras áreas e organizações, pois papéis e limitações precisam ser estabelecidos e discutidos claramente. Nesse contexto, emerge uma das principais críticas para o processo de organização na área, seja na implementação de procedimentos, seja na definição de sistemas ou de perfis; em muitos casos, esses desenhos são estipulados por alguém que não é da área de Compras ou que nunca teve interesse algum ou conhecimento prévio na dinâmica da área. O ponto crítico disso é que os processos acabam não sendo desenvolvidos para melhorar a eficiência de Compras, mas para aperfeiçoar os controles. Por fim, a definição prévia e clara do que a organização realmente espera como resultado do processo e a participação ativa dos executivos de Compras nesse desenvolvimento é essencial para o sucesso.

Capítulo 7

PROCESSOS DE COMPRAS

Cristiane Biazzin Villar

As organizações descobriram recentemente que boa parte de sua competitividade pode estar fundamentada em uma base de fornecimento sólida e competitiva. Para tanto, o desenvolvimento de estruturas e processos eficientes tem sido o grande desafio desses gestores. Se por um lado as organizações já reconhecem esse desafio, o maior problema enfrentado atualmente por executivos de suprimentos é avaliar como e quanto a área de Compras pode gerar de valor estratégico para a organização. Neste capítulo, discutiremos os modelos usualmente adotados em Compras no Brasil e, também, as potenciais oportunidades de geração de valor para a organização.

A transição dos modelos de Compras

A área de Compras vem sofrendo grandes modificações nos últimos tempos, como abordado anteriormente. Neste capítulo, focaremos na demanda pelo nível de sofisticação dos processos de Compras como uma forma de acompanhar as necessidades estratégicas da corporação.

Percebe-se que, muito recentemente, a área possuía um aspecto altamente tático, o que, por consequência, refletia em seus processos operacionais. Entre os diversos fatores que podemos destacar, ressalta-se o alto foco em relações meramente transacionais com fornecedores. Chamados de processos convencionais de Compras, essa abordagem está focada no preço do produto, em que a maior comparação se dá entre o que se pagou no passado e o que esta pagando hoje.

Além disso, a ideia de relacionamento com fornecedores está indiretamente atrelada a questões antiéticas. Sendo assim, a troca de fornecedores é constante; além disso, a agressividade e o distanciamento, por que não dizer o desinteresse em conhecer o mercado, está constantemente presente. Esse modelo resume-se à simplificação do processo de aquisição, e Compras passa a ser conhecida na organização como uma área que apenas "executa" ou que é altamente burocrática.

Quadro 7.1 Comparação entre os processos convencionais e os processos estratégicos de Compras

Processos convencionais de compras	Processos estratégicos de compras
Modelo tamanho único (três cotações para tudo)	Estratégia de compras
Visão de curto prazo	Participação na estratégia da organização
Troca frequente de fornecedores	Quanto mais fornecedor melhor*
Foco no preço do produto/serviço	Foco no custo total (TCO)
Pouco conhecimento de mercado do fornecedor	Especialista de mercados
"Fornecedor tem que fazer o que eu quero"	SLA com fornecedor

O modelo usualmente utilizado para os processos de Compras é denominado *procure-to-pay* (comprar para pagar, ou P2P). Se observado de forma macro, o processo de P2P leva em consideração diversos pontos de decisão estratégica vinculados a diversas áreas, além da equipe de aquisição. As principais etapas devem considerar:

- Os planos e planejamento estratégico da corporação: esta aquisição estava prevista no *budget* da empresa? Ela está em linha com as prioridades da organização?
- Especificação da aquisição: existe clareza do que se pretende adquirir? As especificações são suficientemente transparentes para o fornecedor? Quem poderá detalhar melhor o que se pretende adquirir?

- Decisão de Compras: a equipe de Compras tem conhecimento suficiente do mercado para a tomada de decisão? Existe suporte de inteligência de Compras?
- Contrato ou geração do pedido de Compras: todas as clausulas ou requisitos estão claros para o fornecedor? Foi definido um SLA para alinhamento das expectativas de nível de serviço para essa aquisição?
- Recebimento de materiais e documentos: os documentos para entrega do material/serviço estão de acordo (nota fiscal, relatórios de qualidade e inspeção, documentos especiais)?
- Pagamento.

O modelo de P2P possui um formato linear, a operacionalização e seu contexto comumente adotado é ilustrado na Quadro 7.2.

Quadro 7.2 A operacionalização do processo de P2P

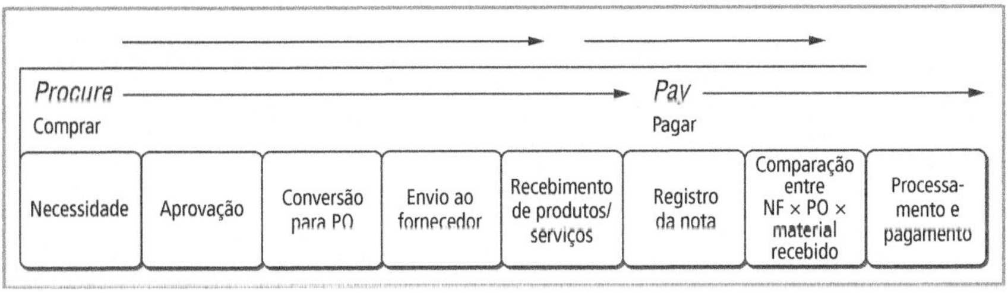

Neste modelo, tudo se inicia a partir da necessidade de um material ou serviço, a qual é então planejada e se torna uma requisição de compra que segue para a área de Compras.

O modelo tradicional de *procure-to-pay*, em resumo, leva em conta o processo entre o surgimento da necessidade e o pagamento ao fornecedor. Entretanto, o papel de Compras se estende a esse fluxo, e é necessário inserir no processo de aquisição a avaliação de fornecedores.

Etapas essenciais do processo de aquisição

Em linhas gerais, a primeira etapa consiste em *comunicar a necessidade*, e isso envolve o processo de encaminhar informações fundamentais ao potencial fornecedor e obter o retorno dele, reiterando o entendimento e a compreensão da necessidade do cliente. Essa é uma das etapas mais importantes do processo, e é importante para o alinhamento entre cliente e fornecedor. O processo de comunicação da necessidade é composto por três elementos:

- *O remetente*: apesar de aparentemente óbvio que o remetente é o comprador, é necessária a designação clara de nome e função de quem está solicitando determinada cotação. Geralmente, esse processo é iniciado pelo comprador, entretanto, em algumas organizações o próprio usuário faz o contato inicial com os fornecedores;
- *A mensagem*: trata-se do meio de comunicação utilizado para transmitir a informação. Pode ser denominada *request for proposal* (RFP) ou *request for quotation* (RFQ), solicitação de cotação etc. O método adotado pode ser impresso, eletrônico ou a combinação de ambos. Para aquisições mais complexas, a solicitação de cotação considera várias etapas. A primeira delas é um resumo executivo, descrevendo os elementos da cotação e a segunda, o cronograma prévio de entregas, ou, pelo menos, os prazos esperados. É importante deixar claro os critérios de entrega/prestação dos serviços de forma a garantir a escolha do fornecedor que atenda efetivamente às necessidades, não apenas de preço, mas qualidade, entrega, etc. Além disso, essa solicitação de cotação pode também direcionar o fornecedor como apresentar sua proposta. Isso inclui, estruturação da proposta, condições comerciais, estruturação de preços, prazo para retorno da proposta etc. E finalmente, estabelece-se quais os critérios para mensuração de desempenho do fornecedor;
- *Destinatário*: trata-se do fornecedor potencial para esse negócio, e identificá-lo para a demanda é chave para o sucesso da aquisição. Essa informação pode ser originada em dados

históricos (Compras anteriores), pesquisa de mercado, serviços de catálogos eletrônicos, *benchmarking* etc. Diversas organizações conduzem o processo de pré-qualificação de fornecedores, originando uma listagem de potenciais provedores antes do envio de qualquer notificação ou solicitação de cotação. Essa estratégia possui a vantagem de minimizar a inserção de fornecedores inadequados. Entretanto, essa prática pode ser restritiva em alguns tipos de contratos nos quais fornecedores poderiam estabelecer alianças para fornecimento.

Após o encaminhamento da solicitação de cotação e retorno das propostas, inicia-se a segunda etapa: a análise. Nesse contexto, adota-se comumente uma matriz de *equalização de propostas*, uma ferramenta que garante a comparação dos requisitos do comprador às especificações ofertadas pelo fornecedor. Essa matriz pode ser encaminhada previamente ao fornecedor para que a preencha, de forma a garantir a melhor equalização posteriormente e garantir ao fornecedor que ele está considerando todos os requisitos. Os fornecedores, nesse caso, podem apresentar cada requisito por item, informando os atendidos e os não atendidos. Um exemplo ilustrativo é apresentado no Quadro 7.3.

Quadro 7.3 Exemplo de matriz de equalização de propostas

Item	Título	Aceito (S/N)	Aceito com revisões	Recomendações
1.4	Entregas semanais	Sim	–	Preferencialmente às quintas-feiras
1.8	Quantidade de cavidades do molde	Não	Verificar possibilidade de dez cavidades ao invés de quatro para melhorar produtividade	Segue anexo desenho XY124 com detalhamento técnico

Nesse processo, pode-se estabelecer com o requisitante critérios para facilitar a análise e equalização das propostas. Sugere-se como alternativa uma avaliação embasada em uma pontuação ponderada, como:

- 9 a 10: imprescindível – a não apresentação desse requisito desqualifica o fornecimento.
- 7 a 8: necessário, porém não é imprescindível.
- 5 a 6: desejável.
- 3 a 4: interessante, mas de baixo impacto.
- 1 a 2: pode ser um *trade-off* na negociação, pouco valor agregado.

É importante ter em mente que o compartilhamento da matriz pode ser uma boa oportunidade de evitar revisões posteriores e, consequentemente, impactos financeiros ou de qualidade. Além disso, uma vez que os critérios foram acordados, a negociação pode fluir de forma mais transparente e segura para ambas as partes, evitando-se, assim, custos excedentes para mitigar a incerteza na relação ou no fornecimento.

Análise conjunta

Sugere-se que a análise de propostas mais complexas seja desenvolvida com o requisitante e com o fornecedor. Algumas organizações pré-selecionam duas ou três propostas após a equalização e agendam uma reunião na qual o fornecedor pode apresentar sua proposta, tirar dúvidas com os requisitantes, e vice-versa. Essa abordagem amadurece a relação cliente-fornecedor, minimiza a necessidade de "pechinchas" dos compradores e conduz os fornecedores a apresentarem sua melhor proposta efetivamente ao negócio.

Exemplo de abordagens adotadas no contexto brasileiro – Caso Bradesco[1]

O Bradesco ilustra com sucesso como o processo de Compras pode ser definido, estruturado e apresentado aos fornecedores. Em sua página na internet, a empresa apresenta três tipos de processos diferentes: contrato corporativo, compra por cotação e compra simplificada.

[1] Dados disponíveis publicamente no site da instituição: www.fornecedoresbradesco.com.br.

Os critérios para adequação da compra em cada um dos processos são definidos internamente considerando-se a frequência de Compras, a complexidade das especificações e o volume financeiro envolvido. Políticas internas são definidas levando em conta esses fatores, o que favorece a tomada de decisões e a governança.

Neste caso ilustrativo, a instituição define as seguintes etapas do processo de Compras.

Figura 7.1 Etapas do processo de Compras do Bradesco

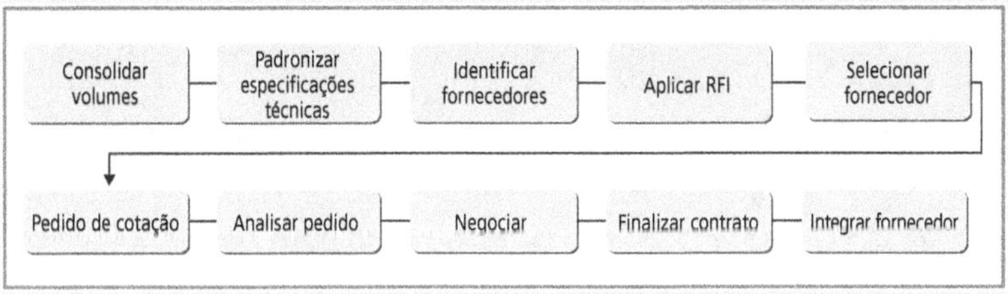

Um fator de destaque para as práticas do Bradesco é disponibilizar, de forma resumida, seu processo de aquisição publicamente, o que facilita significativamente o relacionamento com fornecedores. Além disso, a instituição deixa claro os objetivos de Compras (maximizar a relação preço-qualidade-prazo), considerando não apenas aspectos econômicos, mas prazos, qualidade, sustentabilidade e questões sociais envolvidas.

Processos de Compras para órgãos governamentais e entidades sujeitas à lei das licitações

Para algumas entidades, o processo de Compras é altamente burocrático e deve seguir criteriosamente a Lei das Licitações (Lei 8666/1993). Trata-se de uma regulamentação criada em determinado momento histórico vivenciado pelo Brasil, marcado por crônicas denuncias de corrupção no Estado. Como critério de julgamento, a legislação permite as alternativas de melhor preço, melhor técnica e combinação entre esta e preço. Nesse contexto, as seguintes modalidades estão previstas:

- *concorrências*: atende a requisitos de qualificação exigidos em edital;
- *carta-convite*: prevê a escolha e convite a um mínimo de três fornecedores no ramo pertinente ao objeto para aquisições de menor valor agregado;
- *tomada de preços*: convoca fornecedores previamente cadastrados;
- *Concurso*: escolhe trabalho técnico, científico ou artístico, mediante remuneração de premio ou remuneração conforme edital;
- *Pregão: (Lei 10520/02)*: é modalidade de licitação em que a disputa pelo fornecimento de bens ou serviços comuns é feita em sessão pública. Os licitantes apresentam suas propostas de preço por escrito e por lances verbais, independentemente do valor estimado da contratação. É conduzido pelo pregoeiro, que possui toda a responsabilidade do processo, e se difere das outras modalidades nas quais são conduzidas pela comissão de licitação.

Com o avanço da tecnologia, o setor público também se adequou e institucionalizou, a partir de 2005, o pregão eletrônico. Trata-se da mesma fundamentação do pregão convencional, porém adaptado à tecnologia da informação com a utilização da internet. No entanto, a vulnerabilidade do ambiente virtual aos *hackers* tem sido constante ponto de preocupação e observação dos órgãos competentes.

De qualquer forma, diversos estudos destacam que, pelo fato de o processo de licitação eletrônica isentar a presença de representantes das empresas, podendo ser adotado por meio da internet, favorece a redução da burocracia e a diminuição do tempo do processo. Em situações excepcionais, são permitidas aquisições com dispensa de licitação, como por exemplo, calamidades publicas, emergências etc.

Ferramentas de Compras

Para dar suporte à execução ao processo de aquisição, existem diversas ferramentas de Compras, as quais trazem inúmeros benefícios a organização, entre eles:

- integração (o nível de conexão entre as atividades da empresa e as atividades dos parceiros);
- otimização de custos (análise dos custos totais associados ao processo de compra, distribuição, logística e descarte);
- otimização de tempo (aumento de velocidade, eliminação das atividades redundantes e aceleração do processamento das informações);
- coordenação interorganizacional (melhora do intercâmbio de informações e diminuição de relações adversas, favorecendo a colaboração e transparência);
- simplificação do processo de tomada de decisão;
- governança (as ferramentas favorecem o registro e rastreabilidade dos processos de aquisição).

Compras eletrônicas (*e-procurement*)

Em linhas gerais, são sistemas utilizados para a automatização dos processos de Compras que podem utilizar a internet como plataforma, de modo a possibilitar maior integração com fornecedores. Abordam o comércio *business-to-business* (B2B), ou seja, o comércio entre duas empresas. Esses ambientes têm sido adotados, de forma substancial, para compra de materiais não produtivos (em geral baratos, de grande volume e não estratégicos). Existe um significativo direcionamento para Compras eletrônicas em conjunto, com o objetivo de se obter economias de escala.

No setor automobilístico, por exemplo, surgiu o Covisint, uma plataforma de comércio eletrônico criada em 2000 por Ford, GM e Daimler Chriysler. Em poucos anos, expandiu-se para a área de saúde, energia e outros setores, e attualmente conta com mais de quinhentos clientes globais, tendo aproximadamente 22 milhões de usuários mundiais e cerca de 1 bilhão de transações por ano.

E-sourcing

O *e-sourcing* é adotado para prospecção de fornecedores por meio da plataforma de internet. Atualmente, com os algoritmos de busca cada vez mais rápidos, a identificação de potenciais fornecedores via internet tem-se tornado muito assertiva em diversos contextos, sendo uma rica fonte de dados sobre potencias parceiros.

Em geral, as organizações seguem a abordagem clássica de pesquisa direcionada a partir dos próprios mecanismos de busca da internet, para a criação de uma lista de fornecedores. Em seguida, acessam-se os websites de fornecedores para aprofundamento do conhecimento do negócio, processo produtivo, contatos, clientes. Um recente direcionamento de *e-sourcing* tem sido a crescente exploração em fóruns de discussão e redes sociais.

Leilão eletrônico ou leilão reverso

Similares ao formato tradicional do leilão ou pregão eletrônico relatado anteriormente, esses processos normalmente começam com o registro de um determinado item para o leilão. Em seguida, o vendedor define um lance mínimo, que deve ser ofertado para que o bem seja vendido, assim como o tempo de duração do leilão. Ao final deste, o licitante vencedor apresenta o pagamento, utilizando qualquer uma das opções previamente autorizadas pelo vendedor. Quanto ao item leiloado, este geralmente é entregue ao vencedor por via postal.[2]

Existem os leilões abertos, mas esse serviço pode ser desenvolvido de forma privada para organizações ou para atender mercados restritos. Uma vez que esse processo não tem a presença física de um leiloeiro, o desenvolvedor é remunerado com uma taxa pela publicação do item no leilão ou uma comissão pelo valor leiloado.

---

2 *Fonte*: www.ecomercenews.com.br.

Extranets

São ambientes fechados, onde parceiros de negócio tem acesso a partes especificas das redes de colaboração. O objetivo desse ambientes é melhorar a integração entre cliente e fornecedores, com troca de informações sigilosas e específicas aos negócios de cada fornecedor.

Como identificar o melhor processo em Compras?

Alguns autores sugerem caminhos para se aprimorar os processos de Compras dentro da organização. Em primeiro lugar, deve-se assegurar o apoio da alta liderança nas ações, e, para tanto, sugere-se que uma lista dos principais benefícios e resultados seja cuidadosamente desenvolvida.

Em seguida, deve-se mapear os processos atuais e, principalmente, os gargalos que não agregam valor ao processo de aquisição. Essa ação contribuirá para identificar onde os gargalos ocorrem e, principalmente, por que ocorrem.

Outro ponto é que se deve ir além da superficialidade. Tendemos a permanecer nas ações óbvias, esperando que os resultados sejam surpreendentes. Na verdade, você precisa buscar perspectivas diferentes e ser ousado e crítico, lembrando que estar disposto a mudar processos é abrir mão de uma zona de conforto que pode incomodar. Entretanto, a complexidade da área de Compras deve ser explorada em sua profundidade. Vá além do óbvio.

É importante também ouvir as necessidades dos usuários, uma vez que grupos multifuncionais podem contribuir muito para a solução diferenciada de problemas e para o encontro de novas alternativas. Seja seletivo, crítico, mas esteja disposto a ouvir ideias (inicialmente) absurdas.

Procure também fazer *benchmarkings* com outras organizações – aquelas muito maiores ou muito menores que a sua, do mesmo setor ou de setores completamente diferentes – e inclua os fornecedores nessas visitas, buscando compreender como eles trabalham com seus fornecedores e como eles resolveram problemas com seus clientes. Mas não perca o foco, lembrando-se de que o objetivo é entender "como" essas organizações resolveram problemas similares aos seus.

Conheça casos de sucesso (qual o fator fundamental para seu sucesso) e, principalmente, casos de fracasso (por que falharam?).

Explore também soluções tecnológicas, mapeando os requisitos do negócio e garantindo que elas estão alinhadas à solução tecnológica disponível. Mas tome cuidado com os "vendedores de sonhos" e fique atento aos custos de implementação da ferramenta, treinamento, complexidade, solução de problemas, assistência técnica, mecanismos de segurança etc.

Defina novos processos, implemente projetos-pilotos e comece seguindo o planejado. E preocupe-se em garantir que os envolvidos estejam devidamente treinados e preparados para a mudança.

Concluindo

É possível perceber grandes oportunidades a partir da gestão alinhada do processo de Compras, lembrando que a otimização das estratégias, alinhada a um processo disciplinado, minimiza riscos e equilibra os negócios tanto para clientes como fornecedores. Além disso, em especial no Brasil, ainda há pouca exploração das organizações dos recursos oferecidos pela internet. Apesar de iminente e da alta tecnologia disponível, as organizações, por alguma razão, não têm explorado de forma agressiva as novas metodologias de Compras via internet.

Essa ferramenta atualmente é barata e acessível a todos, e, além disso, favorece a agilidade e transferência de dados de forma rápida e segura. Se um dos fatores de aumento de custos, de uma forma geral, é a incerteza, essa poderia ser uma das alternativas a explorar para atingir resultados superiores.

GESTÃO DE CONTRATOS EM COMPRAS

Walter Freitas

Neste capítulo, você estudará:

- A relevância de contratos na área de Compras/Suprimentos;
- O ciclo de vida dos contratos, sua abrangência e gestão (CLM);
- Requisitos para contratação;
- Identificação e contratação de serviços;
- Aplicação e controle de níveis de serviço (SLA);
- Gestão de riscos contratuais;
- O apoio da tecnologia para a gestão dos contratos;
- Encerramento e disputas contratuais.

Introdução à gestão de contratos em contextos locais e globais

A relação comercial entre empresas ou entre empresa e pessoa física (indivíduos) influencia a dinâmica das atividades empresariais. Quando uma companhia faz a aquisição de um bem/produto/ material ou serviço ela o faz com base em suas necessidades e aspirações de resultados.

As demandas de suas aquisições têm uma característica particular que dependem do setor da economia onde está inserida a empresa, sua atividade econômica, porte da empresa e alguns outros fatores, que vão delinear o formato mais transacional ou relacional dessas Compras.

À medida que a empresa necessita realizar Compras específicas e pontuais (*spot*), em geral estas têm uma história de aquisição breve e são direcionadas por oportunidade, e podemos denominá-las "Compras transacionais". Já as aquisições que demandam uma interação entre seus operadores ao longo de um tempo são denominadas relacionais.

No Brasil, a formalização das contratações de aquisição ocorre de várias formas: desde um simples acordo verbal, formalizado por e-mail (ou fax) com o "de acordo" nas condições discutidas, até a geração de um pedido de compra e/ou um contrato.

Neste capítulo, quando fizermos referência a um contrato, estaremos indicando um documento que possui um conjunto de cláusulas que devem reger a contratação. A abordagem será voltada para perspectiva de negócios, não tendo, em momento algum, objetivo de ser um texto de cunho legal.

O uso de contrato em Compras deve estar relacionado à característica da aquisição, ou seja, se ela for mais simples, pontual e realizada por uma demanda de oportunidade (compra transacional), o instrumento de formalização também deverá ser simples, rápido e eficaz (exemplo, um pedido de compra). No entanto, caso a contratação tenha característica mais relacional, com diversas informações importantes para controlar seu resultado ao longo do tempo, então o uso do contrato deve ser considerado. A classificação do tipo de compra – conforme portfólio de Kraljic, estudado anteriormente –, pode ser utilizada para identificar, de forma mais estruturada, Compras com característica relacional.

Figura 8.1 Compra transacional *versus* compra relacional

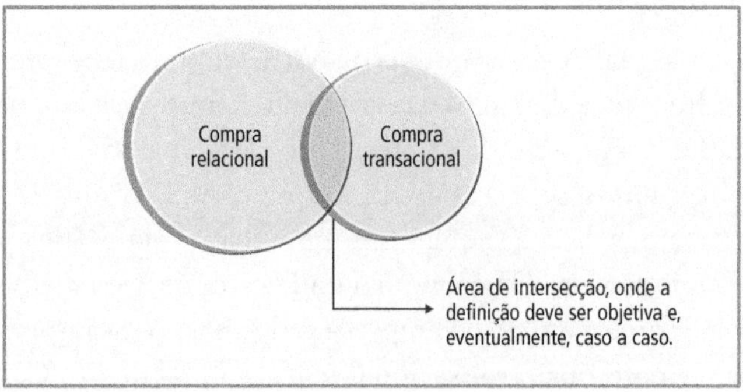

Há uma área de intersecção nessa classificação que deve ser endereçada, de forma objetiva, dentro da empresa e, geralmente, está relacionada ao risco associado, como podemos ver na Figura 8.1.

A relevância de contratos em Compras/Suprimentos

A relação formal da área de Compras/Suprimentos com o mercado é pautada por contratações, que, como citamos anteriormente, pode ter característica mais transacional ou ser predominantemente relacional. De qualquer forma, como indica a Figura 8.2, a formalização (ainda que em alguns casos seja somente por meio de compromisso verbal) será sempre realizada.

Figura 8.2 Área de Compras/Suprimentos

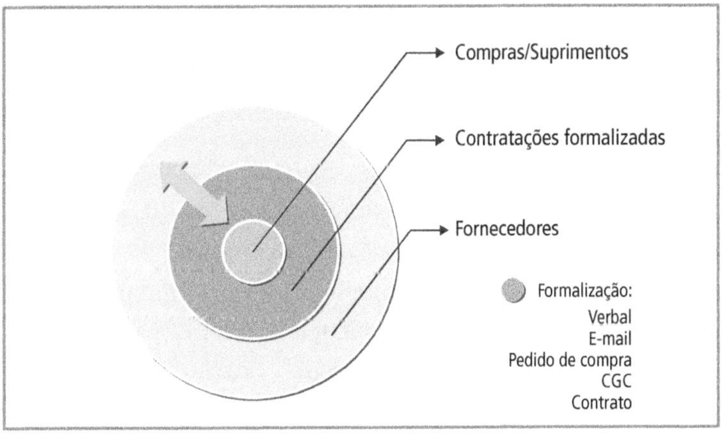

Para os compradores e gestores envolvidos nessas aquisições e que têm sua agenda sempre pressionada em função da elevada demanda e/ou limitada quantidade de recursos, fica a questão: por que preciso de um contrato para determinada aquisição? Fazer um contrato representa, muitas vezes, trazer lentidão ao processo de formalização e tirar esses profissionais de seu principal foco, que, no caso dos compradores, é garantir o suprimento da empresa.

O principal objetivo na utilização de contratos para formalização de Compras do tipo relacional (veja Figura 8.3) é assegurar que a empresa tem um instrumento adequado para o controle da contratação e, portanto, de seu desempenho, reduzindo sua exposição desnecessária ao risco. Além disso, poder identificar, de forma clara, os papéis e responsabilidades das empresas envolvidas na relação comercial (partes do contrato) e os riscos e oportunidades da contratação são fundamentais no uso deste instrumento.

Figura 8.3 Tipos de contratação

Frequência de contratação	Investimento genérico	Investimento customizado	Investimento específico
Ocasional (*spot*)	Aquisição de equipamento padrão	Aquisição de equipamento customizado	Construção de uma planta
Recorrente	Aquisição de material padrão	Aquisição de material customizado	Transporte de produtos semiacabados

Transacional
Transacional/relacional
Relacional

As políticas nas empresas também influenciam as contratações e indicam, em geral, as condições que determinam quando uma contratação deverá ser realizada por meio de contrato. Outro desafio que devemos considerar e que tem impacto na decisão do uso de contrato por Compras são os recursos de ferramentas de tecnologia de informação (TI), disponíveis para Compras/Suprimentos realizar o controle de suas contratações.

As empresas disponibilizam, em geral, um sistema integrado (*Enterprise Research Planning* – ERP), sistema de apoio ou até mesmo a utilização de planilhas para seu departamento de Compras controlar as aquisições. Entretanto, esses recursos se mostram muitas vezes incompletos para apoiar os compradores e o departamento em alguns tipos de análises, como:

- Para determinada categoria de Compras, qual o índice de reajuste mais utilizado na negociação da empresa com seus fornecedores?
- Qual o desempenho de entrega que determinado fornecedor tem apresentado ao longo de sua contratação (ou contratações) com a empresa?
- Quais são todas as contratações que determinado fornecedor tem com a empresa e quais são os termos atuais de determinada contratação que sofreram mudanças ao longo do tempo?

Essas questões são ainda mais importantes se tratarmos da categoria de serviços, que traz, em seu ciclo de contratação, maior dificuldade de controle e gestão pelo fato de os serviços serem intangíveis, gerando, portanto, dificuldades para identificar a descrição da contratação (escopo) e realizar o controle de quantidade e qualidade na entrega.

Então, o exercício de dedicar mais atenção à descrição de escopo de contratação de serviços e identificar os controles dos níveis de serviços esperados poderão trazer melhorias na gestão destes, e a questão é que todas essas descrições e os pontos de controle somente são possíveis de implementar quando utilizamos instrumentos mais adequados para elas: contratos!

O ciclo de vida dos contratos, sua abrangência e gestão (CLM)

Para entender as atividades que envolvem os contratos desde a demanda pela contratação até seu encerramento, é necessário que possamos entender primeiro o ciclo de vida de Compras, conforme Figura 8.4.

Esse ciclo se refere a todas as contratações de bens/produtos/materiais e serviços que são geridas pela área de Compras, e quando essas contratações são formalizadas por meio de contratos – isso deve estar definido claramente nas políticas e normas da empresa –, outro ciclo se sobrepõe ao de Compras: o ciclo de vida dos contratos, o qual deve ser considerado um complemento ao ciclo de vida de Compras quando as aquisições forem realizadas com suporte de um contrato – a Figura 8.5 apresenta o ciclo de contratos.

Figura 8.4 Ciclo de Compras

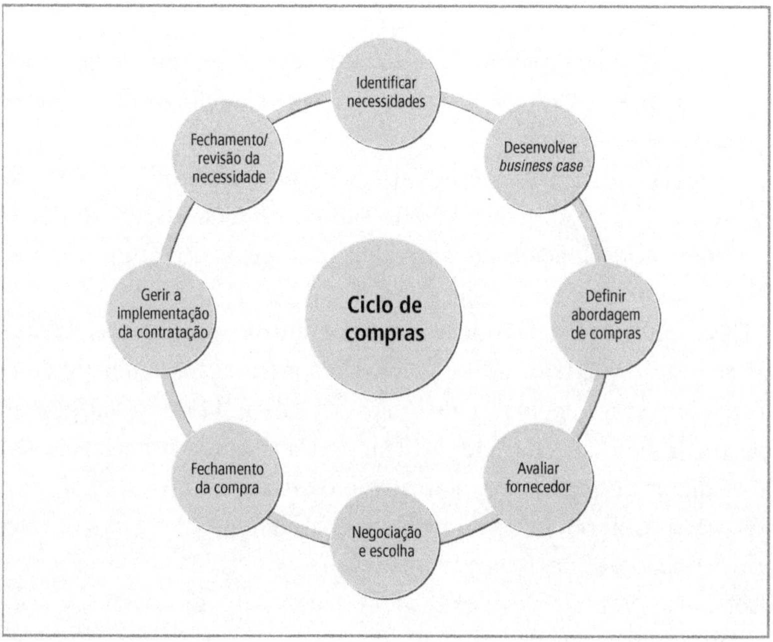

Fonte: MURRAY, 2011.

Figura 8.5 Ciclo de contrato

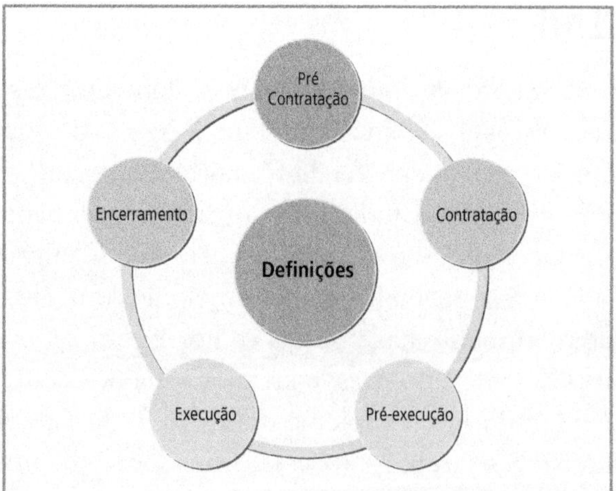

As fases indicadas na figura podem compreender as seguintes atividades e seus responsáveis:[1]

- *Definição*: trata das políticas de contratação, documentos constitucionais, alçadas e demais elementos que influenciam na criação dos contratos. Essa fase é não operacional e ativa durante todo o ciclo de vida dos contratos;
- *Pré-contratação*: trata os elementos preliminares ao contrato. A requisição de um produto/material ou serviço que demandará um contrato, a pesquisa de mercado, a seleção do tipo mais adequado de contrato e a estratégia de aquisição;
- *Contratação*: abrange as atividades voltadas às discussões/negociações até imediatamente antes da assinatura do contrato e inclui a preparação de requisições, avaliação das propostas, negociação, escolha do fornecedor;
- *Pré-execução*: etapa em que o contrato é assinado e os demais participantes são comunicados do fechamento. Os pontos de controle mais críticos são preparados para serem monitorados, identificando formas de tratamento das informações da contratação, acessos, responsáveis, entre outros;
- *Execução*: as atividades de administração e gestão do contrato são realizadas para garantir a sua performance e conclusão bem-sucedida. Elas incluem modificação no contrato, encaminhamento de problemas durante sua execução e durante a obtenção de produtos/materiais e serviços identificados no contrato, bem como os pagamentos;
- *Encerramento*: formalização do encerramento de todas as atividades relacionadas à contratação.

O desafio das empresas é definir em que momento essas fases ocorrem. Por exemplo, há empresas que realizam todo o processo de Compras – conforme ciclo – e o processo envolvendo a demanda de um

---

[1] A definição de Responsáveis e seus papéis depende da estrutura de governança da empresa, podendo mudar conforme seu porte (pequena, média ou grande) e seu setor da economia (comércio, serviços, indústria).

contrato é iniciado apenas na fase de fechamento da compra. Com isso, várias etapas são negligenciadas, dificultando a produtividade do Departamento, gerando conflitos entre as áreas de Compras, Jurídico e solicitante, e levando a uma perda de potencial de negociação envolvendo os termos e condições contratuais.

É importante entender que etapas e atividades estão definidas em cada fase do ciclo de vida dos contratos, conforme sugere Figura 8.6.

Figura 8.6 Fases e etapas do ciclo de vida dos contratos

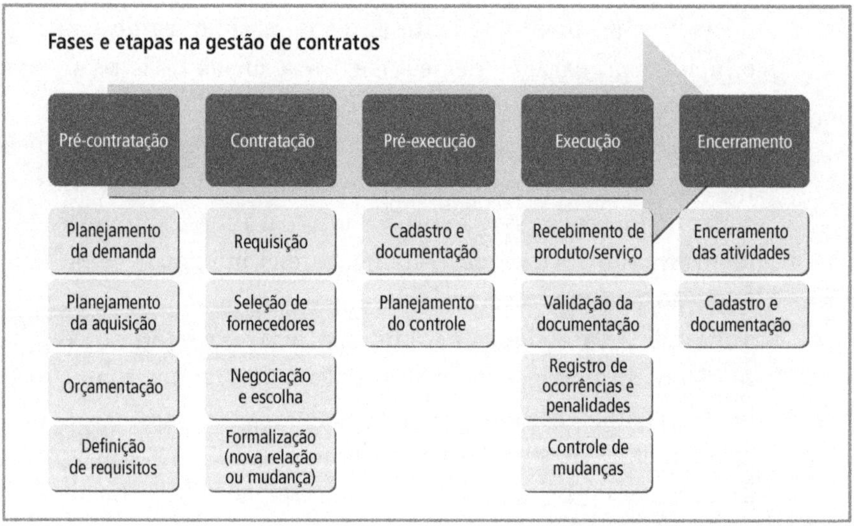

Requisitos para a contratação

As aquisições nas empresas, quando são realizadas pelas áreas de Compras/Suprimentos, chegam relacionadas a demandas específicas ou projetos/programas de investimentos. Para que essas aquisições possam ser concluídas, formalizadas e executadas de forma eficaz, é necessário que a descrição dos requisitos, das características e das especificações do objeto da contratação esteja bem definida e essas informações completas e tecnicamente validadas pelas áreas responsáveis.

A descrição desses elementos, também chamada de escopo da contratação, é um ponto de atenção em grande parte das empresas, pois ela pode acontecer de forma impulsiva, pouco estruturada e sem o apoio técnico adequado, gerando, assim, conflitos durante a contratação e, muitas vezes, levando a entregas em desacordo com a necessidade do solicitante.

A questão é: como melhorar ou evitar que a definição de escopo gere impacto negativo nas contratações? Para essa avaliação, vamos considerar as contratações de caráter relacional, ou seja, potencialmente formalizadas por meio de contratos. Além disso, vamos também levar em conta que essas contratações podem estar relacionadas a demandas isoladas ou a projetos que gerem aquisições.

Podemos verificar no nosso modelo (Figura 8.7) que a definição de requisitos inicia na fase de "pré-contratação", ou seja, antes que Compras/Suprimentos tenha um envolvimento maior com a aquisição.

Figura 8.7 Fases e etapas do ciclo de vida dos contratos

Para as demandas relacionadas a Projetos, caso a empresa utilize metodologia de gestão de Projetos (PMBOK, PMI),[2] a declaração de escopo, Estrutura Analítica do Projeto (EAP),[3] o dicionário da EAP e o Plano de Gerenciamento do Escopo do Projeto permitem a elaboração e gestão adequada do escopo de contratação.

Para os demais casos, uma boa prática é trabalhar com padrão de descrição e itens, que contempla os seguintes pontos:

- Descrição da necessidade;
- Explicação de condições ou restrições;
- Custo da aquisição (metas);
- Requisitos de performance ou capacidades;
- Requisitos de entrega ou performance periódica;
- Discussão do risco associado;
- Plano de ação da contratação.

Para esses requisitos, dependendo de alguns fatores, como valor total previsto do contrato, nível de complexidade e grau de importância, deveremos ter escopos mais detalhados ou mais padronizados (perguntas fechadas do tipo sim/não).

O escopo definido e documentado de forma estruturada influenciará todas as informações e atividades durante a "fase de contratação". Devemos incluir aí também a monitoração dos pontos de controle ativos (impactos em custo, como renovação, reajuste, SLA) e também o *check-list* do encerramento do contrato.

Contratações estratégicas ou críticas (conforme matriz de Compras), que forem realizadas por meio de RFP/RFQ[4] devem ter seu escopo analisado paralelamente à definição de minuta contratual a ser enviada aos fornecedores antes do início da negociação comercial.

O desafio dos gestores de contratos, juntamente aos compradores, é garantir que as condições definidas durante a "fase de contratação" sejam comunicadas e controladas a partir da "fase de pré-execução".

---

[2] Project Management Body of Knowledge, Project Management Institute.

[3] Em inglês, *Work Breakdown Structure* (WBS).

[4] Formatos de contratação em conformidade com o PMBOK: *Request for Proposal* (requisição de proposta – RFP) e *Request for Quotation* (requisição de cotação – RFQ).

Em parte, essa garantia deverá ser suportada por processos de negócios estabelecidos. Por exemplo, se uma empresa contrata uma obra de expansão de fábrica, com cronograma determinado e seguro associado, caso a obra atrase (o que não é de surpreender), é preciso garantir que o seguro continue com a cobertura adequada.

A identificação de custos

Os custos totais da contratação estão relacionados e podem impactar os termos e condições contratuais (fato deixado de lado por muitas empresas e gestores de contratação). Além disso, os riscos identificados podem potencialmente gerar impacto no resultado e desempenho destas contratações.

Por exemplo, imagine uma empresa Fornecedora X, provedora de gás para área industrial, tem contrato com seu cliente, a empresa A. Esse contrato estipula uma quantidade mínima anual de consumo, incorrendo em multa para o cliente, no caso de este não atingir a meta. A empresa A muda de local, e sua demanda é reduzida em função do novo formato das linhas de produção; entretanto, esse ponto de controle não é revisitado, e a organização é surpreendida por uma notificação dessa multa, gerando discussão judicial. Neste caso, a empresa A deveria ter identificado esta contratação como crítica, mapeado os pontos de controle deste contrato, identificando papéis e responsabilidades dos gestores envolvidos com cada ponto de controle.

O custo total de contratação (*Total Cost of Ownership* – TCO) deve ser calculado como o custo direto mais os custos indiretos (implementação, manutenção e suporte) relacionados. Por exemplo, na aquisição de um veículo, além do custo deste (que pode ser remunerado por meio de operação de *leasing* ou outra forma de pagamento), os custos de combustível, manutenção preventiva e corretiva, bem como depreciação, devem ser adicionados para a correta avaliação de alternativas e melhor oferta. Sendo assim, as condições negociadas para essa aquisição devem ser descritas no contrato de aquisição, indicando as responsabilidades do fornecedor e eventuais riscos envolvidos.

Os Termos e Condições do contrato (T&C) devem refletir os processos de negócios referentes a eles. Por exemplo, se temos um contrato de prestação de serviços de manutenção industrial, as etapas desse fluxo do processo devem estar refletidas em cláusulas, anexos, adendos, citações do contrato, como o formato de um formulário de ordem de serviço descrito no anexo do contrato. Além disso, a mudança no contrato deveria levar em consideração o reflexo nos processos de negócio relacionados, com o risco de incorrer em custos adicionais desnecessários.

Podemos classificar os termos do contrato como ativos (estão relacionados a processos ou recursos, como obrigações de treinamento, entrega, garantia) ou passivos (não relacionados a processos e com ocorrência condicional, como desastre natural – força maior). O objetivo dessa classificação é que os termos ativos têm impacto direto nos custos dos processos, ao passo que os passivos têm relação com riscos, mas não apresentam esse tipo de impacto.

Dessa forma, controlar os termos ativos (aqui denominados de pontos de controle ou eventos contratuais) ao longo do ciclo de vida dos contratos (veja Figura 8.8), representa controlar os possíveis pontos de impacto de custos.

Figura 8.8 Processos de controle do contrato (termos ativos)

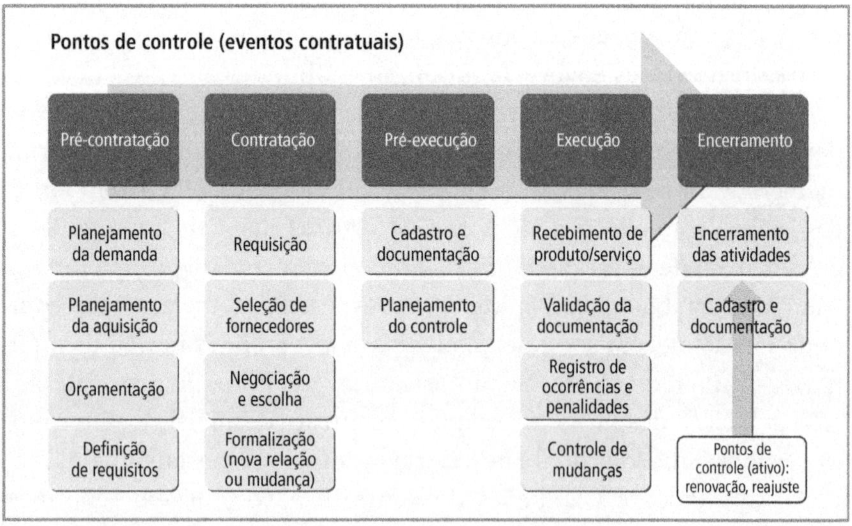

Os T&Cs também podem ser utilizados para suporte a negociação, permitindo ofertas de cobranças e precificação diferenciadas, que podem envolver propostas sem valor agregado, como divisão de valores de produtos e serviços, para permitir que o fornecedor obtenha vantagens em impostos incidentes (ICMS, ISS etc.). Ou, ainda, propostas com valor agregado, como alternativas de formas de pagamento ou SLAs mais rígidos com os mesmos valores estabelecidos.

Outra consideração de custos envolvidos está relacionada aos contratos que geram demandas frequentes, como contratação de serviços de usinagem. Essas contratações podem, às vezes, ser realizadas em vários momentos ao longo do ano, no modelo transacional (por meio de pedidos de Compras distintos), gerando dificuldades de controles e pouca margem de negociação.

A utilização de um contrato principal (chamado aqui de contrato guarda-chuva) pode ajudar a potencializar controles e custos mais adequados a demanda. Todavia, o desafio nessa alternativa é a dificuldade de atualização (renovação e reajuste), pois esses contratos apresentam mais complexidade para tais atividades. Por esse motivo, é recomendável que essa alternativa seja utilizada para relacionamentos de médio ou longo prazo.

A contratação de serviços

De fato, a contratação de serviços, algumas vezes, apresenta dificuldade maior do que a de materiais ou produtos – no Quadro 8.1, é possível entender esse fato decorrente das diferenças entre esses dois modelos. A intangibilidade dos serviços (não é possível apresentar o serviço como um elemento acabado, como o material ou produto), dependência da interação com o tomador do serviço e variabilidade (é difícil repetir um serviço) são alguns dos pontos que podem nos ajudar a entender a razão desse desafio.

O fornecedor de serviços também é chamado de "prestador de serviços" e o comprador, "tomador de serviços". Uma empresa pode contratar determinado serviço especializado, como uma consultoria técnica de estudo de impacto ambiental, isto é, uma contratação direta de serviços. Outra situação é ela contratar um fornecedor (prestador de serviços) para realizar um serviço que essa empresa poderia realizar, como limpeza de suas instalações administrativas – esse tipo de contratação é chamado de terceirização.

Quadro 8.1 Diferenças entre serviços e materiais/produtos

Item	Produtos	Serviços
1	Tangível	Intangível
2	Produção separada/consumo	Produçãoi em conjunto com o cliente
3	Aquisição do cliente	Retenção no cliente
4	Menor variabilidade	Maior variabilidade
5	Estocável	Não estocável
6	Transacional	Pessoal/relacionamento
7	Cumprir especificação	Satisfação do cliente
8	Discreta	Contínuo
9	Unidirecional	Interface
10	Fácil controlar	Difícil controlar

A terceira possibilidade é o fornecimento de serviços ser acompanhado de materiais/produtos – por exemplo, o fornecimento da construção de uma nova unidade fabril. Apesar de os dois primeiros tipos de fornecimento de serviço serem diferentes em termos de risco (passivo trabalhista/previdenciário), eles apresentam o mesmo nível de criticidade.

Em função da sua intangibilidade, um desafio para a contratação de serviços é a definição de seus requisitos (escopo); portanto, criar modelos padronizados (como *check-lists*) para uso dos gestores/solicitantes é uma alternativa para melhorar este vício.

No Brasil, o termo terceirização está mais relacionado a uma atividade específica, que deverá ser transferida para o prestador de serviços. No caso de esse serviço apresentar maior abrangência, como a terceirização de uma área funcional, por exemplo cobrança, envolvendo processos de negócios, chamamos essa contratação de *outsourcing*.

Se, por um lado, a defesa da prática de terceirização (ou *outsourcing*) está calçada no suporte à competição, com vistas à economia globalizada, com maior grau de especialização disponível, as críticas ao uso de contratação terceirizada envolvem, pelo lado do empregado terceirizado, a precarização do trabalho, redução da remuneração (em comparação ao emprego direto – contrato CLT) e, pelo lado do tomador desses serviços, a rotatividade maior do profissional terceirizado, até insegurança jurídica em função da falta de legislação adequada.

A terceirização tem modificado a economia global. As empresas têm contratado uma grande variedade desses serviços, desde *facilities* (por exemplo: limpeza ou segurança), até atendimento de garantia estendida para fabricantes de celulares ou produtos de linha branca. Todavia, há sinais de que a terceirização tem frequentemente gerado problemas, e as empresas repensam como lidar com esses tipos de contratos.

A terceirização é bastante justificada no tipo de projeto onde a multidisciplinaridade de uma obra complexa como uma Usina Hidrelétrica (UHE), por exemplo, demanda contratos de terceirização quase obrigatórios (obras complementares à usina, atividades relacionadas à supressão vegetal, reflorestamento, ações ambientais e sociais, monitoramentos diversos, transporte, alimentação, cuidados da saúde, montagens e serviços especiais eletromecânicos, entre outros).

Esse é um exemplo que reforça a dimensão e os benefícios dos contratos de terceirização. Utilizada de forma estruturada e com gestão adequada, é legítima e traz benefícios, criatividade, novas formas de pensar e agir, quebra de paradigmas, flexibilidade e complementa a organização naquilo em que ela não é forte. No entanto, quando é usada somente com objetivo de redução de custos, aumenta a probabilidade da incidência de riscos empresariais.

A terceirização pode dar errado por uma grande variedade de motivos. Às vezes, o tomador de serviços "espreme" tanto o seu futuro provedor durante a contratação, que ele é obrigado a cortar partes importantes da oferta de seu serviço (particularmente, isso é um grande problema para a indústria automobilística, em que algumas empresas globais podem pressionar cerca de 80 mil fornecedores de partes e peças). Algumas vezes, o fornecedor promete mais do que pode para vencer a concorrência, mas falha ao entregar o serviço, e algumas empresas chegam a impactar sua estratégia com terceirizações imprudentes. Por exemplo, empresas fornecedoras de serviços que terceirizam seu *call center* para atendimento a reclamações de seus clientes, sem preocupação importante com relação ao *Service Level Agreement* (SLA); em português, Acordo de Nível de Serviço (ANS), e não sabem por que eles os odeiam!

Aplicação e controle de níveis de serviço (SLA)

O SLA é um instrumento que as empresas utilizam para gestão da qualidade e quantidade das entregas do que foi contratado; ele nada mais é que um conjunto de indicadores (também chamados de *Key Performance Indicators* – KPIs, ou Indicadores-Chave de Performance). Esses indicadores devem ser utilizados para o suporte à gestão do contrato após a assinatura.

A vantagem dele é que permite dar mais objetividade e transparência no acompanhamento das contratações de materiais/produtos acompanhados ou não de serviços. O desafio, no entanto, é o tempo, a dedicação e os recursos que a elaboração e controle do SLA exigem.

Para o controle das contratações envolvendo materiais e alguns produtos (ou equipamentos), o uso de SLA, com KPIs bem definidos, já atingiu certo nível de amadurecimento, de tal maneira que, muitas vezes, ele é acompanhado sistemicamente pelo gestor (por meio, por exemplo, do *Enterprise Resource Planning* (ERP), sistema integrado normalmente utilizado em empresas de médio ou grande portes no Brasil).

O desafio maior está nas contratações de serviço. Frequentemente, o SLA tem sido utilizado no controle de entregas de contratações de TI. Entretanto, serviços como *facilities* (administração do patrimônio), utilidades (energia, gás etc.), consultorias entre outras categorias se ressentem desses controles.

Uma pesquisa indicada na Figura 8.9 mostra que os gestores se têm envolvido na priorização da discussão deste item de contrato.

Figura 8.9 Prioridade de negociação (frequência)

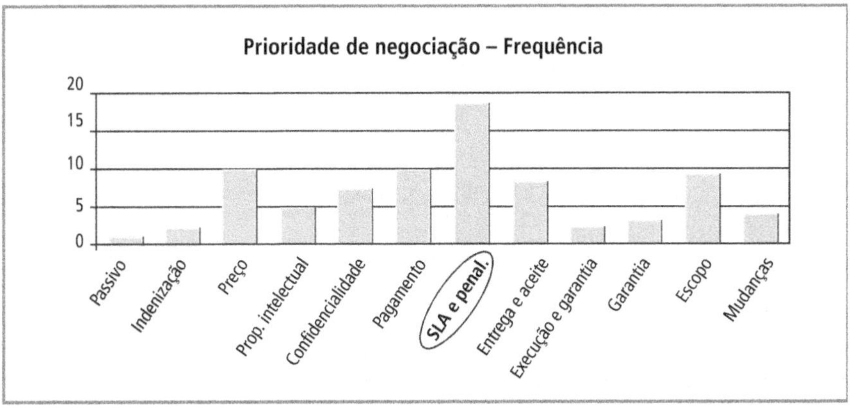

Fonte: Pesquisa Exoressa ANGC, Junho 2012

Entretanto, o segundo estudo da Associação Nacional de Gestores de Contratos (ANGC) indicou que quase metade dos gestores pesquisados não utiliza adequadamente esse recurso de gestão de contratos. A questão é por quê? Alguns motivos são mais fáceis de identificar que outros, mas veremos os principais ou mais frequentes:

- o gestor do contrato não entende ou não conhece os mecanismos definidos para controle de SLA;
- o SLA está mal definido no contrato (cláusulas dispersas, pouca informação e explicação de controles, papéis e responsabilidades com pouca ou nenhuma definição), dificultando a sua gestão;
- as métricas definidas na SLA não estão adequadas ou não refletem a realidade da contratação;
- não estão definidas as regras de coleta, fonte de informação, registro das informações e composição dos indicadores que comporão o SLA;
- recursos para registros e acompanhamento são de difícil utilização, de modo que informações coletadas não são compartilhadas adequadamente na empresa.

Com todos esses desafios, ainda assim, esse mecanismo é o mais indicado para acompanhar de forma estruturada a execução dos contratos, e seus benefícios principais são:

- oferecer continuidade e clareza na relação comercial;
- servir como veículo de comunicação objetiva;
- proteger contra o fantasma da expectativa;
- definir padrões mútuos de serviço;
- definir como será medido o nível de serviços.

A Figura 8.10 mostra que existem direcionadores das métricas/KPIs de níveis de serviço que estão relacionados ao custo da contratação. Portanto, é fundamental que os gestores de contratos consigam trabalhar com o equilíbrio entre as expectativas de nível de serviço e o custo do fornecimento.

Figura 8.10 Requisitos de níveis de serviço com base em *drivers* de custo

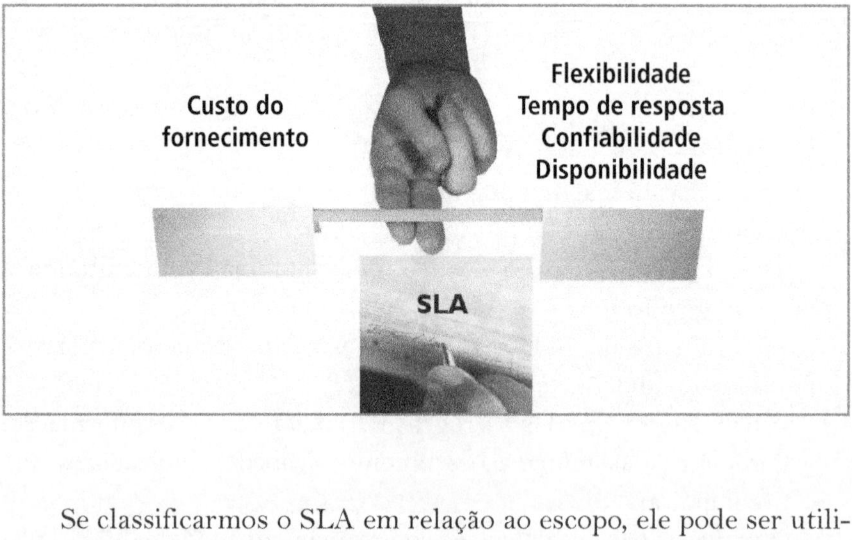

Se classificarmos o SLA em relação ao escopo, ele pode ser utilizado tanto para definir níveis de serviço interno na empresa – por exemplo, o tempo que o departamento jurídico demanda para analisar e devolver uma minuta (geralmente medido em dias – de 7 a 10 dias) –, quanto para definir quantidades e qualidades entregues na execução da contratação. O conteúdo do SLA para contratações de serviços poderá ter alguns ou todos os itens identificados no Quadro 8.2 – os itens em negrito devem ser considerados obrigatórios.

Quadro 8.2 Conteúdo completo de um SLA para contratação de serviços

Parte técnica	Parte organizacional	Parte legal
Descrição serviço	Obrigações e limitações	
Objetivos do serviço	**Níveis de escalação**	Responsabilidades legais
Parâmetros SLA, QoS	Manutenção/periodicidade	Direito de propriedade
Métricas/KPIs	**Monitoração e relatórios**	Modo de faturamento e pagamento
Plano de ações	Gestão de mudanças	

Boas práticas de mercado indicam que as métricas/KPIs devem ser em quantidade de três a quatro por SLA, pois, assim, é possível controlá-lo de maneira adequada. Além disso, é importante lembrar que escopo e a categorização das métricas é um exercício importante e difícil de concluir.

A definição do SLA deve ser realizada durante a fase de pré-contratação, juntamente ao fechamento do escopo. Para o caso de contratos ativos, que tenham SLAs com definições deficitárias ou não tenham SLAs, implementar esse controle exige uma revisita ao escopo e possibilidade de aumento de custos envolvidos na contratação.

Gestão de riscos contratuais

O risco e sua gestão para as contratações é um elemento de significativa importância, uma vez que sua avaliação pode estar associada a diversas estruturas na empresa. Por exemplo, para cada Projeto que a empresa tem em seu portfólio, a aplicação da metodologia PMBOK na gestão desses projetos pressupõe a identificação, o planejamento, a análise e o monitoramento dos riscos associados. O uso de matrizes como de probabilidade e impacto de risco (considerando custo, tempo, escopo e qualidade) faz parte desta metodologia. O foco, nesse caso, é o projeto como um todo.

Outro formato interessante, este mais relacionado às contratações e seus contratos, é a disciplina *Supply Risk Assessment*, cujo objetivo é identificar os principais riscos das contratações na perspectiva de todos os *stakeholders* envolvidos para que a gestão possa ter assertividade adequada.

Com esse modelo, é possível finalizar a formalização de uma contratação com um mapa dos principais riscos envolvidos, as atividades relacionadas à gestão deles e os responsáveis. Por exemplo, uma contratação de destinação de resíduos industriais seria formalizada com o mapeamento dos riscos relacionados ao impacto ambiental desse serviço, e também estariam identificados os riscos relacionados à presença de terceiros dentro das instalações da empresa (riscos legais/trabalhistas). Além da identificação, estariam descritas as atividades para o tratamento desses riscos e as áreas/departamentos são responsáveis por sua execução e seu monitoramento.

Como o risco está associado a uma probabilidade de concretizar determinada situação ou ocorrência (vamos considerar somente os riscos negativos), a empresa deve avaliar como procederá em relação a ele, ou seja, se previne, transfere, mitiga ou aceita o risco. A Figura 8.11 apresenta alguns dos riscos mais comuns encontrados na gestão de contratos.

Figura 8.11 Riscos mais comuns encontrados no ciclo de vida dos contratos

Antes da assinatura

- Desenho do contrato muito complexo.
- Ausência de *Business Case*.
- Políticas e normas não adequadas.
- Principais processos parcialmente estabelecidos (antes e depois).
- Ausência de recursos (treinamento e sistemas adequados).

Após a assinatura

- Cláusulas não obedecidas.
- Desembolsos irregulares (em desacordo com a contratação).
- Ausência de monitoração dos contratos (renovação, reajustes, SLA).
- Ausência de indicadores da gestão.
- Definição parcial de papéis e responsabilidades.
- Sobreposição de funções dos gestores.
- Falha nos controles de obrigações tributárias, previdenciárias/trabalhistas.

O apoio da tecnologia para a gestão dos contratos

Para a execução correta e na medida certa das atividades que envolvem a gestão do ciclo de vida dos contratos, é necessário que a empresa forneça a seus gestores ferramentas de tecnologia (sistemas) adequadas a sua demanda. Vemos com bastante frequência a área de Compras utilizar planilhas de dados (Excel[5]) em várias fases do ciclo de vida dos contratos, mas o controle de mais de cinquenta com somente essa ferramenta pode tornar o resultado pessoalizado, ou seja, se o gestor que controla for trocado e não tiver a habilidade ou o entendimento necessário para isso, pode se perder.

A Figura 8.12 mostra um esquema de sistemas comum em muitas empresas que possuem sistema integrado (ERP)[6] e vários módulos (do mesmo sistema) ou sistemas diferentes integrados (comunicando-se por meio de dispositivos criados para esse fim).

Figura 8.12 Esquema simplificado de alguns sistemas/módulos envolvendo *supply chain*

[5] Sistema da Microsoft® de uso geral, mas com funcionalidades algumas vezes adequadas para controle de atividades em determinadas fases do ciclo de vida dos contratos. Por exemplo, monitoração de pontos de controle de contratos (renovação, reajuste) sendo utilizado com eficácia em uma faixa de até trinta contratos.

[6] Sistema que abrange as principais áreas funcionais da empresa (*Enterprise Resource Planning* – ERP), envolvendo prioritariamente Administração, Financeiro, Contábil e Fiscal.

O objetivo é identificar que os gestores de contratos e demais envolvidos na gestão do ciclo de vida dos contratos devem ter acesso a uma ferramenta adequada *Contract Lifecycle Management* (Gestão do Ciclo de Vida dos Contatos – CLM), que está integrada ao principal sistema da empresa (evitando redundância e garantindo a integridade dos dados) e disponibiliza, no mínimo, as seguintes funcionalidades:

- *Gestão econômica/financeira dos contratos*: recurso que permite a visibilidade de lançamentos de obrigações financeiras dos contratos e seus aditivos, suas respectivas baixas de pagamentos, atrelados a projetos e/ou pedidos de Compras no ERP;
- *Gestão de documentos* (Gerenciador Eletrônico de Documentos – GED), para os gestores terem acesso às imagens dos contratos e documentos relacionados;
- *Workflow*: é uma funcionalidade que permite a visibilidade e encadeamento de atividades (com seus respectivos responsáveis e tempos relacionados). Esse recurso é fundamental para a gestão dos contratos, que é baseada no controle das atividades contratuais realizadas pelos gestores;
- *Colaboração*: é um recurso para que os gestores possam realizar atividades em modelo colaborativo, como a discussão de uma minuta contratual, ou também para registros e discussões relacionadas a execução dos contratos, deixando para trás a dependência de resgatar e-mails de gestores para construir ou entender histórico de execução do contrato;
- *Acesso flexível*: com controle centralizado dos dados, mas acesso descentralizado a essas informações, com possibilidade de utilização de perfis diferentes (para atender a restrições de acesso e aplicação de segregação de funções).

Um modelo que podemos imaginar para as funcionalidades descritas está representado na Figura 8.13.

É importante destacar que um sistema de gestão do ciclo de vida dos contratos é um dos poucos elementos concretos e visuais que os gestores têm contato. Dessa forma, é normal que as empresas sejam seduzidas pelo mercado fornecedor de sistemas na compra de funcionalidades, que não sejam aderentes a sua necessidade ou que sejam

Figura 8.13 Esquema simplificado da estrutura de dados de um sistema de gestão de contratos

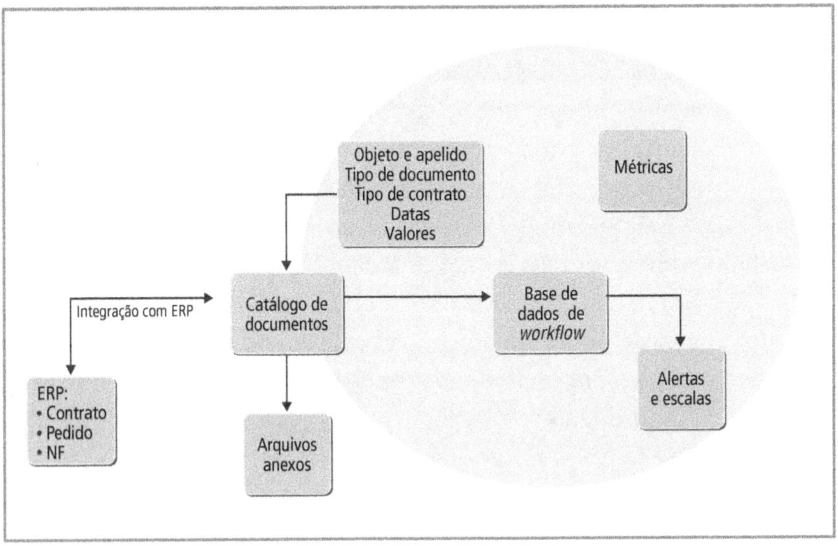

pouco amigáveis. Para evitar esta situação, é recomendada avaliação dos seguintes pontos antes da implementação desse tipo de sistema:

- identificação do legado de contratos, que são os contratos ativos muitas vezes "perdidos" na gaveta dos gestores;
- alinhamento da área de gestão de contratos com a estratégia da empresa ou da sua área/departamento;
- análise e, se necessário, revisão de processos de negócios, papéis e atribuições e definições estabelecidas e relacionados a contratação e a gestão dos contratos;
- implementação de ferramenta de gestão de contratos, com o treinamento dos gestores envolvidos para que eles possam realizar suas atividades de forma adequada e eficaz.

Encerramento e disputas contratuais

O encerramento de uma contratação e, portanto, de seu contrato, pode ocorrer sob diversas condições. Se este expirou, temos como alternativas:

- Contrato expirou conforme previsto ou por ocorrer o processo de aceite final, que é característica de contratos relacionados a um ou mais projetos que atingem determinado marco ("*milestone*"). O aceite pode ser:
  - *completo/incondicional*: os produtos/materiais ou serviços atenderam a todos os requisitos e a finalização do contrato poderá ocorrer de forma adequada;
  - *parcial*: algumas entregas atenderam às especificações e, portanto, outras entregas foram rejeitadas. Com isso, o contrato não se encerrará até a conclusão dessas pendências ou o acordo sobre uma possível revisão das entregas previstas;
  - *rejeição total*: os itens entregues não atenderam aos padrões das condições ou especificações determinadas. Esse incidente (deve ser algo não esperado) pode levar a disputas ou *claims*. Todavia, essa situação também pode ser resultado de validação com condições pouco claras ou definidas.
- Contrato expirou por acordo entre as partes envolvidas. Por exemplo, se o fornecedor deixou de fabricar determinada linha de produtos que vinha entregando e não tem planos de continuar o fornecimento após a expiração do contrato. Em casos como esse, é importante considerar o prazo de denúncia dessa contratação. Outro exemplo é o comprador ter interesse em internalizar o serviço contratado.
- Contrato expirou, mas alguma parte negligenciou o tempo correto para renovação e, eventualmente, as entregas ainda continuam até a notificação sobre esta expiração ocorrer e ser regularizada (renovação contratual).

Após a expiração, algumas ações podem estar previstas em contrato, como liberação de parcelas restantes de pagamentos, disponibilização de documentação final, entre outras. O término ou cancelamento do contrato implica que o relacionamento finaliza antes do previsto ou antecipa a data final da contratação – a quitação antecipada de um contrato de empréstimo bancário pode ser um exemplo de terminação.

Uma motivação para o término pode ser o descontentamento de pelo menos uma das partes – por exemplo, falhas nos pagamentos previstos pelo comprador ou nas entregas previstas pelo fornecedor podem gerar essa terminação.

A terminação pode também gerar uma demanda legal (exigência por cumprimento dos compromissos contratuais por meio dos institutos jurídicos públicos ou privados). Nesses casos, é importante o gestor de contratos ter conhecimento das alternativas que podem dar o suporte mais adequado para a solução dessas demandas.

Atualmente, com o grande acúmulo de processos nos tribunais e a necessidade de uma avaliação mais especializada (por exemplo, em casos envolvendo questões ambientais complexas), é comum as empresas buscarem alternativas para a solução dos conflitos por meio de arbitragens ou mediação. Esses dois recursos são reconhecidamente alternativas mais céleres e válidas para vários desses casos. Dessa forma, o encerramento do contrato deve ocorrer de modo formal (a formalização do encerramento da contratação é recomendável para os contratos em geral, e, mais fortemente, para os críticos da empresa).

É preciso planejar o controle de algumas cláusulas após o encerramento, como propriedade intelectual, confidencialidade, seguro, garantias e transição programada após encerramento. Para o completo encerramento devemos observar:

- verificação das entregas e documentações relacionadas aos itens do contrato;
- confirmação da realização dos demais termos e condições (cláusulas) do contrato;
- verificação das obrigações pós-encerramento do contrato estarem válidas e ativas;
- obtenção dos formulários e relatórios e liberações definidas;
- resolução de eventuais disputas ou *claims*;
- realização dos pagamentos finais;
- documentação de lições aprendidas.

Esses itens podem variar em função das organizações e dos tipos de contratações/contratos. O mais adequado é ter esse processo de encerramento definido e planejado desde a descrição da demanda (pré-contratação). A Figura 8.14 ilustra o fluxo de encerramento dos contratos.

Figura 8.14 Fluxo de encerramento dos contratos

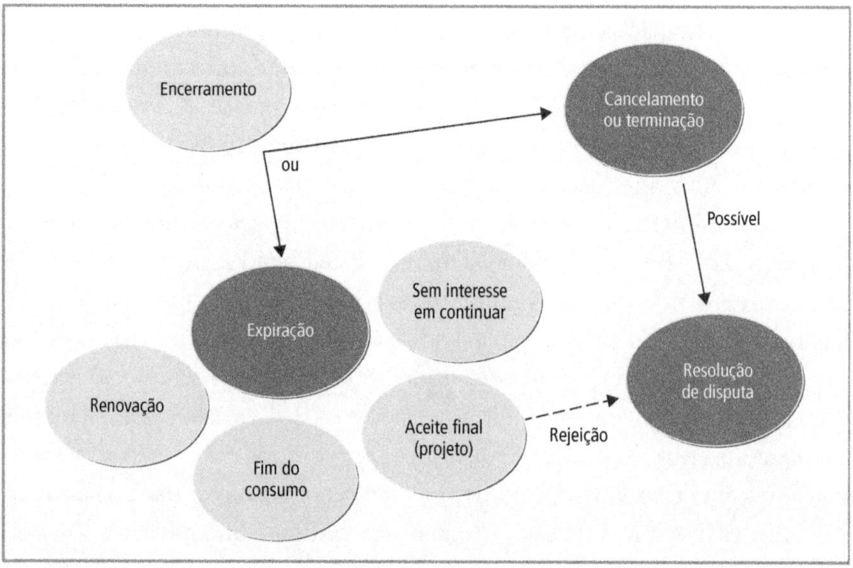

Concluindo

Baseado nas características das contratações e suas implicações, podemos afirmar, então, que as empresas precisam melhorar seus controles para garantir a forma mais adequada de contratação e, no mínimo, o resultado esperado.

Os gestores envolvidos em contratos e contratações (compradores, gestores/administradores de contratos, áreas de apoio técnico, solicitantes de contratações) precisam exercitar/questionar a definição clara de seus papéis e responsabilidades. Assim, eles poderão envolver-se de forma mais estruturada com seus fornecedores e, portanto, tirar o melhor dessa relação (para ambos os lados).

A alta direção e os *stakeholders* das empresas já têm percebido a importância dos contratos para o resultado de suas contratações estratégicas ou críticas. Sendo assim, o patrocínio proativo desses executivos definirá o sucesso das iniciativas voltadas à melhoria da gestão de seus contratos.

A pressão por conta da busca de resultados a curto prazo e a competição local/global não deve ser justificativa para "burlar" a formalização por contratos e sua gestão, uma vez que os resultados advindos dessas práticas não são sustentáveis e geram riscos e custos desnecessários para a empresa.

Para complementar as informações tratadas neste capítulo, listamos a seguir alguns sites interessantes para que você amplie seus conhecimentos:

- Aberdeen Group – USA: www.aberdeen.com.
- Associação Nacional de Gestores de Contratações (ANGC): www.angc.org.br.
- Easy Drive: www.easydrive.com.br.
- Fundação Nacional da Qualidade (FNQ): www.fnq.org.br.
- International Association for Contract and Commercial Management (IACCM): www.iaccm.com.
- Instituto Brasileiro de Governança Corporativa (IBGC): www.ibgc.org.br.
- National Contract Management Association – USA (NCMA): www.ncmahq.org.

NEGOCIANDO A COMPRA: DO DIÁLOGO À DECISÃO

Marc Burbridge

Você é um negociador ou negociadora bastante experiente, afinal de contas, negocia desde que aprendeu a chorar; e se você é um comprador ou compradora, podemos supor que gasta em turnos de um terço de seu tempo negociando algo, internamente ou externamente. Inclusive, também é altamente provável que você já tenha feito algum curso sobre esta arte. Talvez já esta familiarizado com o Modelo de Harvard e alguns conceitos e táticas de negociação. Talvez você já tenha lido nosso livro de referencia, *Gestão de negociação*,[1] ou o muito popular *Como chegar a sim*.[2]

Independente de seu nível de conhecimento sobre a arte de negociar, nosso objetivo neste capitulo é ajudá-lo a se tornar um negociador de Compras mais seguro, mais eficaz e mais eficiente. Para isso, vamos rever muitos conceitos que talvez você já conheça e alguns novos, com a diferença de que focaremos nossa atenção especificamente nos desafios de negociar Compras. Ou seja, vamos tentar ajudar você a comprar melhor.

Para isso, vamos começar examinando o contexto no qual as Compras acontecem, pois há muita diferença entra uma compra de

---

[1] BURBRIDGE, R. M. et al. *Gestão de negociação*: como conseguir o que se quer sem ceder o que não se deve. 2. ed. Saraiva, São Paulo, 2007.

[2] FISHER, R.; URY, W.; PATTON, B. *Como chegar a sim*: a negociação de acordos sem concessões. 2. ed. Rio de Janeiro: Imago, 1994.

rotina e uma estratégica, e essas diferenças podem alterar os resultados do negócio. Vamos olhar a mente do vendedor e considerar seu perfil, bem como o do comprador, e pensar no processo de negociação desde a preparação até a decisão final de comprar ou não. Vamos também considerar todos os elementos das negociações bem-sucedidas e mal-sucedidas, e, também, considerar como negociar preço e valor, e como usar a proposta de valor para garantir um compra de boa qualidade.

A maioria das Compras é feita com pessoas razoáveis, em condições razoáveis, mas vamos também considerar como lidar com situações excepcionais quando for necessário negociar sobre pressão, quando há muito em jogo ou quando é preciso lidar com pessoas que não inspiram confiança, ou, ainda, quando há questões éticas em jogo. Vamos tentar ajudar você a se tornar um bom comprador em todas as situações.

O contexto de negociação de Compras

Leilão *versus* negociação

Quando é possível especificar um fornecimento com precisão e segurança, e quando há múltiplos fornecedores, é possível utilizar com eficácia o processo de leilão, particularmente no caso de *commodities*. Porem, é importante deixar claro que *leilão* não é *negociação*, e devemos lembrar sempre que o objetivo de compra não é a compra em si, mas sim o *fornecimento*. Por isso, o leilão não é substituto para a falta de habilidades em negociar.

Os cinco pontos de espectro da negociação de Compras

Compras e a negociação de Compras são coisas bem amplas e diversificadas, então, vamos começar colocando a questão em perspectiva. Existem dois fatores que em geral determinem nossa abordagem em negociar a compra: o tempo e o valor estratégico da compra.

Por "valor estratégico" de compra não estamos nos referindo ao preço, mas à importância da compra naquele momento para a empresa e para o cliente interno. Um simples rolamento pode ter um custo baixo e, ao mesmo tempo, um valor estratégico muito alto, se a falta deste resultar na paralisação da linha de produção.

Já o "tempo" refere-se ao prazo disponível para fechar a compra, que é por si um subelemento do tempo necessário para disponibilizar o produto ou serviço. Vamos então considerar cinco situações distintas na dinâmica entre os dois vetores: "valor estratégico" e "tempo".

Situação A: baixo valor/prazo longo

Muitas Compras têm um valor estratégia baixo e sem pressão de tempo – por exemplo, material não estratégico comprado regularmente para estoque. Essas Compras podem ser programadas e o procedimento, padronizado. Se o volume for maior e as especificações forem bem uniformes, podem ser objetos de leilão eletrônico, lembrando que este não é negociação. A Figura 9.1 apresenta o espectro da negociação de Compras.

Figura 9.1 Espectro da negociação de Compras

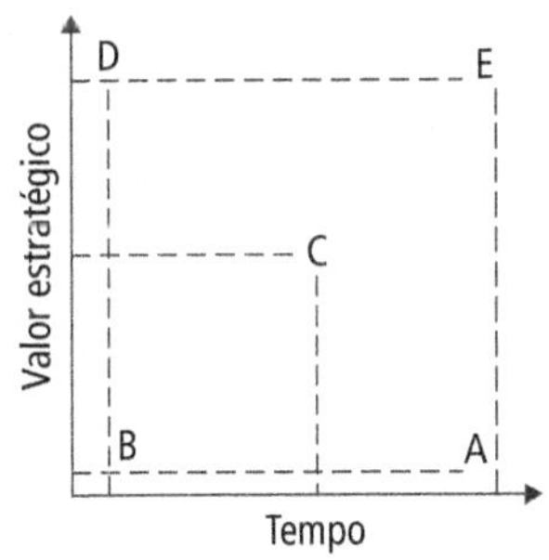

Situação B: baixo valor/urgente

Às vezes aparecem pedidos de Compras para itens que não são críticos, mas que precisem ser resolvidos rapidamente. Às vezes, isso ocorre por falta de planejamento ou acidentes nas operações. Nesse caso, o comprador normalmente consegue conduzir a negociação da compra de forma eficaz e sem interferências se ele tiver um bom relacionamento com os fornecedores pré-qualificados e se for protegido pelas normas da empresa ou pela autoridade de seu chefe. Assim, ele pode realizar a compra com relativa tranquilidade.

Situação C: valor e tempo médios

Este categoria é o "meio de campo" – por exemplo, a compra de um equipamento de laboratório ou algo para fábrica. O comprador precisa estar bem alinhado com seu cliente interno para não errar na escolha do fornecedor e nem ser alvo de chantagem técnica do vendedor. É comum que vendedores procurem usar o cliente interno para desqualificar competidores, e é nessa categoria que as exigências de negociação profissional começam a aumentar.

Situação D: valor alto/tempo curto

Aqui a coisa começa pegar, pois, nessa categoria, o valor estratégico é alto e o tempo, curto. Se a negociação não for bem conduzida, vai custar cara, e, nesse caso, a probabilidade de o comprador levar a culpa, merecidamente ou não, é alta.

Tais situações muitos vezes ocorrem por eventos fora de controle da empresa (mudança de leis, acidentes no fornecimento etc.), ou por erro de gestão. Sendo assim, é fundamental que, em situações como essa, exista uma cultura de negociação *top down* na empresa, a qual permite que o cliente interno e o comprador trabalhem bem juntos. Em outras palavras, o comprador precisa agir rápido, porém taticamente correto nas negociações.

Situação E: alto valor com prazo grande

Aqui, estamos falando claramente de compra estratégica, em que o valor justifica um investimento significativo na preparação e há tempo para isso. Assim, é possível montar um time de negociadores, em que cada um sabe seu papel e tem tempo suficiente para desenvolver uma estratégica de uma proposta de valor bem feito.

Para cada uma das cinco situações indicadas, existem um abordagem de negociação diferenciada, mas há conceitos comuns a todos. Essa forma de enxergar a negociação tem alguma semelhança com o clássico *Estágios de Compras*, de Peter Kraljic da *Harvard Business Review* em 1983[3], o qual é citado em diversos capítulos deste livro. A diferença é que o modelo de Kraljic permite a organização de toda a política de Compras da empresa, ao passo que o de "Espectro de Negociação de Compras", elaborado neste livro, é focado especificamente na questão de como abordar a negociação de Compras. Vamos entender como esse espectro pode nos ajudar organizá-las.

Por dentro da mente do vendedor

Tanto você quanto o vendedor têm um modelo mental moldado por todas suas experiências desde infância, e é justamente a interação desses dois modelos que, em grande parte, determina o sucesso da negociação para ambos. Quanto mais você souber sobre o modelo mental do vendedor, mais fácil será a negociação. Esse modelo mental forma a base de seu estilo como negociador e, também, o estilo do outro.

Qual é o seu estilo como negociador? Muitos vendedores enxergam compradores como pessoas difíceis, que usam táticas de pressão para tirar até a última gota do vendedor. Eles acusam os compradores de usar um "Manual de comprador" cheio de táticas e truques desenhados para humilhar e pressionar o vendedor, e em alguns casos eles têm razão.

Acontece que o vendedor experiente conhece esse manual tão bem quanto o comprador, e quando ele ou ela sente que está sendo pressionado, toma atitudes para se defender – por exemplo, aumenta o preço para poder dar mais desconto, muda o calendário de fechamento de mês, bota "bode na sala"[4] etc.

A realidade é que todo vendedor tem um estilo natural de negociar e o comprador também, e isso influi diretamente nos resultados.

---

[3] KRALJIC, P. Purchasing Must Become Supply Management. *Harvard Business Review*, set./out., 1983. *Authorized re-print* com entrevista por Paulo Burnquist na revista *Nextbuy* n. 8, mar./abr., 2011.

[4] Tática de incluir demandas desnecessárias para poder cedê-las durante a negociação.

Quando o vendedor e o comprador são, por exemplo, bastante competitivos, é muito fácil para os dois entrarem em um ciclo de assertividade, no qual a razão é deixada por trás. Com isso, o resultado pode ser um "sem acordo" desnecessário, ou seja, um perde-perde.

Nos anos 1970, dois pesquisadores norte-americanos, Kenneth Thomas e Ralph Kilmann, identificaram cinco estilos distintos de negociar entre as duas tendências de ser assertivo ou cooperativo:

- competindo;
- colaborando;
- conciliando;
- concedendo;
- evitando.

Segundo Thomas e Kilmann, todo mundo tem os cinco estilos de um grau ou outro, e eles desenvolverem um instrumento para medi-los.[5]

Para o comprador um conhecimento do modelo TKI pode ser útil na avaliação do estilo do vendedor e de como isso poderá influenciar na negociação. Além disso, é importante para o comprador considerar seu próprio estilo e o fato de que a *pessoa não é prisioneira de seu estilo natural*. Dependendo da situação e do estilo da pessoa de outro lado, podemos – e às vezes devemos – mudar o nosso modo natural de negociar. Em certas circunstâncias, por exemplo, alguém bastante competitivo por natureza, porém sem informações ou autoridade para tomar uma decisão, pode optar naquele momento a ser mais "evasivo" e aguardar a melhor situação para agir. De mesma forma, alguém com a tendência de ser colaborativo pode, quando for necessário, ter um atitudes mais assertivas ou até competitivos.

O importante é reconhecer que existem estilos diferentes, e também que temos o nosso estilo natural, mas que não somos prisioneiros dele e que, dependendo da situação, podemos adotar outras maneiras.

---

[5] O Thomas Kilmann Instrument (TKI) é distribuído no Brasil pelo Fellipelli Instrumentos.

Preparação, os pré-requisitos para negociar bem a compra

Você, leitor, é uma pessoa inteligente. O problema é que o vendedor também é. O que você pode ganhar com sua esperteza na mesa de negociação é 10, mas, com uma boa preparação é 100. Para isso, precisamos preparar uma boa "proposta de valor" e, para isso, precisamos responder às sete perguntas de Figura 9.2.

Figura 9.2 Preparação de uma proposta de valor

Quando o valor em questão é alto e há tempo para preparação, para uma compra do tipo "E" do espectro da negociação de compra, a proposta de valor deve ser preparada com cuidado, de preferência com um trabalho em equipe. No entanto, mesmo quando envolve uma compra da situação tipo A, B ou D do espectro, em que falta tempo ou o valor não é estratégico, a montagem da proposta de valor pode ser feita pelo próprio comprador, mentalizando as sete perguntas que fazem parte do modelo. Em todos os casos, é importante obter respostas para todas essas perguntas, senão, o comprador poderá ter problemas futuros.

O quê?

A primeira consideração diz respeito a ter clareza sobre o objetivo da negociação, que, às vezes, não é tão simples quanto parece. Em geral, o comprador recebe um pedido de Compras, normalmente de alguém que ele talvez não conheça muito bem. Pode ser bem especificado ou não, ou até demais, tirando a liberdade do comprador em obter o melhor resultado. Pode ser para algo que compre sempre, ou algo novo e único. Assim, começa a negociação mais difícil: a negociação interna com o cliente do comprador. Esse tipo de negociação é mais difícil do que lidar com o vendedor porque não há alternativa. O cliente interno é o cliente, e, além disso, muitas vezes ocupa uma posição superior na organização.

Como veremos mais adiante, é nessa hora que o relacionamento entre o comprador e seus clientes começa ser um fator crítico. Para definir bem o "O quê?", é necessário ter credibilidade e uma boa comunicação entre o cliente interno e o comprador, e, para isso, requer-se investimento no relacionamento entre os dois.

Por quê?

Um dos erros mais comuns e caros de negociação é o de focar apenas em "O quê?" sem saber "Por que?" As pessoas têm uma tendência de dizer o que querem, mas sem dizer por que querem. Para comprar bem, é essencial que o comprador enxergue além das especificações e perceba os interesses, muitos vezes não ditos, de seus clientes, uma vez que essa informação é critica para poder criar opções relevantes e de alto valor na negociação.

Quem?

Não espere que alguém esteja junto na chegada se não estiver junto na partida. A boa preparação exige que todos aqueles que podem atrapalhar a implementação de um eventual acordo sejam consultados. Para uma compra simples de valor razoável, em geral o comprador realiza a negociação sozinho, mas, conforme aumenta o valor ou o aspecto crítico da compra, eleva-se também a necessidade de montar uma equipe de negociação, na qual cada pessoas deve estar consciente de seu papel.

Existem quatro funções básicas de negociadores em equipe:

- *o negociador*: aquele que vai de fato fazer e receber propostas;
- *o observador*: aqueles que fazem perguntas, mas nunca propostas;
- *o estrategista*: aquele que gerencia as informações antes e durante o processo; e
- *o tomador de decisões*: aquele que tem a palavra final, aprovando ou não as condições negociadas, e que pode mudar os limites da negociação.

Quando atua em grupo, a regra básica é ter apenas um negociador, ou seja, apenas uma pessoa deve fazer propostas. Qualquer pessoa pode fazer perguntas, ser observador, inclusive quem no final tem autoridade de dizer sim ou não, mas apenas o negociador deve fazer propostas. Se não for assim, qualquer plano ou estratégia de negociação vai logo evaporar. Então, por que o chefe, aquele que no final tem a última palavra, não deve ser o negociador? Porque se o chefe disser algo errado, está dito; no entanto, se o negociador cometer algum erro, o chefe pode corrigi-lo, o que torna a negociação mais segura.

Na fase de preparação, o papel de cada um que vai participar deve ser claramente definido, e, quando a negociação tiver valor estratégico, vale a pena ter alguém designado para o papel de "estrategista", que é responsável pela coleta e pelas qualificações de informação, bem como pelo monitoramento da tática durante a negociação. Em outras palavras, ele tem a responsabilidade de alertar a equipe sobre desafios de estratégia. Sendo assim, o negociador pode mudar a estratégia, mas não se deve esquecer do estrategista.

Quando?

Outro fator determinante para o estilo de negociação é a linha de tempo. Em geral, quem tem mais tempo também possui mais condições de negociar bem. Por isso, pode não ser conveniente revelar seus prazos ao outro lado, principalmente se você suspeitar que eles têm menos restrições de tempo.

Uma das formas de evitar pressão de tempo na negociação de Compras é manter estoques estratégicos para itens críticos; porém, isso custa dinheiro. Sendo assim, a alternativa é desenvolver relacionamentos de confiança com certos fornecedores bem escolhidos.

Em todo caso, a preparação para negociar bem precisa estar alinhada com o cliente interno, com os prazos reais especificados nos pedidos de Compras. Por isso, a gestão inteligente envolve Compras no planejamento estratégico e operacional, e compradores inteligentes fazem questão de estarem envolvidos.

Onde?

Isso se aplica tanto ao local de negociação, como ao de entrega do objetivo de negociação, e não pode haver ambiguidade entre ambos. Geralmente, os compradores recebem vendedores, e, para alguns, isso conta como uma vantagem, mas isso não é uma regra.

Quanto mais você conhecer seu fornecedor, melhor será sua habilidade de negociar, e uma maneira bem interessante de conhecê-lo melhor é visitá-lo. No entanto, é importante que o local de entrega do serviço ou produto esteja claro desde o início, pois isso gera impacto direto nos custos.

Como?

Com a resposta das demais perguntas à mão, é possível considerar a estratégia pretendida para a negociação em si. A primeira regra neste momento é não subestimar a inteligência de outro lado e ter cuidado com suposições errôneas, e a segunda, lembrar que toda negociação envolve um objetivo e um relacionamento. A estratégia precisa ser consistente com os objetivos a curto e longo prazos, e também com o relacionamento desejado com o fornecedor e com o mercado como um todo. Está em jogo a reputação da empresa e do comprador, e por isso as estratégias precisam ser consistentes com a imagem desejada para ambos.

Os detalhes de estratégia também devem ser consistentes com o tempo disponível e com o próprio valor da negociação, o que envolve questões como o primeiro lance (o ancorar), a ordem de possíveis pedidos e concessões, e o possível uso de táticas específicas, como o "bode na sala" (pedidos sem valor que podem ser facilmente descartados).

Quanto?

No final, para negociar bem, o comprador precisa saber qual é seu *alvo* (onde gostaria de chegar) e seu *limite* (o ponto a partir do qual é melhor dizer não), e precisa saber isso antes de começar. É neste momento que diferenciamos o comprador medíocre do profissional, pois qualquer um pode pegar um pedido de compra, barganhar com o fornecedor e dizer sim ou não no final, mas somente o comprador profissional sabe definir um limite baseado na *Melhor Alternativa Sem Acordo, a MASA*. Esse é um conceito que vai além de preço e está relacionado ao valor. Quando o comprador tem uma visão clara sobre sua melhor alternativa se não for fechar, ele ou ela está em uma posição segura de dizer não se o negociador no final não foi melhor do que isso. Clareza sobre a MASA representa o poder do comprador, por isso dedicaremos mais atenção neste capítulo a esse conceito, tratando, entre outras coisas, de como fortalecer sua e como enfraquecer a do outro, sem estragar um relacionamento que pode ser necessário no futuro. Esse pensamento é particularmente importante quando se falar de uma negociação estratégica.

Construindo o diálogo

Sem comunicação não há negociação e nem compra, mas a qualidade de comunicação é diretamente dependente da qualidade de relacionamento entre as partes, ou seja, é importante que os dois andem juntos para permitir um dialogo produtivo.

O termo *relacionamento*, nesse caso, refere-se ao grau de confiança e conhecimento que cada lado tem sobe valores, objetivos e fala do outro lado. Isso não deve ser confundido com amizade. Por exemplo, um policial negociando com sequestrador precisa criar um bom relacionamento com o outro lado. Normalmente este processo pode envolver atos de amizade, ou de respeito, mas do ponto de vista de negociação a amizade não é o objetivo.

Figura 9.3 A importância da união entre relacionamento e comunicação

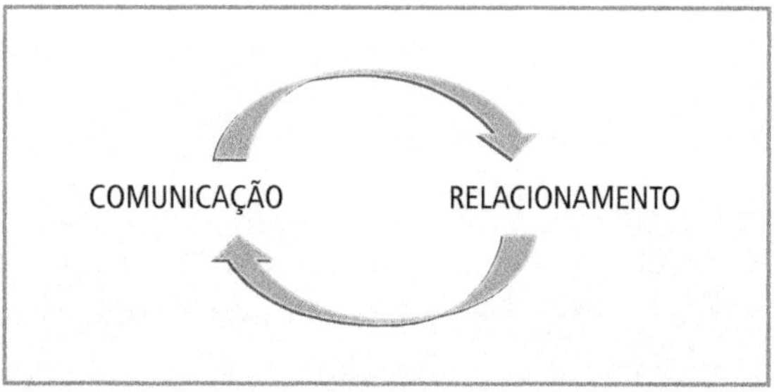

Por que então o comprador deve investir tempo e dinheiro em criar um bom relacionamento com o vendedor? Afinal de contas, não é ele ou ela que tem que vender? Na verdade, como já foi dito, "o objetivo de compra não é a compra em si, mas o fornecimento", e, na hora de resolver um fornecimento crítico, esse relacionamento com o vendedor faz toda a diferença, que é, de fato, a melhor garantia que o comprador pode ter de que a necessidade do serviço ou produto será atendida, até porque as táticas de jogo duro podem custar bem caro no longo prazo.

Então, como podemos criar um bom relacionamento com o outro lado sem prejudicar a nosso poder de barganha? Há uma série de coisas que podem ser úteis nesse sentido, como:

- *Demonstração de respeito*: com certeza existe algo que o outro lado pode ensinar a você. É uma questão de atitude, e isso é logo percebido pelos demais, e, na grande maioria dos casos, respondido de maneira positiva. Quando se trata de negociações com estrangeiros, a mera habilidade de falar algumas frases na língua do outro ajuda muito;
- *Procura por coisas em comum e ser mutuamente compreendidos*: cada valor, experiência ou conhecimento em comum com o outro ajuda a comunicação e a construção de confiabilidade entre as partes. Pode ser o mesmo gosto para vinho, a mesma formação acadêmica, ou até o mesmo time de futebol... O importante, na verdade, é saber que ter coisas em comum facilita a comunicação;

- *Disposição para ouvir e compreender.* Essa também é uma gestão de atitude e de disciplina pessoal, pois o bom comprador tem costume de ouvir, mas nem sempre, de perguntar. Para obter o melhor resultado, precisa não apenas compreender o outro, mas também fazer o outro se sentir compreendido.

Pesquisas demonstram que uma das principais razões para a falta de acordo em negociações é a comunicação inadequada, uma vez que as partes não preparam bem, não procuram entender as reais necessidades do outro e acabam focando apenas em preços. Nesses casos, a negociação torna-se apenas uma barganha, e quando os limites dos dois lados não se encontrem, o resultado acaba sendo um "sem acordo", muitas vezes desnecessariamente.

O problema é que um bom diálogo exige tempo e, muitas vezes, a área de Compras recebem pedidos feitos em cima de hora. O comprador está no eixo de B a D no espectro de negociação, onde não há tempo de criar um bom relacionamento com ninguém. Por isso, é importante criar o relacionamento estratégico com seus fornecedores *antes* da hora de negociar. Em outras palavras, invista no relacionamento e tome a iniciativa.

Um cuidado que precisa tomar, no entanto, é com a sua imaginação, pois o relacionamento precisa ser construído de forma aberta, transparente, para que ninguém de fora ou de dentro de casa o confunda com uma aproximação ilegítima entre comprador e vendedor. É necessário manter as precauções normais na forma de comunicar e também no que diz respeito aos locais de reunião, de preferência com terceiros presentes.

Negociando preço *versus* valor

É muito comum nas empresas que alguém especifique algo para ser comprado ou solicite algo já especificado, e que a área de Compras receba a missão de simplesmente barganhar o preço. A negociação torna-se puramente distributiva e, para um lado ganhar mais, o outro terá de ganhar menos. Essa é a realidade, e o comprador precisa estar preparado para fazer o melhor possível com a situação ou, então, mudá-la.

Consideremos a seguir alguns casos que acontecem, ou devem acontecer, em uma negociação distributiva, seja de preço, seja de valor singular.

Quem deve ancorar a negociação?

A âncora de uma negociação é simplesmente a primeira proposição de valor colocado na mesa. É simples, mas muito significativa psicologicamente. Normalmente, o vendedor ancora a negociação ou verbalmente ou por uma proposta formal escrita. Em geral, o vendedor inclui no seu preço alguma margem a mais para poder ter algo a ceder para o comprador, mais nem sempre isso acontece. Se houver um valor de mercado ou um histórico de ações comerciais entre as partes, facilita o processo. Se não houver, o comprador terá que descobrir até que ponto aquela margem é razoável ou se é exagerada. Se o comprador suspeitar que a âncora é exagerada, a primeira reação de muitos é colocar uma contraproposta igualmente exagerada ou, então, ameaçar desistir da negociação. Todavia, provar que o vendedor exagerou na âncora dificilmente ajuda fechar um acordo e, além disso, ainda corre-se o risco desnecessário de acabar com a negociação. A alternativa seria perguntar o vendedor de onde vem aquela âncora e trabalhar com a resposta.

Em alguns casos, particularmente quando o comprador tem mais informações a seu dispor, pode ser de vantagem para ele ou ela ancorar a negociação. Uma âncora proativa pode ser usada para evitar que o outro explore um ponto fraco seu. Mas, mesmo assim, devemos procurar manter nossa flexibilidade, evitando declarações como "Só tenho Y para isso". Como em tudo o que é proposto, a oferta na forma de pergunta sempre tem a vantagem de minimizar o risco de se comprometer prematuramente com qualquer valor. Podemos perguntar, por exemplo: "Se pagarmos X, vocês podem fazer Y".

Preços, limites e a ZOPA

Ao iniciar qualquer negociação, devemos ter em mente nosso preço-alvo, nosso preço-limite e o valor inicial, caso esteja contemplando ancorar a negociação. Não faz mal anotá-los no papel, pois no calor de negociação é fácil esquecer deles. Um detalhe importante e sempre imprescindível é saber seu limite, mas você nunca deve agarrá-lo de uma forma irracional. Durante a negociação, você pode receber novas informações que justifiquem mudar o limite (mesmo que isso implique se comunicar com seu chefe ou o cliente interno), mas você nunca deve esquecer-se dele.

Você tem algo que quer (seu alvo) e também tem seu limite, e o outro lado também. Os limites dos dois lados juntos definem a zona onde é possível fechar um acordo, ou a Zona de Possíveis Acordos (ZOPA). Se o preço mínimo que o vendedor está disposto a receber é 30 e o preço máximo que o comprador está preparado a pagar é 60, a Zopa positiva é 30, um espaço amplo para encontrar uma solução.

Figura 9.4 Zopa: a Zona de Possíveis Acordos

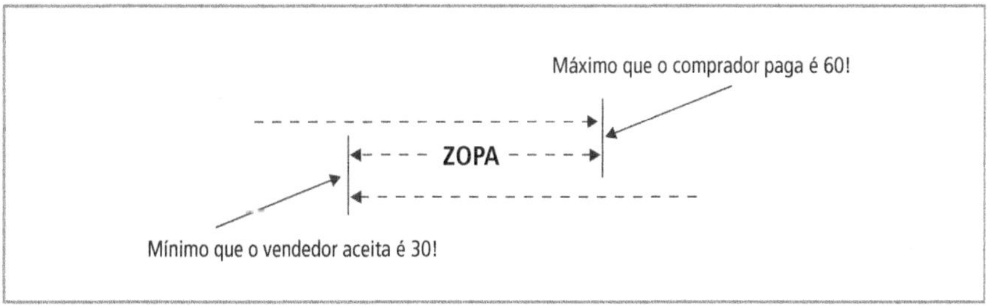

Se, no entanto, os limites fossem o contrário, isto é, se o mínimo que o vendedor aceita receber fosse 60 e o máximo que o comprador estaria disposto de pagar, 30, não haveria uma Zopa, ou, dito de outro modo, a Zopa seria negativa em 30. Em uma negociação distributiva, em que há apenas um valor em jogo, normalmente preço, uma Zopa negativa quer dizer que não haverá um acordo. Nessa situação, o "sem acordo" é o resultado correto, mas cuidado, pois dizer "não" é fácil; o difícil mesmo é buscar o "sim".

Se o resultado lógico e normal de uma negociação com Zopa negativa é "sem acordo", como podemos sair desse empasse? Os dois lados juntos precisem enxergar alguma forma de trazer novos valores para a negociação, transformando a Zopa negativa em positiva. Para isso, precisamos de algo que faça "o bolo crescer", que transforme a negociação distributiva em integrativa, que integre valores.

Quando estamos trabalhando em situações de pouco valor estratégico, tipo A-B no espectro, há pouco incentivo para essa transformação, pois isso exige tempo e esforço, e talvez não compense. Todavia, quando o valor é significativo, precisamos explorar essa possibilidade, pensando fora de caixa, lembrando que um erro comum e custoso de negociação é deixar de ver uma oportunidade de converter uma negociação de preço em uma negociação de valor.

O círculo de valor

Há três elementos que nos ajudam a sair da caixa e criar valor de forma sustentável: interesses, opções e legitimidade. Quando o comprador enfrenta uma situação sem Zopa, o outro lado não cede mais, não vai fechar, e precisa fechar, há três elementos que podem ajudar. Na realidade, muitas vezes as pessoas pensam que é uma questão de preço e, assim, não enxergam a oportunidade de criar valor.

Perguntando a alguns executivos por que as negociações resultam em "sem acordo", a resposta mais comum é que isso ocorre por causa da inflexibilidade de outro lado. Mas e nós, o que dizemos? Dizemos que é necessário ter vontade de pensar fora de caixa para encontrar soluções.

O primeiro passo, supondo bom relacionamento e comunicação com o vendedor, é o *foco nos interesses*, e não nas posições que estão sendo tomadas pelos dois lados. A tendência de negociadores é defender sua posição ("Quero tanto," "Só pago tanto"), e o resultado é uma negociação estressante, muitas vezes deixando ouro na mesa; ou, pior, um sem acordo desnecessário.

Na verdade, a negociação de Compras bem realizada começa com a negociação interna com o cliente interno e, às vezes, com o sistema de Compras. Para maximizar o valor na negociação, o comprador precisa entender não apenas o "O que?" a ser adquirido, mas também o "Por quê?" Com isso, o comprador pode negociar a flexibilização dos termos da compra, se necessário.

Figura 9.5 O círculo de valor

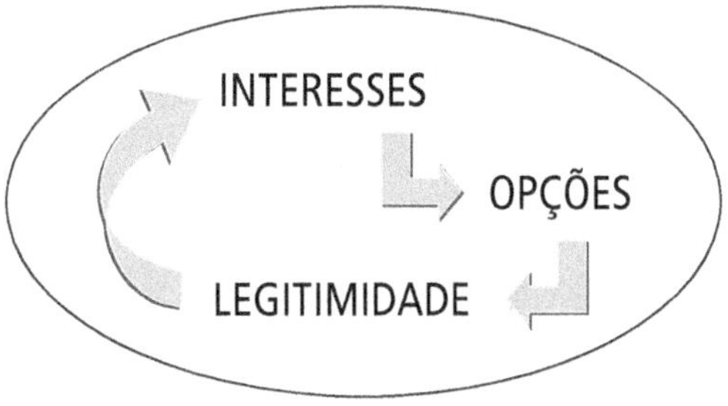

É importante entender os verdadeiros interesses do outro lado, não apenas o que pede, mas as necessidades a serem atendidos do vendedor e a sua organização (que às vezes não são iguais). Qual é a prioridade do vendedor nesse momento? Fechar a venda ou conquistar a sua empresa como um cliente? E por quê? Essa informação pode ser a chave para enxergar oportunidades para os dois ganharem mais ou o suficiente para evitar um "sem acordo". E do seu lado, qual é a prioridade? A entrega do lote no prazo ou a certificação de um novo fornecedor de confiança.

O segundo passo trata-se de criar opções. Acontece que com uma boa visão dos vendedores, é muito mais fácil identificar opções inteligentes a serem negociados. Por "opções", estamos nos referindo a toda e qualquer coisa relevante que pode ser negociada para obter o objetivo final. Nessa fase, Fisher, Ury e Patton, em seu famoso livro *Como chegar a sim*, recomendam para isso uma sessão de *brainstorming*, na qual listam tudo o que pode ser negociado, todos os possíveis propostos, sem crítica, pois esta tampa a criatividade. Depois, é possível escolher as opções a serem levantados e excluir outras, bem como perguntar ao vendedor se ele tem alguma ideia que gostaria discutir.

Um detalhe: as palavras "opção" e "alternativa" são sinônimos, mas, neste capítulo, são usadas de maneira distintas. Como já foi mencionado, usamos a palavra "alternativa" para representar aquilo que podemos fazer se o resultado da negociação fosse um "sem acordo", quando acabou a negociação. Já a "opção" refere-se a todo tipo de proposta que podemos negociar com o outro lado, tudo o que está na mesa de negociação.

Com uma boa visão de interesses de ambos os lados, é mais fácil criar opções inteligentes e chegar a um resultado elegante que seja melhor para todos. Entretanto, para esse resultado ser sustentável, é necessário ser também legítimo do ponto de vista de ambos os lados e de terceiros capazes de influenciar ou negar o acordo. Qualquer preço em uma ZOPA ampla pode ser justo, portanto, "ser justo" não é a certeza da tomado de decisão, mas sim uma condição necessária. Também é importante lembrar que o objetivo da compra não é o acordo, mas sim o fornecimento, uma vez que os acordos feitos com forte sensação de injustiça são candidatos a não ser cumpridos e podem criar barreiras para negociações futuras.

Na maioria das Compras, há critério de mercado ou outras Compras que podem servir como referência do que é ou não legítimo. Sendo assim, o comprador precisa ter essas informações na mão ou buscá-las antes sentar-se à mesa, tendo em vista que o processo de criar valor e obter soluções que otimizem os resultados envolvem trabalhar os três elementos: interesses, opções e legitimidade.

Mesmo supondo que o exercício de criar valor é bem feito, no final, a negociação volta para a divisão do valor criado. É hora, então, de cortar o bolo, ou seja, é o momento para um ganhar mais e outro, menos. A vantagem é que, com um valor maior, é muito mais fácil encontrar um meio termo satisfatório para todos. O principio é: "primeiro criar o melhor bolo possível e, depois, cortá-lo".

Do diálogo à decisão

Já negociou tudo que podia no tempo disponível, ou tudo que devia considerando o relativo valor do objetivo? Investiu no relacionamento? Desenvolveu um diálogo com troca de informações sobre os interesses dos dois lados? Explorou todas as propostas viáveis no tempo disponível? Todos os lados têm uma visão comum sobre o que é justo? Se as respostas a essas perguntas forem sim, então está na hora de fechar e escolher entre a proposta final que está na mesa e sua MASA. Como veremos a seguir, existem algumas táticas e testes que podem ajudar nessa hora para confirmar que, de fato, todas as possibilidades de ganho foram exploradas:

- *Mostrar a sua MASA*: informar ao outro, com credibilidade, sua melhor alternativa, mesmo que isso signifique dizer que: "É uma pena que não estamos chegando a um acordo, porque agora vou ser obrigado a comprar de seu concorrente, cuja proposta já tenho".
- *Mostrar a MASA do outro lado*: isso pode ser feito educando o vendedor sobre suposições errôneas dele, tais como: "Você ficou sabendo que nosso concorrente vai fechar? (Assim o vendedor percebe que seu competidor não é mais uma alternativa para vender para você)?"
- *Fechamento condicionado*: chamar o vendedor para fechar usando um pergunta do tipo: "Se concordamos com o aumento de 0,5% com entrega até dia 15, podemos fechar?" O outro lado pode dizer sim ou esclarecer o que mais deseja para fechar o negócio. Se optar pela segunda opção, terá que continuar negociando. Se decidir aceitar as condições, o comprador poderá fechar ou, ainda, colocar novas condições na mesa, tendo em vista que o comprador fez uma pergunta, e não uma promessa ou proposta.
- *Mudar o jogo*: quando a negociação começa a endurecer, no final, existe uma série de frases que podem ser úteis para mudar o jogo, como: "por que isso seria justo para nós?" (foco na legitimidade), ou, então, "esta é uma opção que precisamos examinar" (quando o outro diz "isso ou nada"), ou, ainda, "quem na sua organização pode aprovar isso?" (quando você sente que a pessoa pode ser o problema).

A lista de táticas de fechamento é extensa, mas, no final, é preciso ou agradecer os outros e sair da negociação para sua MASA ou definir bem o compromisso entre as partes.

O compromisso de qualidade

Lembrando novamente que o objetivo da negociação não é o acordo, mas o fornecimento de forma adequada, focamos no final em criar um *compromisso* por parte de todos na realização de uma ação futura. Há quatro cuidados que precisam ser tomados para que se possa atender bem a esse objetivo. O primeiro deles é ter uma *proposta de valor completo*, sem ambiguidades. Para isso, voltamos à Figura 9.2 e, na hora de fechar o negócio, fazemos para nós mesmos as sete perguntas:

- O QUE? – O objetivo de compra está bem especificado, sem ambiguidades?
- POR QUÊ? – A compra atende à real necessidade do cliente interno?
- QUEM? – O vendedor tem autoridade para fechar?
- QUANTO? – Os preços e as condições são claros?
- QUANDO? – Os prazos de entrega são claros?
- ONDE? – Não há possibilidade de engano sobre o local de entrega?
- COMO? – O diabo está no detalhe, verifique novamente e inclua mecanismos para a resolução de conflitos sem apelar para o judiciário.

Se uma dessas perguntas não for respondida de maneira satisfatória na hora de fechar o negócio, estaremos convidando problemas na hora de implementar o acordo. Além disso, deve-se atentar para alguns outros fatores, como veremos a seguir.

Independente de ser algo simples ou complexo, tenha tudo por escrito, porque, se não escreveu, não vai acontecer. Seja um contrato de 100 páginas, um memorando de entendimentos ou um simples e-mail, todos são formas de documentar o que foi acordado e evitar uma desagradável disputa futuro.

Antecipe o conflito futuro: seja um pedido de compra ou um contrato de fornecimento de 1 ano, o gestor de Compras inteligente prevenia-se para o problema futuro. Na hora de fechar a compra, particularmente com um negociador com alguma tensão, a tendência é celebrar e esquecer o real objetivo: o fornecimento. Muita coisa pode dar errado, às vezes contra a vontade das partes, entre um aperto de mão e o fornecimento do objetivo, de acordo com as condições esperadas. Impostos, câmbios, leis, organogramas mudam. Por isso, o comprador precisa ter o cuidado de antecipar problemas e criar mecanismos que evitem que problemas se transformem em disputas e levem ao fracasso do fornecimento. Com certeza, você deve evitar o caminho dos tribunais para resolver problemas, pois é muito caro, demorado e arriscado (além disso, você pode perder a ação).

Há diversas formas de isso ser feito rotineiramente. Com fornecedores regulares, a área de Compras pode estabelecer uma política de acompanhamento que facilite a comunicação prévia de qualquer problema. Além disso, você pode imprimir nos próprios pedidos algumas instruções e cláusulas padrões que obriguem a comunicação antecipada de qualquer problema, pois isso permite que ambos os lados trabalhem juntos na solução. Além disso, para os fornecimentos mais críticos, que envolvem contratos, o comprador pode – e deve – utilizar cláusulas escalonadas de Resolução Alternativa de Disputas (RAD), também chamadas de cláusulas Med/Arb.

Na euforia de celebrar um acordo complexo, duramente negociado, é muito comum que as partes aproveitem um modelo de contrato padrão que geralmente tem no final uma pequena cláusula definindo em qual tribunal futuro disputas serão julgados. Com isso, se houver um disputa no futuro, em que as partes não consigam resolver por meio de diálogo, os assinantes estão condenando suas organizações a um processo caro, demorado e desgastante, e, na maioria das vezes, desnecessário. Em vez disso, o gestor de Compras deve promover o uso de cláusulas escalonadas do tipo med/arb ou neg/med/arb. Tais cláusulas preveem um período de negociação, seguido de uma etapa de mediação caso a negociação não seja bem-sucedida, seguida de arbitragem se a mediação não resultar em uma solução aceita pelas partes. A cláusula deveria prever a não interrupção de fornecimento durante, pelo menos, as fases de negociação e mediação

Arbitragem é simular a litígio no sentido que ambos resultam em sentença. É diferente por ser privada, voluntária, sigilosa, aplicável apenas a bens disponíveis e, também, por ser definitiva. Não há apelação para outras instâncias, como no litígio, por isso é mais rápida, mas nem por isso é mais barata do que ele. Contratos internacionais normalmente utilizam cláusulas de arbitragem pelo simples fato de que ninguém quer correr o risco de enfrentar o judiciário de outro país.

A mediação é simular a arbitragem no sentido do que é privado, voluntário e sigiloso; porém, o mediador não dá a sentença. Ele ajuda as partes do conflito a encontrar uma solução aceitável por todos e, quando mediados por alguém imparcial e devidamente qualificado, muitos dos conflitos são resolvidos com ganhos para os dois lados. O custo e o tempo necessários podem ser uma fração do custo efetivo para a arbitragem ou litígio, e são seguros no sentido de que, se não houver acordos, as partes estão livres de prosseguir com a arbitragem ou o litígio.

A resolução de conflito mais econômica e rápida é sempre a negociação direta entre as partes, sem envolvimento de um terceiro (mediador, árbitro ou juiz), mas, na hora da briga, às vezes simplesmente não acontece diálogo por uma série de razões, incluindo emoções, acusações de má fé ou informações errôneas.

Por isso, cada vez mais as empresas estão substituindo a tradicional cláusula no final de contrato que define o fórum para a resolução de eventuais disputas para cláusulas de arbitragem ou escalonada de Med/Arb (mediação seguida de arbitragem). Esse assunto é abordado com mais detalhes no livro *Gestão de conflitos – Desafio do mundo corporativo*.[6]

Reconstruir um pequeno investimento no relacionamento e em sua imagem

Fechou o negócio? Deu mão para o outro? Vai para casa? Despediu-se do fornecedor? Ainda não! Há algo que se deve fazer para proteger a sua reputação e preparar o terreno para a próxima negociação, algo que custa pouco e vale muito.

É muito comum que, em uma negociação, os relacionamentos entre vendedor e comprador fiquem estressados. Se isso é uma negociação única, pode parecer sem importância... Entretanto, a maioria das negociações é com pessoas com as quais você terá de negociar no futuro. Além disso, a pessoa pode falar bem ou mal de você e de sua organização. O mundo é pequeno. Isso pode fazer o próximo fornecedor engordar mais seu preço, sabendo que vai ter de "aguentar" um comprador duro por seu lado, ou pode dar prioridade a outros clientes.

Para evitar essa situação, há algo que que pode ser feito, que custa pouco e rende muito: reinvestir no relacionamento. Uma forma de fazer isso é engajar o outro em um diálogo sobre a negociação e o bom

---

[6] BURBRIDGE, R. M.; BURBRIDGE, A. H. M. *Gestão de conflitos:* desafio do mundo corporativo. São Paulo: Saraiva, 2012.

trabalho que vocês dois realizaram, para encontrar uma solução. Você pode elogiar a criatividade do outro, ou qualquer outra característica positiva que notou durante a negociação. Ao trazer o outro para uma conversa desse caráter, você está preparando-o para o momento no qual a pessoa volta para sua organização e talvez receba uma chamada por não ter conseguido mais. Assim, a pessoa estaria com o canto de vitória na garganta, preparada para defender a negociação e, de tabela, você e sua empresa.

Outra técnica útil é identificar algum valor pouco significante na negociação e não ceder. No final, após fechado o acordo, entregue esse item como brinde para celebrar sua boa vontade de ajudar o outro.

Tudo isso é importante porque construir um relacionamento dessa forma custa pouco e pode render muito para futuras negociações.

Concluindo

Neste capítulo, vimos como criar uma proposta de valor completa e que seja consistente com a realidade do momento no espectro de negociação de compra. Demonstramos o uso dessa ferramenta desde a preparação, durante a negociação e na hora de fechar o negócio. Citamos, inclusive, a importância de cuidados, além do processo de negociação, para fortalecer relacionamentos importantes e garantir comunicações efetivas.

Tudo isso pode fortalecer a habilidade do leitor como comprador, trazendo melhores resultados para sua organização e para sua carreira; todavia, o leitor ainda é um indivíduo, e a sua efetividade depende de seu alinhamento com outros na organização.

A vantagem competitiva da organização está diretamente relacionada ao "bialinhamento" das equipes, de cima para baixo e de baixo para cima, em volta de uma cultura da negociação e comunicação comum. Para que isso ocorra, é necessário que os conceitos deste capítulo sejam repartidos com os clientes internos, com outras áreas da empresa, como a advocacia, controladoria, e com a gestão da organização como todo. É neste momento que o comprador e a organização, em geral, se tornam uma equipe integrada e as negociações assumem uma qualidade diferenciada.

SUSTENTABILIDADE E COMPRAS

C. Cesar Buosi Righetti

Sustentabilidade em Compras é um assunto sobre poder e influência na cadeia de suprimentos. Poder, que empresas compradoras têm sobre fornecedoras, de influenciá-las na adoção de padrões sustentáveis na produção de suas matérias-primas e na execução de serviços. Poder que o consumidor tem de exigir que, ao adquirir um produto, este não tenha sido produzido por trabalhadores sub-remunerados ou por crianças desprotegidas em alguma parte do mundo, ou que o processo produtivo desse produto não tenha poluído fontes de água com subprodutos tóxicos.

Nesse sentido, a área de Compras assume o papel de facilitar a seguinte discussão dentro da empresa: "qual é o valor que sustentabilidade traz?". Existe de fato um dilema entre produzir bens e serviços de forma sustentável, ou isso já não é uma escolha? Quais critérios devem ser utilizados na escolha de fornecedores? Como mensurar o valor do benefício de se fazer negócio com fornecedores que comprovadamente trabalham dentro da lei – pagam os direitos trabalhistas e atuam de acordo com normas ambientais?

Compras como uma função estratégica

As tendências atuais que ditam os rumos da função Compras incluem, entre outras, o alinhamento entre a estratégia de Compras à estratégia de negócio, com destaque para a evolução do foco de Compras para o reforço em receitas.[1] Isso significa que a função de Compras continua presente nas iniciativas de redução de custo, como redução de preço pago por matérias-primas e serviços, redução dos estoques necessários e redução do custo da transação – ou seja, redução do custo total de propriedade (*Total Cost of Ownership* – TCO) –, mas também presente nas iniciativas que agregam valor ao produto ou serviço vendido pela empresa por intermédio dos fornecedores, como qualidade, *performance* e serviços agregados ao cliente (Figura 10.1).

Figura 10.1 Melhoria da função Compras: além da contenção de custos

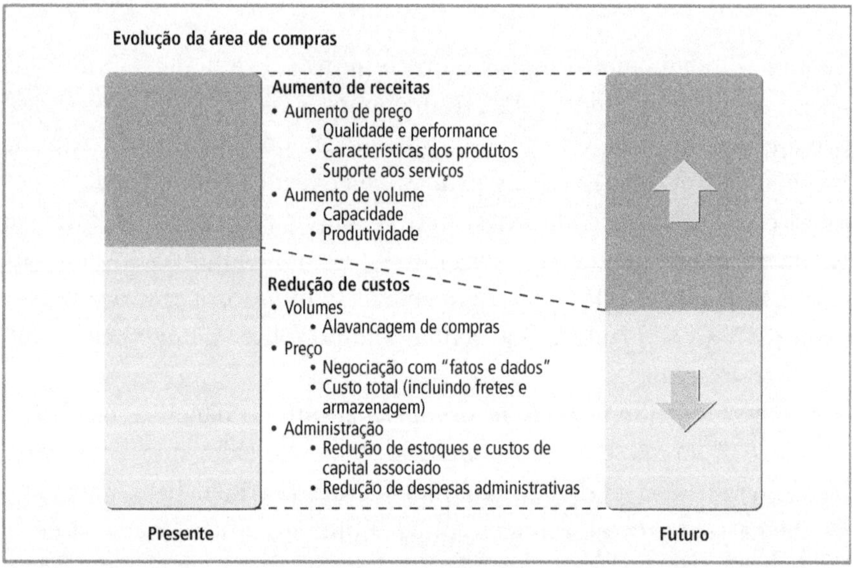

Uma pesquisa recente, conduzida por uma consultoria de gestão[2] com líderes de 295 empresas de todo o mundo (de faturamento médio de 10 bilhões de dólares), indicou que a importância da função Compras

[1] CAVINATO, J. L.; KAUFFMAN, R. G. *The Purchasing Handbook*: A Guide for the Purchasing and Supply Professional. 6. ed. Pennsylvania State University: McGraw-Hill, 2000.

[2] A. T. Kearney Assessment of Excellence in Procurement (AEP) Survey. Disponível em: <www.atkearney.com>.

vem aumentando para os CEOs, requerendo contínua melhoria em redução de custo e agregação de valor além de custo. Entre as iniciativas que vão além da redução de custo, notam-se as de projetos de sustentabilidade (Figura 10.2).

Figura 10.2 Expectativa do CEO com relação às aquisições da organização

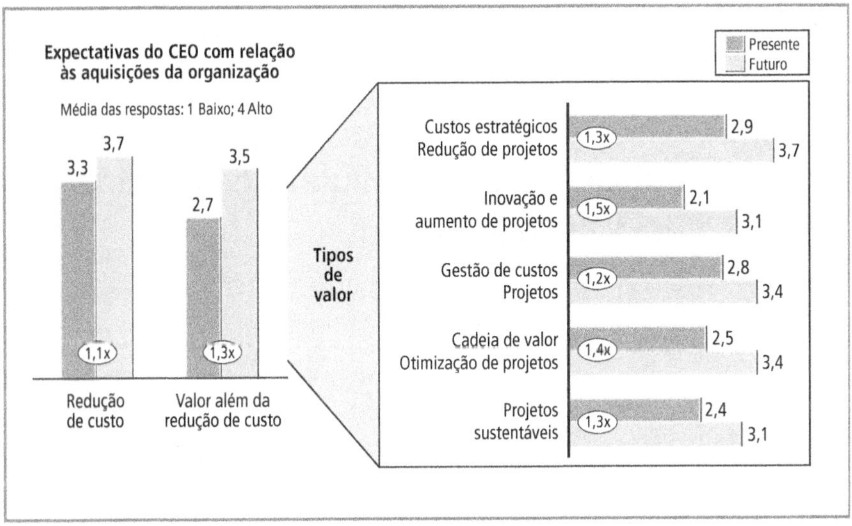

Fonte: AEP CEO Survey 2008.

O *Strategic Sourcing*, método consagrado na redução do TCO e na melhoria da eficiência da empresa por meio da capacidade de seus fornecedores na cadeia, preconiza que a principal alavanca do método é trabalhar na *concepção* da compra – ou seja, a maior parte dos ganhos situa-se no questionamento das necessidades. Isso significa ter um entendimento profundo das necessidades da empresa e atuar na essência: por que e como esse serviço ou produto deve ser adquirido?

Vejamos um exemplo simples de questionamento das necessidades. Suponha que seja preciso instalar uma nova ferramenta (software) na minha empresa. Devo adquirir um novo hardware para utilizar essa ferramenta ou contratar a utilização deste como serviço, utilizando uma plataforma do fornecedor que me garanta as funcionalidades e a disponibilidade? Todos os funcionários precisam ter acesso à ferramenta? Quais funcionários devem ter acesso a quais funcionalidades? Como será a atualização da ferramenta? Qual é o melhor modelo de remuneração dessa ferramenta que atenda aos interesses do comprador e do fornecedor? Para cada resposta, há opções de custo total *versus* benefícios que devem ser analisados pela empresa antes da decisão.

O tema *Strategic Sourcing* é tratado em outro capítulo neste livro. O destaque aqui é a *inclusão da variável sustentabilidade* na avaliação da concepção da compra do produto ou serviço, e é disso que trataremos a seguir.

Sustentabilidade e responsabilidade empresarial: cenário atual e perspectivas

A sociedade está sempre em evolução; entre os elementos das mudanças recentes podemos destacar:

- Cobrança dos consumidores por responsabilidade social das empresas;
- Aumento da consciência dos cidadãos;
- Botão vermelho ao alcance de todos;

A cobrança por responsabilidade social e o aumento da consciência dos cidadãos são uma realidade hoje em dia. Consumidores importam-se quanto à origem dos produtos e cobram de grandes varejistas, por exemplo, que busquem mercadorias de fornecedores certificados. O Walmart desenvolveu o *Sustainability Value Networks Tools*[3] para integrar sustentabilidade entre seus negócios e seus fornecedores, o qual inclui:

- fornecimento ético: "fazer o que é certo para os trabalhadores e para o ambiente" (*Ethical Sourcing* – *"Do what is right for the workers and the environment"*);

[3] Sustainability @ Wal-Mart Report, November 2007.

- produtos: venda de mercadorias sustentáveis, examinando todo o ciclo de vida do produto: manufatura, uso e reciclagem, e *supply chain* – meta de atingir 50% mais eficiência em energia e em fretes.

Com processos e metas estabelecidos em todo o mundo, o varejista busca atender a cobrança da sociedade e de seus clientes. E o que é o "Botão vermelho ao alcance de todos"? É o e-mail do indivíduo. É a página do cidadão na rede social. São vários os casos conhecidos em que cidadãos denunciam, por meio da web, casos que consideram desrespeito ao ser humano ou ao meio ambiente. Um caso emblemático aconteceu com a Nike, fabricante de artigos esportivos, durante os anos 1990, no qual um grupo de ativistas de direitos humanos fotografou crianças em fábricas contratadas no Camboja e no Paquistão produzindo bolas de futebol. Vieram críticas de todo o mundo, acompanhados de boicotes aos produtos. Embora a Nike tenha tomado providências para eliminar ou pelo menos reduzir a prática, eles continuam a contratar sua produção em regiões onde a regulamentação incipiente e a monitoração insuficiente tornam difícil garantir que trabalho infantil não seja usado.[4]

Panorama mundial

A seguir, destacaremos alguns fatos e desafios que são pano de fundo para qualquer discussão sobre sustentabilidade:[5]

A população mundial chegou a 7 bilhões de pessoas em 2012 e deve chegar a 9,2 bilhões, em 2050 – de acordo com as Nações Unidas, esse aumento é equivalente à população mundial total em 1950 e será absorvida predominantemente pelas regiões menos desenvolvidas.

De acordo com o Fundo Monetário Internacional, China e Índia sozinhas retiraram 200 milhões de pessoas da pobreza nos anos 1980 e 1990, movendo dezenas de milhões de pessoas à classe média. São

---

[4] LOCKE, R. M. *The promise and perils of globalization*: the case of Nike, MIT-IPC-02-007, jul. 2002.

[5] FRIEDMAN, T. *Hot, flat and crowded*. New York: Farrar, Straus and Giroux, 2009.

boas notícias, no entanto, isso leva as pessoas ao consumo, o que, consequentemente, demanda mais energia, recursos naturais, terras e água, e também provoca maior emissão de gases de efeito estufa – desde sua produção até seu descarte.

Se, por exemplo, déssemos para cada um dos próximos um bilhão de habitantes somente uma lâmpada incandescente de 60 Watts e todas fossem acesas ao mesmo tempo, seria uma demanda adicional de 60 mil megawatts. Por sorte, essas pessoas não irão acendê-las simultaneamente e nem todas as horas do dia: vamos reduzir para 10 mil Megawatts – considerando somente uma lâmpada por pessoa, ainda assim precisaríamos de cerca de 20 novas usinas de 500 Megawatts cada, muitas delas provavelmente movidas a carvão!

Segundo o Banco Mundial, ainda há 2.4 bilhões de pessoas vivendo com menos de 2 dólares por dia, e milhões delas lutam para participar do mercado de consumo. E mais: estima-se que consumo de energia vai pelo menos dobrar entre 2008 e 2050, graças à combinação de crescimento populacional e maior geração de riqueza oriunda da globalização dos mercados.

Com a pressão sobre o consumo de petróleo e gás, e o consequente aumento do preço destes, já existe hoje uma massiva transferência de riquezas (centena de bilhões de dólares por ano) saindo dos países que consomem para os que produzem, o que está resultando em aumento do poder de líderes que não necessariamente conseguiram isso por desenvolver a economia ou educação de seus países – com destaque Arábia Saudita, Irã, Rússia.

Relatórios das Nações Unidas indicam que as emissões de CO_2 já produziram um aumento de 0,8 graus Celsius na temperatura média da Terra desde 1750. Apesar de pequena, essa mudança já é associada ao aumento significativo de enchentes e secas, assim como à redução da camada de gelo dos polos e da Groenlândia.

Com a previsão de aumento da emissão de CO_2, o aquecimento, por volta do ano 2100, aumentará entre 3 e 5 graus Celsius (comparando às condições do clima pré-industrial), o que pode disparar aumentos do nível do mar, secas e enchentes à "escalas bíblicas" que afetarão a sobrevivência de muitas cidades – muitos climatologistas acreditam que será ainda muito mais quente. Por fim, o potencial de processamento de resíduos do planeta terra já é menor que a produção de resíduos.[6]

Empresas

Quando se listam empresas pelo faturamento e países pelo PIB, a título de comparação das maiores entidades econômicas do mundo, vemos o seguinte:

- Das cem maiores, metade são corporações e outra metade são países;
- As duzentas maiores corporações do mundo empregam menos de 1% da população mundial e, no entanto, controlam cerca de 25% da atividade econômica;
- As quinhentas maiores companhias transnacionais contabilizam 70% do comércio mundial e 30% do PIB global.

O que esses dados ilustram, portanto, é o fato de que empresas detêm poder e influência consideráveis na vida do planeta. Considerando os desafios – e oportunidades – enfrentados pela humanidade, estamos tratando, portanto, do potencial de contribuição das empresas para o desenvolvimento sustentável.

Desenvolvimento Sustentável e o *triple-bottom-line*

Segundo a Comissão Mundial sobre Meio Ambiente e Desenvolvimento da Organização das Nações Unidas, *desenvolvimento sustentável* é aquele capaz de suprir as necessidades dos seres humanos da atualidade sem comprometer a capacidade do planeta de atender às futuras gerações. Em outras palavras, é o desenvolvimento que não esgota os recursos, tornando-os perenemente disponíveis, quando possível.

O conceito de desenvolvimento sustentável tem-se aprimorado em um processo contínuo de reavaliação da relação existente entre crescimento econômico, a sociedade civil e o meio ambiente (Figura 10.3). O *triple-bottom-line* (ou TBL) das dimensões econômica, ambiental e social

[6] KELLY, E. *Powerful times*. New Jersey: Wharton School Publishing, 2005.

da sustentabilidade tem emergido como um modelo de interpretação por parte das empresas, embora cada uma dessas dimensões represente um grande desafio. Além do mais, o segmento corporativo vem atendendo às demandas cada vez maiores da sociedade em face a essas questões, ficando a dúvida quanto à legitimidade dessas ações e o questionamento relativo ao papel das empresas na economia e na sociedade.[7]

Figura 10.3 Desenvolvimento Sustentável e o *Triple Botton Line*

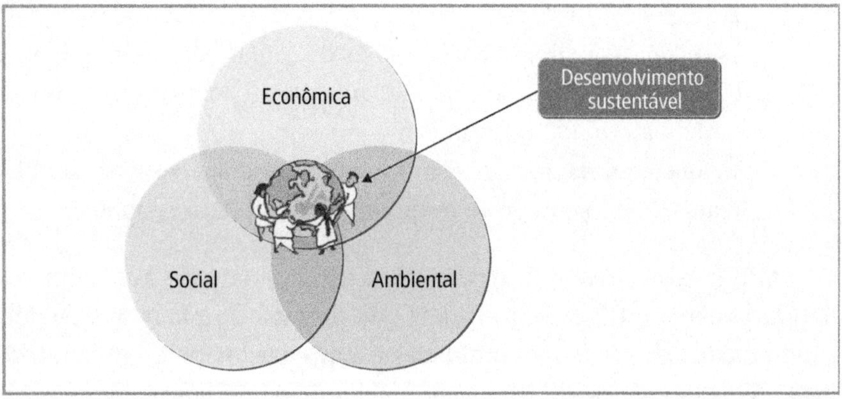

O termo *bottom-line*, que traduzido significa "última linha", no jargão de negócios é utilizado como o resultado final de uma empresa (simplificando: lucro ou prejuízo). Criou-se o triplo *botton-line* visando a definir que não é somente o resultado econômico que interessa, mas também o social e o ambiental.

Empresas importantes, como Dow Chemical, Shell[8] e Natura têm usado a terminologia 3BL ou TBL para o *Triple Bottom Line* em seus relatórios anuais, mas cada companhia tem apresentado seus próprios indicadores de resultados ambientais e sociais.

[7] SILVA, L. S. A. da; QUELHAS, O. L. G. *Sustentabilidade empresarial e o impacto no custo de capital próprio das empresas de aberto.* Rio de Janeiro: Universidade Federal Fluminense, 2006.

[8] SAKURAMOTO, C. et al. *Brazilian reverse supply chain development:* one way to minimize the poverty – a brazilian case study. Euroma, 2006.

Motivadores de novos negócios e sustentabilidade

Lançado o desafio: bilhões de pessoas não têm suas necessidades básicas de consumo atendidas – começando por água potável e passando por pasta de dente, sabonete, papel higiênico, calçado, energia elétrica etc. –, e o planeta tem seus recursos limitados.

O desafio também é uma oportunidade para as empresas, que devem pensar em como crescer, sem deixar de atender às necessidades dos consumidores, com a restrição imposta pela natureza e, também, pensar em como utilizar o poder que as corporações têm para atender a esse desafio. Tentando encontrar respostas a essas questões, o professor Stuart Hart,[9] da Universidade de Cornell, nos traz uma estrutura para que as empresas analisem e definam sua estratégia de valor à luz da sustentabilidade em duas dimensões de Valor ao Acionista: valor atual *versus* futuro, valor interno *versus* valor externo (Figura 10.4).

Figura 10.4 Sustentabilidade e valor ao acionista – *The Sustainable Value Framework* (Prof. Stuart Hart)

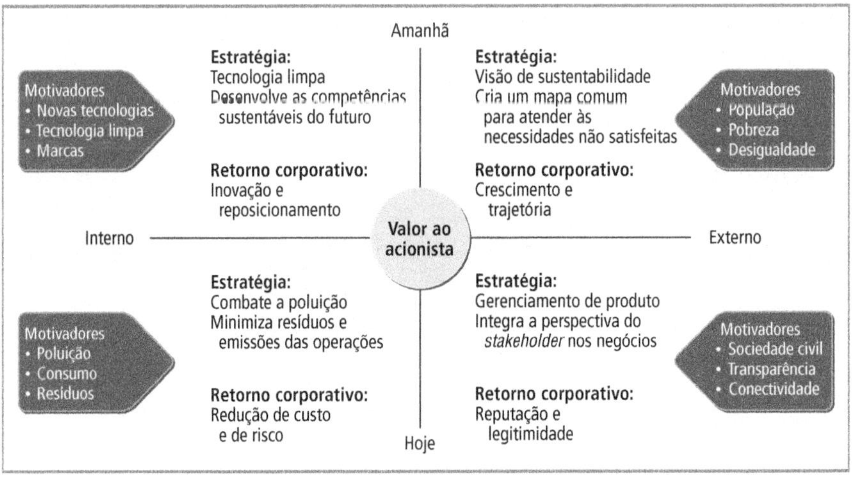

[9] HART, S. L. *Capitalism at the crossroads*. New Jersey: Pearson Education, 2005.

O eixo vertical aborda a necessidade que as empresas têm de gerenciar os negócios atuais enquanto, simultaneamente, se dedica a criar tecnologia e mercados para o futuro. Essa dimensão captura a tensão criada pelas vontades de realização de resultados do curto prazo enquanto também atende às expectativas para crescimento futuro.

O eixo horizontal aborda a necessidade que as empresas têm de investir em e de proteger as capacidades, tecnologias e habilidades internas enquanto, simultaneamente, gera na empresa novas perspectivas e conhecimento vindo de *stakeholders* externos. Essa dimensão captura a tensão criada pelas necessidades de tirar o máximo proveito das competências atuais, enquanto se mantém aberta para novas perspectivas e modelos e tecnologias disruptivas.

A matriz resultante nos traz quatro dimensões distintas de desempenho cruciais à geração de *valor ao acionista*, assim como entendimento da *sustentabilidade de forma relevante* ao negócio, e o quadrante esquerdo inferior foca nos aspectos de desempenho que são primariamente internos e de curto prazo por natureza: redução de custo e de riscos. Consumo de materiais e energia, desperdício e poluição apresentam-se como oportunidade de as empresas baixarem custos e riscos – desenvolvendo habilidades e capacidades em prevenção e ecoeficiência –, o que normalmente envolve mobilização dos colaboradores, melhoria contínua e gestão da qualidade. Um bom exemplo desse quadrante foi o esforço que a DuPont fez nos anos 1990, reduzindo rejeitos da produção da lycra no mundo todo. Resultados: economizou 5 milhões de dólares de custos associados a riscos e tratamento do rejeito, 45 milhões pela redução de matéria-prima, 100 milhões de receita com os subprodutos derivados e outros 100 milhões de investimentos, evitados pelo aumento de capacidade instalada resultante. Isso sem contar o impacto positivo nos funcionários, que passaram a trabalhar em um ambiente muito mais saudável.

Por exemplo, ao aderir aos padrões de sustentabilidade, a empresa reduz seus riscos de trabalhar fora da lei, de contaminar o meio ambiente, e de trazer malefícios aos funcionários e à sociedade[10]. Estudos

---

[10] SAKURAMOTO, C.; RIGHETTI, C. C.; FACCÓ, J.; DI SERIO, L. C. *Brazilian Reverse Supply Chain Development*: one way to minimize the poverty – a Brazilian case study. Euroma, 2006.

comprovam a redução do risco corporativo medido pelo sistemático, determinando a redução do custo de capital e aumento do valor econômico.

O quadrante inferior direito também foca nas dimensões de desempenho de curto prazo em sua essência, mas inclui importantes *stakeholders* externos à empresa: fornecedores e clientes na cadeia de valor, assim como agências e instituições do governo, comunidades, Organizações Não Governamentais (ONGs) e a imprensa, e não respeitá-los pode colocar os interesses da empresa em risco. No entanto, respeitá-los pode diferenciá-la, fortalecer sua reputação e legitimidade necessárias para preservar e aumentar o valor ao acionista.

Em termos práticos, desenvolver e gerenciar produtos e serviços que integram a voz e a necessidade dos stakeholders acaba por também engajá-los na condução dos negócios em andamento. Um exemplo da atuação nesse quadrante foi o caso da Nike mencionado neste capítulo. Ao enfrentar resistências às suas práticas trabalhistas e ambientais, a empresa implementou um plano mundial de monitoria de todas as fábricas contratadas, com auditores externos. A Nike também se tornou um membro importante da *Fair Labor Association* (FLA), um grupo sem fins lucrativos, e ajudou a fundar, em parceria com o Banco Mundial e outras instituições respeitadas, a *Global Alliance*, dedicada a melhorar a vida dos trabalhadores das economias emergentes.

O quadrante superior esquerdo enfatiza o desenvolvimento de tecnologias novas e limpas, seja por desenvolvimento interno ou aquisição de outra empresa. Mais especificamente, esse quadrante foca em tecnologias emergentes – genoma, nanotecnologia, TI e energias renováveis – que poderão tornar muitas das indústrias atuais obsoletas. BP e Shell estão investindo a passos largos em energia solar, eólica e biocombustíveis, o que pode competir em breve com o negócio de petróleo. As empresas automotivas, (Toyota, Honda e GM, por exemplo) já lançaram no mercado motores híbridos, o que reduz significativamente o consumo de combustível.

Por fim, o quadrante superior direito endereça o aumento da população, da pobreza e da má distribuição de renda. E a pergunta que se faz é: como atender a bilhões de pessoas pobres da base da pirâmide? Cabe aqui um novo olhar das empresas sobre como atender às muitas necessidades não atendidas dessas pessoas com uma economia mais inclusiva, caracterizada pela colaboração com *stakeholders* previamente ignorados pelas empresas (como ambientalistas, representantes de sem-teto etc.). Tal olhar pode ajudar as empresas a abrir novos caminhos para o crescimento. Um caso emblemático aqui é do Grameen Bank, em Bangladesh, do professor Muhammad Yunnus. Com foco em entender às necessidades de crédito de populações não "bancarizadas", ele desenvolveu e disseminou a utilização do microcrédito e do risco compartilhado entre os tomadores, atingindo milhões de pessoas e de pequenos negócios, e chegando a 98.9% de taxa de não inadimplência, mais alta que bancos norte-americanos e europeus. Em outro exemplo, na região nordeste do Brasil, empresas adaptaram as embalagens de seus produtos de forma a viabilizar valores de ticket médio menores, mais adequados à capacidade de pagamento diário inferior do consumidor local.

Sustentabilidade na cadeia de suprimentos

Resumindo o que dissemos até agora: o mundo tem desafios, desenvolvimento sustentável é a resposta à restrição de recursos do planeta, e empresas têm a oportunidades de crescer ao responder aos desafios. Falta um elemento: como as organizações podem utilizar sua influência de mobilizar outras empresas e instituições na adoção de princípios sustentáveis?

Empresas estão ligadas às outras na sua cadeia de suprimentos e dependem de fornecedores na adoção do desenvolvimento sustentável – não faz sentido uma empresa ser sustentável isoladamente. Uma companhia que utiliza serviços de empresas terceirizadas (*outsourcing*) que não seguem os princípios da sustentabilidade acaba por "contaminar" o produto ou serviço que entrega.

Assim, cabe muitas vezes à área de Compras (ou de "suprimentos", dependendo da terminologia adotada pelas empresas) protagonizar o desenvolvimento da sustentabilidade na cadeia, dado o papel de interface com os fornecedores da cadeia de suprimentos.

A terceira dimensão na matriz estratégica de Compras – case de um grande banco de varejo no Brasil

Vamos descrever o caso de um banco de varejo que esteve entre os quatro maiores bancos privados do Brasil. Na época, um *baseline* de

Compras de R$ 3,5 bilhões ao ano – bastante relevante, portanto. As categorias de Compras contratadas pelos bancos são:

- TI: hardware (PCs, *mainframes*, caixas eletrônicos, equipamentos de segurança) e software; serviços diversos de processamento e de telecomunicações;
- Serviços: segurança, infraestrutura de *call-center*, transporte de valores e de documentos, impressão, logística de entrega de impressos, limpeza, manutenção, alimentação de funcionários, aluguel de automóveis e viagens;
- Consultorias e serviços especializados de diversos tipos;
- Papel e impressos;
- Obras: agências e instalação de postos.

Tais categorias, dispostas na matriz estratégica de Compras do banco, estão representadas a seguir (Figura 10.5), propositadamente sem legendas. Cada círculo representa uma categoria, na qual o seu tamanho é proporcional ao *baseline* anual.

Figura 10.5 Matriz estratégica de Compras de um grande banco (ilustrativa)

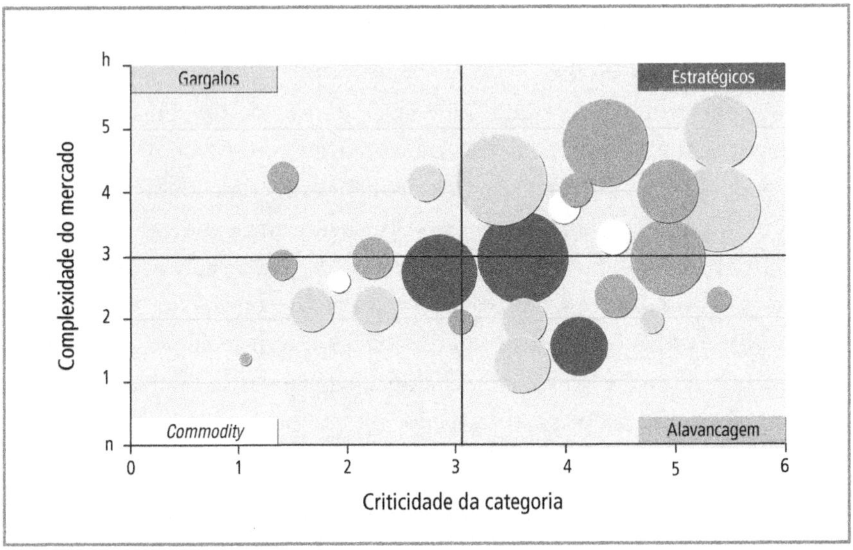

Veja que há categoria nos quatro quadrantes: estratégicos, alavancagem, gargalos e *commodities*. O banco tinha sustentabilidade na agenda do CEO e dos funcionários, e existiam dezenas de iniciativas na empresa para disseminar a ideia e a prática de sustentabilidade com todos os *stakeholders*:

- *Clientes* (pessoas físicas e jurídicas): análise de risco socioambiental na escolha de clientes, financiamentos socioambientais, microcrédito, financiamentos para mudanças climática, poupança florestal, papapilhas nas agências etc;
- *Funcionários*: ecoeficiência (coleta seletiva, papel reciclado, inventário de CO_2), diversidade, ferramentas para inclusão de deficientes etc;
- *Comunidades*: Projeto Escola Brasil, Universidade Solidária, Crédito Certo, Produção de energia com inclusão social, etc.

No que diz respeito aos *fornecedores*, muitas iniciativas de conscientização, alinhamento e estímulo sobre conceitos e práticas de sustentabilidade foram feitas, seja nos fóruns de fornecedores (eventos com diversos fornecedores), seja em reuniões, e principalmente, na prática (*walk-the-talk*). O contrato refletia o que havia sido combinado e negociado, e o que se exigia do fornecedor era o estava no contrato – simples assim, mas que nem sempre se verifica nas relações fornecedores-clientes.

Em particular, foi criada uma "área de gestão de relacionamento com fornecedores", isenta e fora da área de Compras, com o objetivo de receber questões e reclamações provenientes da cadeia de fornecedores, de forma a garantir que estes tivessem um canal de comunicação dentro do banco, além do canal usual com áreas usuárias e de Compras. Também foi criada a Política de Terceirização de Serviços, com o objetivo de estabelecer as diretrizes que norteavam os processos de terceirização do banco, visando a garantir a identificação e a administração de riscos de reputação, estratégicos, operacionais e jurídicos inerentes a esses processos.

A dimensão sustentabilidade foi incorporada à matriz de Compras, com o objetivo principal de se medir os riscos associados à contratação e gestão do fornecedor. Assim, media-se qual o risco socioambiental que determinada *categoria* podia representar ao banco. A escala de impactos baseada nas seguintes variáveis:

- *Social*: riscos das relações de trabalho de terceiros – cooperativas, subcontratados ou residentes – e riscos para a segurança do trabalhador – acidentes;
- *Governança*: impactos por descumprimentos das obrigações fiscais, legais ou sonegação;
- *Gestão*: risco em função da capacitação, treinamento ou postura do profissional e de gestão das operações;
- *Ambiental*: impacto dos insumos consumidos, reutilização e reciclagem, resultando em potencial de impacto alto, médio ou baixo.

Ao se incorporar a análise do impacto do ponto de vista da sustentabilidade, a matriz de Compras resultante ficou conforme a Figura 10.6.

Figura 10.6 Matriz estratégica de Compras de um grande banco, incluindo-se a dimensão sustentabilidade

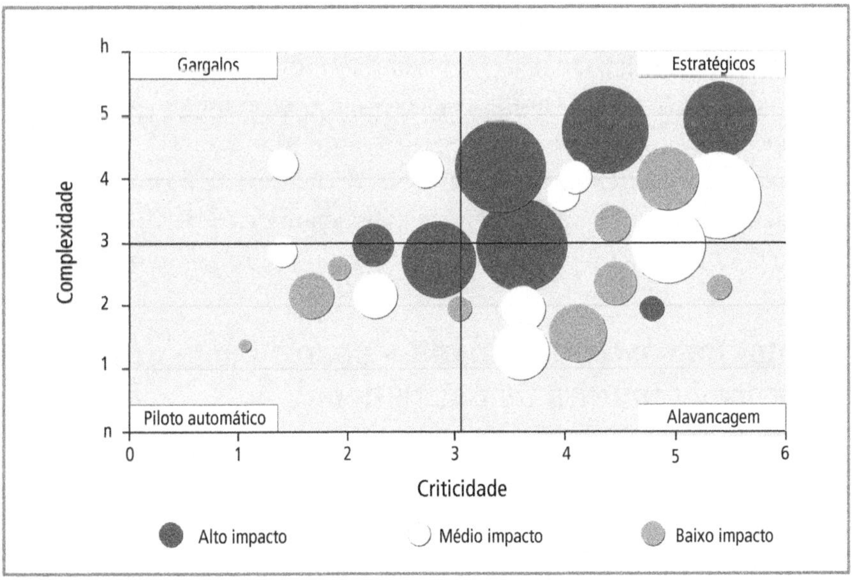

A principal conclusão que tiramos desta matriz é que existem categorias com potencial *alto de impacto* (caso a contratação e/ou gestão não esteja de acordo com os valores da empresa contratante) nos *quatro quadrantes*. Para ilustrar, vejamos o caso da categoria "limpeza", por exemplo. O banco na época organizava um *strategic sourcing* para o serviço de limpeza para suas 1.200 agências espalhadas pelo Brasil, além dos prédios administrativos. O risco da "categoria de Compras limpeza" (uma categoria tipicamente não estratégica) foi avaliado como alto: o risco do banco estava associado ao não pagamento de funcionários subcontratados pelas empresas de limpeza, além da disposição não adequada das condições de trabalho (treinamento, equipamentos, disponibilidade de produtos de limpeza etc.) . Ao executar um processo de *sourcing* desse serviço, o banco incorporou uma análise do histórico das empresas concorrentes sobre seus passivos trabalhistas na *Request for Proposal* (RFP) – o que acabou por reduzir o número de empresas concorrentes. Em algumas regiões do país, a área de Compras teve de buscar novas empresas, de forma a conseguir um bom nível de competição e qualidade de fornecedores sem expor o banco ao risco de sustentabilidade.

Resumindo, o processo de *sourcing* pode ser complexo em todos os quadrantes quando se respeita a dimensão sustentabilidade por envolver novos critérios de avaliação de fornecedores. Sendo assim, é importante que a área de Compras comunique bem essa característica aos seus clientes internos (começando pelo presidente), de forma a alinhar as suas necessidades de prazos e de informações para executar um processo de *strategic sourcing* completo. É necesário lembrar que a gestão dos fornecedores deve ser coerente com os critérios de seleção, de forma a garantir, em particular, que os riscos identificados sejam monitorados de acordo com o risco socioambiental apontado para a categoria em questão.

O valor da sustentabilidade – *case* de uma grande empresa brasileira de cosméticos[11]

Vamos descrever abaixo o *case* de uma empresa de cosméticos brasileira, cuja essência é profundamente ligada ao uso sustentável de recursos

---

[11] STRICKER, M. et al. *The true value of sustainability*. A. T. Kearney Brasil, 2012.

naturais. Desde sua fundação, a empresa foca em incentivar o desenvolvimento sustentável e promover o uso responsável da biodiversidade. Quando já fazia o que considerava o básico, considerou que não era mais o suficiente – e assim se colocou a seguinte questão: "qual é o valor da sustentabilidade?". Tal ideia inovadora a levou a tornar toda sua cadeia de suprimentos mais sustentável.

Para impactar de fato seus fornecedores, essa empresa teria que desviar de armadilhas normalmente enfrentadas por empresas que promovem a sustentabilidade. É verdade que muitas empresas já incluem alguma forma de avaliação social e ambiental em seu processo de seleção de fornecedores. No entanto, estas normalmente dizem respeito a satisfazer os requisitos mínimos legais, e quando o desempenho além das "áreas proibidas" é considerado, tais tópicos assumem um alto grau de subjetividade e um baixo peso na tomada de decisão. A resposta, em suma, deve, então, vir na forma de um objetivo e de um processo de avaliação de alta relevância, no qual os fornecedores podem facilmente compreender (e concordar) e que teve um impacto real sobre o processo de seleção de fornecedores da empresa.

Para chegar a critérios objetivos de avaliação social e ambiental não foi fácil. O caminho mais óbvio seria medir, em termos monetários, o impacto real que eventos como a emissão de uma tonelada de gases de efeito estufa ou a contratação de um empregado deficiente teria sobre a sociedade como um todo. Simples no conceito, mas difícil de colocar em prática, essa ideia forma a base do *"Triple Bottom Line"* do modelo, em que, por exemplo, o benefício gerado pelo investimento na formação dos empregados compensa parte do "custo econômico" de um produto, dando às empresas sociais e ambientalmente conscientes uma vantagem nos processos de seleção de fornecedores.

Reconhecendo que a monetização dos impactos sociais e ambientais seria um esforço pioneiro, a empresa buscou apoio externo de uma consultoria para desenvolver a metodologia de monetização inovadores.

O desafio da valorização (monetização) das externalidades

A metodologia de desenvolvimento começou com a compreensão dos aspectos sociais e ambientais considerados mais relevantes pela empresa, em particular para o seu ecossistema e para sua base de clientes. A cada 2 anos, o Comitê Multidisciplinar de Sustentabilidade da empresa prepara uma lista de tópicos-chave de sustentabilidade em que ela deve se concentrar em continuar incentivando a sustentabilidade em seu dia a dia das operações. Para o período 2009-2010, a empresa selecionou:

- a Floresta Amazônica e sua biodiversidade;
- os efeitos de gases de efeito estufa;
- resíduos gerados por seus produtos em todo seu ciclo de vida;
- qualidade do relacionamento entre as pessoas;
- educação; e
- o uso da água.

Esses seis temas prioritários se tornariam a base da iniciativa de Gestão de *Triple-bottom-line* da cadeia de abastecimento da empresa.

A companhia sabia que o sucesso da iniciativa em grande parte depende da aprovação e do envolvimento dos fornecedores. Por essa razão, seus fornecedores mais relevantes (mais de cinquenta empresas) foram convidados a participar nas sessões iniciais de *brainstorming* que formaram a espinha dorsal da metodologia. Com o "desenvolvimento de uma cadeia de suprimentos mais sustentável" como um objetivo global, grupos de trabalho formados por funcionários, executivos dos fornecedores e consultores analisaram os processos de cada categoria de "comprado do berço ao berço" (*cradle to cradle*), identificando, discutindo e qualificando cada "externalidade inerente" (em termos econômicos, um impacto positivo ou negativo resultante de uma das partes não diretamente envolvidos na ação originária). Por meio desse *workshop*, a empresa era capaz de não só identificar externalidades, suas causas-raiz e alavancas de mitigação, mas também, e mais importante, para obter o crítico engajamento de seus principais fornecedores e demais *stakeholders* da cadeia de suprimentos.

Como segundo passo, especialistas em sustentabilidade contratados pela empresa realizaram um extenso processo de pesquisa, incluindo fontes de todo o mundo (como o instituto *The Economics of Ecosystems and Biodiversity* – TEEB), garantindo que conhecimentos de ponta seriam incorporados à metodologia de monetização. As externalidades identificadas foram priorizadas, tendo como principais direcionadores os seus impactos sociais e ambientais, sua relevância de acordo com seis temas prioritários para a empresa e o grau em que eles estavam sob controle direto dos fornecedores.

O exercício de priorização levou a empresa a selecionar nove principais externalidades sociais e ambientais, o que, a partir desse ponto, se tornam o foco do esforço da equipe.

- Externalidades ambientais selecionadas:
  - emissão de CO_2;
  - consumo de água; e
  - geração de resíduos sólidos.

- Externalidades sociais selecionadas:
  - educação do empregado;
  - treinamento de funcionários;
  - segurança do trabalho;
  - "inclusão social" (contratação de empregados com deficiência);
  - investimentos diretos na sociedade; e
  - outros benefícios sociais

Cada uma dessas externalidades sociais e ambientais teve de ser "monetizada", e algumas das questões relevantes a serem abordadas foram: "Quanto custa uma tonelada de CO_2 para a humanidade em termos de dano ambiental?"; "Quanto vale a educação para determinado indivíduo?"; e "Quanto uma sociedade ganha quando uma pessoa com deficiência é empregada?". Ao responder a tais questões, tornou-se importante diferenciar entre custo ou benefício intrínseco de cada externalidade e os custos associados com a mitigação de seus impactos.

Para fazer essa diferenciação clara, pode-se pensar, por exemplo, sobre os custos de danos ambientais e de mitigação de emissões de CO_2. Enquanto os créditos de carbono geralmente são adquiridos por empresas que desejam reduzir suas próprias emissões ("custo de mitigação"), o verdadeiro custo ambiental das emissões de CO_2 não pode ser simplesmente definido como o valor de um crédito de carbono (que é sujeito a "oferta e demanda" do mercado), mas deve incluir, por exemplo, os custos incrementais de saúde pública e as perdas de receita agrícolas causadas por mudança climática em virtude dos gases de efeito estufa.

Com foco definido na identificação do custo-benefício intrínseco de cada externalidade, a força-tarefa de monetização combinou conhecimento acadêmico e métodos pragmáticos de resolução de problemas para "traduzir" os impactos de externalidades em termos monetários. Alguns dos resultados (e lógicas de apoio) são apresentados a seguir:

- *Emissão de CO_2 (US$ 93/ton)*: considera o custo estimado dos danos ambientais causados por uma tonelada de CO_2 emitido na atmosfera (chamado "custo social do carbono"). Esse custo é calculado por meio de modelos econômicos de relação custo-benefício que tentam identificar o custo necessário para estabilizar os gases de efeito estufa na atmosfera. Tal justificativa é baseada em estudos de Nicholas Stern e do Professor Frank;[12]
- *Educação (impacto variável, dependendo do nível de ensino a que o trabalhador está exposto)*: mede o salário incremental gerado por toda a vida econômica de um empregado por atingir um maior nível de escolaridade. O salário incremental é considerado como sendo a diferença entre os salários médios para cada nível de ensino, descontado a valor presente;
- *Inclusão Social/contratação de trabalhadores com deficiência (US$ 10.700 por empregado com deficiência contratado)*: para medir os ganhos quanto a sociedade ganha quando uma pessoa com deficiência é empregada, as taxas de desemprego para trabalhadores com ou sem deficiência foram considerados (a consultoria concluiu que no Brasil, a taxa de desemprego de um pessoa com deficiência é mais de dez vezes maior do que a taxa média do país). As diferenças de taxas de desemprego são então aplicadas ao salário do trabalhador médio, levando à conclusão de que a contratação de um indivíduo deficiente gera mais riqueza para a sociedade como um todo.

---

[12] ACKERMAN, F. et al. Economics for Equity and the Environment Network. *Stern Review*, 2009.

Aplicação prática

Tendo concluído o processo de desenvolvimento da metodologia, a empresa avançou para implementá-la, iniciando seu primeiro programa de *strategic sourcing "Triple Bottom Line"*.

Em seu primeiro pedido de informações (*Request for Information* – RFI), a companhia complementou as questões tradicionais (como os valores desses fornecedores a respeito de práticas sociais e ambientais) com perguntas específicas sobre como cada empresa lidou com os nove externalidades abordadas pela metodologia. A resposta do mercado foi impressionante, com fornecedores de todo o mundo reconhecendo as novas questões, como a evolução do trabalho nos quais eles mesmos tinham se envolvido durante as sessões iniciais de *brainstorming*.

Com um número de fornecedores selecionados entre aqueles que se classificaram respondendo à RFI, a empresa lançou um processo de cotação real (*Request por Proposal* – RFP). A RFP, além de abordar temas econômicos comuns (como o preço e flexibilidade), colocou perguntas quantitativas *Triple Bottom Line*, como a geração de resíduos, o volume de consumo de água e número de indivíduos com deficiência empregados pela empresa. Os resultados da TBL de uma RFP de uma grande empresa de cosméticos é apresentada na Figura 10.7.

No entanto, a intenção da empresa não foi apenas julgar os fornecedores e selecionar os mais competitivos, mas também fornecer *feedback* pertinentes e instigar cada companhia a melhorar as suas práticas sociais e ambientais. Por meio de uma rodada de negociação e *feedback Triple Bottom Line*, cada fornecedor foi orientado sobre quais *drivers* específicos devem se concentrar (com *drivers* que variam desde a tradicional competitividade de preços até novas metas de emissão de CO_2 por meio de mudanças na tecnologia, logística e outros elementos e iniciativas sociais relevantes). Veja a Figura 10.8.

Foram observadas reações interessantes assim que os *feedbacks triple-bottom-line* foram apresentados aos fornecedores, e isso inclui sua posição competitiva. Um grande exemplo vem de um fornecedor de papel impactado negativamente por suas emissões de CO_2, o qual se propôs a fornecer material à empresa por meio de uma planta de produção alternativa (alimentado por uma matriz energética mais sustentável).

Figura 10.7 Resultados TBL de uma RFP de uma grande empresa de cosméticos

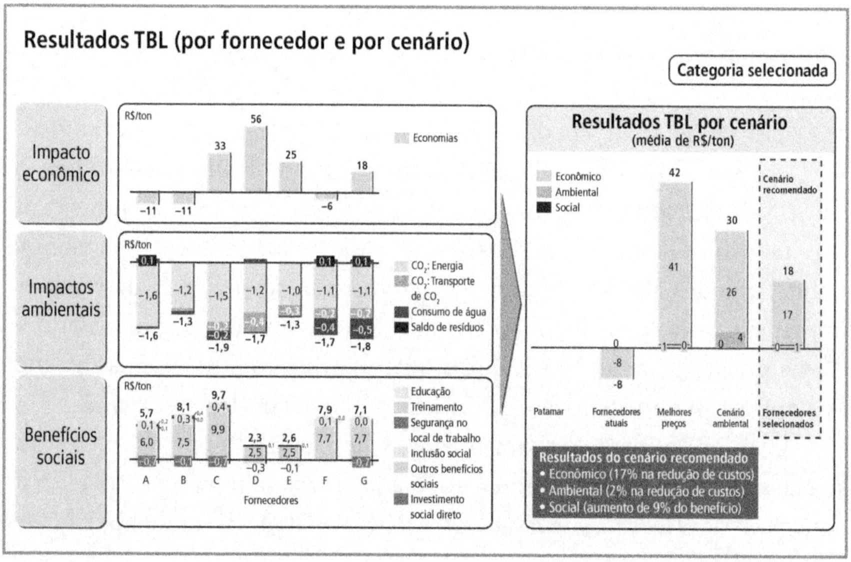

Figura 10.8 Exemplo de *feedback* de resultados *Triple-Bottle Line* para o fornecedor

Dimensão	Posição *versus* referência (melhores concorrentes)						
	Valores a serem reduzidos	**Até 20%**	**De 21 a 40%**	**De 41 a 60%**	**De 61 a 80%**	**De 81 a 100%**	**Acima de 100%**
Econômica	Custo total	✓					
Ambiental	Emissão de CO_2			✓			
	Eliminação de resíduos	✓					
	Consumo de água						✓
Social	Acidentes sem afastamento	✓					
	Acidentes com afastamento temporário	✓					
	Acidentes com afastamento definitivo	✓					
	Valores a serem ampliados	**Até –20%**	**De –21 a –40%**	**De –41 a –60%**	**De –61 a –80%**	**De –81 a –100%**	**Não tem**
Ambiental	Consumo de matéria-prima reciclada	✓					
Social	Investimento em educação primária e técnica	✓					
	Investimento em educação superior			✓			
	Carga-horária de formação				✓		
	Funcionários portadores de deficiência				✓		
	Salário médio (administração direta)			✓			
	Investimento social direto	✓					

Medidas adicionais

Dando um passo adiante, a equipe do projeto percebeu que a ambição da empresa com relação à redução das emissões de CO_2 foi tão expressiva que a liderança da equipe estava disposta a incorrer em um custo mais elevado do que o definido como o "verdadeiro custo ambiental de CO_2", a fim de minimizar suas emissões. Para lidar com esse compromisso, uma "taxa de retorno de carbono" foi implementada (com o seu valor com base no custo médio por tonelada de CO_2 incorridos pela empresa em seus projetos de redução das emissões). De acordo com esse conceito, os fornecedores que seriam selecionados com base no desempenho de *Triple Bottom Line* poderiam agora ser desclassificados se suas emissões de CO_2 não conseguissem reduzir a taxa de carbono da empresa. Um exemplo representativo aconteceu com um determinado fornecedor, que, apesar de oferecer um benefício significativo *Triple Bottom Line* (incluindo benefícios econômicos substanciais de cerca de US$ 1,5 milhão), foi desclassificado por não atingir a taxa-limite de carbono. Além disso, os projetos que apresentaram custos adicionais (mas que contribuíam para reduzir as emissões de CO_2) foram avaliados e implementados.

Resultados para a empresa

A iniciativa da empresa foi bem-sucedida quando analisada a partir de múltiplas perspectivas. Primeiro, foi capaz de captar relevantes benefícios *Triple Bottom Line* e melhorar a flexibilidade de sua cadeia de fornecimento. Segundo, levou sua abordagem de gestão da sustentabilidade voltada para um nível totalmente novo a principais fornecedores que se comprometam a melhorar o seu próprio desempenho social e ambiental. Mais importante, no entanto, foi que a nova metodologia "TBL" posicionou a empresa na vanguarda dos esforços de sustentabilidade corporativa e serviu como um exemplo marcante de uma empresa que segue as suas convicções além das dimensões econômicas geralmente aceitas.

Embora a metodologia possa não ser perfeita de um ponto de vista acadêmico, precisamos admitir que a atribuição de valores monetários aos aspectos fundamentais da vida humana (como o uso de água e impacto da educação incremental na sociedade) é bastante relevante. No entanto, a empresa considera ser um valioso começo, um primeiro passo de uma longa jornada, para garantir um mundo sustentável para as gerações futuras. Ao dar o primeiro passo, a empresa espera iniciar uma reação em cadeia positiva, abrindo caminho para outras empresas a adotar e desenvolver a metodologia.

Concluindo

Tendo como contexto, por um lado, o crescimento da população mundial (ultrapassando os 9 bilhões de pessoas em 2050) e o consequente aumento da pressão sobre os recursos naturais e, pelo outro, o aumento da exigência por parte dos consumidores sobre as empresas, estas se deparam com um grande desafio: incorporar sustentabilidades em suas agendas.

A área de Compras (ou suprimentos) já ocupa uma posição estratégica nas empresas, com destaque nas multinacionais – a expectativa dos CEO´s com respeito a esta área vai muito além da redução de custos.

Assim, tendo Compras como uma das principais interfaces entre empresas e seus fornecedores, em particular no momento da escolha do fornecimento ou renovação de contratos, cabe a essa área liderar ou facilitar a discussão sobre a *inclusão da variável sustentabilidade* na avaliação do fornecedor, dos produtos e/ou dos serviços que estão sendo contratados.

Foi apresentado o conceito de desenvolvimento sustentável, no qual se busca o equilíbrio entre resultados econômicos, sociais e ambientais. Nesse sentido, algumas empresas adotaram o conceito do *Triple Botton Line* (ou TBL) na busca de mensurar e comparar estas três dimensões.

As empresas que adotaram o desenvolvimento sustentável em suas agendas desenvolveram metodologias com o objetivo de mensurar os impactos sociais e ambientais, e compará-los aos resultados econômicos. Dessa forma, acreditam poder definir o valor da sustentabilidade para seus produtos e serviços, e, consequentemente, elaborar suas estratégias de ação decorrentes dessa atribuição de valor e alinhar a comunicação com seus acionistas, consumidores, colaboradores e fornecedores.

TRIBUTAÇÃO EM COMPRAS

Fabio Miguel

Neste capítulo, você estudará:

- Quais são os principais tributos no Brasil;
- O impacto dos tributos nas negociações de Compras de matéria-prima, máquinas e serviços;
- As oportunidades fiscais para redução de custo.

O que é imposto? O que é taxa? Para que fins se cobram impostos e em que sua arrecadação é utilizada? De que modo as empresas são impactadas pela carga tributária? É indispensável que o departamento de Compras das empresas conheça as áreas fiscais ou delas tenha grande apoio, porque o comprador que desconhece a tributação dos produtos e serviços que impactam suas negociações também não conhece o verdadeiro custo negociado.

Quando acendemos a luz, pagamos mais de 40% de impostos; quando tomamos um café, pagamos 36%; quando fumamos um cigarro, pagamos mais de 80%, e, ao usarmos um celular, pagamos esta série de impostos: PIS/Cofins, ICMS, Funtel, Fust. Estudos comparativos mostram que o preço final de um veículo no Brasil tem 32% de impostos embutidos, ao passo que nos, Estados Unidos, esse índice é de apenas 6% a 9% (Figura 11.1).

Figura 11.1 Participação dos impostos nos veículos

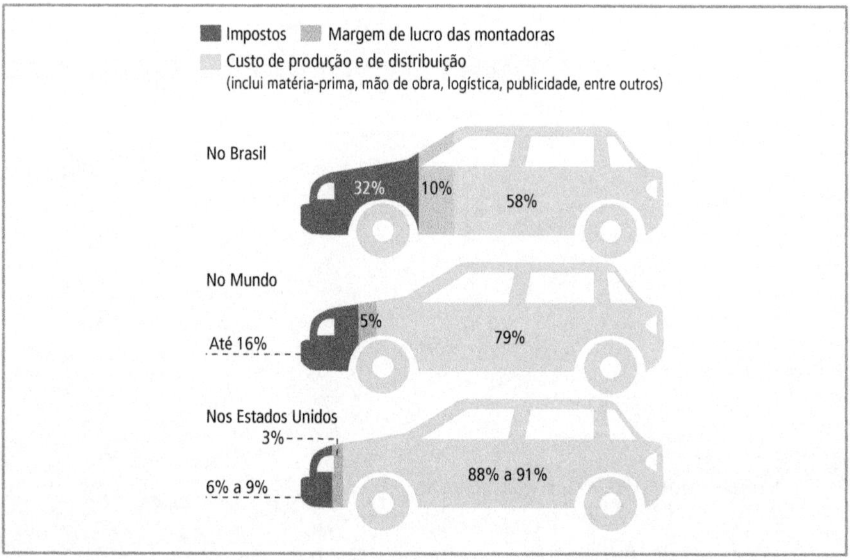

Fonte: Jornal *O Globo*.

A Tabela 11.1, a seguir, mostra o peso que têm no Brasil os impostos sobre os produtos.

A origem dos impostos está associada à origem do Estado. O homem abriu mão da sua liberdade e de seus recursos a fim de ter mais segurança, melhor saúde e outros benefícios, e, nesse cenário, o governo atua como o síndico de um condomínio, ou seja, é o responsável pelo gerenciamento do prédio e pelos serviços de água, luz e limpeza, entre outros.

Romanos, egípcios e todas as civilizações passadas cobravam impostos dos cidadãos para sustentar o poder, e os povos colonizadores também utilizavam os impostos para manter o domínio que exerciam. Com frequência, os impostos foram responsáveis por guerras e conflitos, como as guerras da inconfidência mineira e baiana. No tempo do Brasil colônia, a tributação já era alta e cobrava-se o "quinto", ou seja, a parcela equivalente a 20% do ouro arrecadado, e isso deu origem à expressão "quinto dos infernos".

Os impostos podem variar internamente nos países, mas, em geral, a tributação recai sobre a renda, a propriedade, a produção e o

Tabela 11.1 Peso dos tributos nos produtos

Produtos	%	Produtos	%
Álcool	43,28	Papel higiênico	40,50
Sabão em barra	40,50	Sabonete	42,00
Sabão em pó	42,27	Shampoo	52,33
Esponja de aço	44,35	Condicionador	47,01
Saponáceo	40,50	Pasta de dente	42,00
Desinfetante	37,84	Desodorante	47,25
Água sanitária	37,84	Cigarro	81,68
Amaciante	43,16	Panelas	44,47
Detergente	40,50	Copos	45,60
Carne bovina	18,67	Pratos	44,76
Frango	17,91	Garfos e facas	42,70
Peixe	18,02	Brinquedos	41,98
Feijão	18,00	Torradeira	45,89
Margarina	37,18	Microondas	56,99
Frutas	22,98	Fogão de quatro bocas	39,50
Arroz	18,00	DVD	51,59
Leite	19,24	Ferro de passar	44,35
Achocolatado	37,84	Batedeira	43,64
Sal	29,48	Telefone celular	41,00
Açúcar	40,50	Aparelho de som	38,00
Farinha	34,47	Liquidificador	43,64
Macarrão	35,20	Ventilador	43,16
Biscoito	38,50	Televisão	38,00
Óleo	37,18	Refrigerante	47,06
Café	36,52	Computador	38,00
Iogurte	24,00	CD	47,25
Ovo	21,79	Livros	23,75
Chocolate	32,00	Aparelho de barbear	41,98
Ervilhas	35,86	Gasolina	53,03
Molho de tomate	36,66	Roupas	37,84
Milho verde	37,37	Sapatos	37,37
Refresco em pó	38,32	Casa popular	49,02
Suco	37,84	Telha	34,47
Água mineral	45,11	Tijolo	34,23
Refrigerante	47,00	Vaso sanitário	44,11
Cerveja lata	56,00	Tinta	45,77

Fonte: Fiesp, 2011.

consumo. No Brasil, com a introdução da Contribuição Provisória sobre a Movimentação ou Transmissão de Valores e de Créditos e Direitos de Transmissões Financeiras (CPMF), cobrou-se imposto até mesmo sobre uma simples transação financeira e sobre o investimento de quem se propunha a construir uma fábrica ou comprar uma máquina; ou seja, tributava-se antes de a empresa iniciar sua produção. Imagine a produção de um simples pãozinho: ao vender o trigo, pagava-se a CPMF sobre o trigo vendido; para produzir a farinha, pagava-se novamente a CPMF e, depois, para vender o pãozinho, pagava-se a CPMF uma terceira vez.

Tendo em vista todo esse contexto, este capítulo mostra como o sistema tributário brasileiro é formado, quais são os seus principais impostos (ICMS, IPI, PIS/Cofins, ISS) e de que modo estes impactam a estrutura de custo das negociações de Compras. Por fim, uma série de casos de redução de custo sob a óptica tributária é apresentada.

Os impostos no Brasil

De acordo com um estudo da Federação das Indústrias do Estado de São Paulo (Fiesp), as empresas gastam aproximadamente 1,16% do seu faturamento para sustentar uma estrutura tributária que as mantenha em conformidade com a legislação tributária, um índice representa 2,6% dos preços finais dos produtos industriais. No custo citado estão incluídos gastos com especialistas tributários e advogados, bem como com o pagamento de despesas judiciais e de implementação de softwares.

De acordo com dados do IBPT, o contribuinte brasileiro trabalha cerca de 5 meses para pagar todos os tributos exigidos pelo Estado brasileiro nos âmbitos federal, estadual e municipal, seja em virtude da tributação incidente sobre o rendimento (salários), como o Imposto de Renda (IR), a contribuição para o Instituto Nacional de Seguridade Social (INSS) e as contribuições sindicais, seja em decorrência de impostos sobre os produtos e serviços (PIS/Cofins, ICMS, IPI, ISS, IPVA e IPTU, entre outros).

O nível da carga tributária brasileira, em torno de 36% do PIB, é superior ao de muitos países da Organização para a Cooperação e Desenvolvimento Econômico (OCDE), como o Japão e o México, e inferior ao de países como a França, a Dinamarca e a Suécia (Tabela 11.2).

Tabela 11.2 Carga Tributária em Países da OCDE

País	Carga tributária	País	Carga tributária
Japão	18,4%	Reino Unido	36,6%
México	19,8%	Luxemburgo	36,9%
Turquia	23,7%	Espanha	37,2%
Estados Unidos	28,3%	Holanda	38,0%
Corea	28,7%	Hungria	39,3%
Suíça	29,7%	Islândia	41,4%
República Eslovaca	29,8%	Áustria	41,9%
Irlanda	32,2%	Finlândia	43,0%
Canadá	33,3%	Itália	43,3%
Brasil	**36,0%**	Noruega	43,4%
Nova Zelândia	36,0%	França	43,6%
Média OCDE	**36,1%**	Bélgica	44,4%
Alemanha	36,2%	Suécia	48,2%
República Tcheca	36,4%	Dinamarca	48,9%
Portugal	36,6%		

A comparação sucinta do nível dessa carga não permite a elaboração de uma análise aprofundada dos diferentes países e sistemas tributários. Uma análise mais minuciosa deve considerar tanto a composição da carga tributária segundo as bases de sua incidência – comércio exterior, bens e serviços, renda e propriedade –, como a prestação de serviços pelos países à respectiva população nas áreas de saúde, educação e segurança, entre outras.

Regimes tributários

De acordo com o Sebrae e a Receita Federal, há três tipos de regime tributário em que as empresas podem ser classificadas: Simples Nacional, Lucro Real e Lucro Presumido. É preciso, portanto, que elas façam projeções de gastos incidentes em cada um desses regimes, a fim de definir qual o mais indicado para os seus negócios.

O sistema *Simples Nacional* é aplicado às micro e pequenas empresas. As microempresas são definidas como as que têm receita bruta anual igual ou inferior a R$ 360 mil, ao passo que as empresas de pequeno porte (EPP) possuem receitas que vão de R$ 360 mil a R$ 3,6 milhões anuais. A grande vantagem do Simples Nacional é que ele unifica em um único documento de arrecadação o pagamento de sete impostos, facilitando com isso a organização contábil do pequeno empresário.

Lucro Presumido é o regime aplicável a empresas com renda bruta anual de até R$ 48 milhões e nele estão compreendidos estes quatro impostos federais: Imposto sobre a Renda da Pessoa Jurídica (IRPJ), Contribuição Social sobre o Lucro Líquido (CSLL), Contribuição para o Financiamento da Seguridade Social (Cofins) e Contribuição para o Programa de Integração Social (PIS). A principal característica do regime de Lucro Presumido é a cobrança baseada em uma previsão de receita, que, por sua vez, tem por base o histórico dos anos anteriores. A cobrança é, portanto, predeterminada com base na expectativa de faturamento, o que diminui as despesas contábeis.

Para as empresas cuja estrutura contábil é bem consolidada, a base do pagamento de impostos é o regime de *Lucro Real*, ou seja, os tributos são pagos com base na apuração real dos lucros, razão por que o seu valor é variável conforme o desempenho da companhia.

Impostos

De acordo com o artigo 3º do Código Tributário Nacional, imposto é toda prestação pecuniária compulsória expressa em moeda ou cujo valor se possa exprimir em moeda, que não constitua sanção de ato ilícito, instituída em lei e cobrada mediante atividade administrativa plenamente vinculada. No artigo 4º desse Código, a natureza jurídica específica do tributo é determinada pelo fato gerador da respectiva obrigação, sendo irrelevantes para qualificá-la os seguintes aspectos: a denominação e demais características formais adotadas pela lei e a destinação legal do produto da sua arrecadação.

No artigo 5º do mesmo código, os tributos são classificados em impostos, taxas e contribuições de melhoria:

- *Imposto*: tributo que não enseja uma contraprestação individualizada para aqueles que o recolhem e nisso se distingue da taxa e da contribuição de melhoria. São ilustrativos o Imposto de Importação (II), o Imposto sobre a Propriedade de Veículos Automotores (IPVA) e o Imposto sobre a Propriedade Predial e Territorial Urbana (IPTU), entre outros;
- *Taxa*: obrigação que tem por fato gerador uma situação que representa uma atividade estatal específica, direcionada para um contribuinte. Por exemplo, a taxa de iluminação pública, a taxa de limpeza etc;
- *Contribuição*: tributo cuja obrigação tem como fato gerador uma situação que configura um benefício especial auferido pelo contribuinte. Sua finalidade é atender às necessidades do serviço prestado ou à atividade estatal desenvolvida. Por exemplo: a Contribuição para Financiamento da Seguridade Social (Cofins).

Classificação por incidência:

- *Tributos sobre o lucro*:
  - Imposto de Renda (IR): lucro real, lucro presumido ou arbitrado.
  - Contribuição Social sobre o Lucro Líquido (CSLL).
- *Tributos sobre o faturamento*: PIS.e Cofins.
- *Tributos sobre a comercialização de mercadorias e industrialização*: ICMS, IPI, Imposto de Importação (II).
- *Tributos sobre a prestação de serviços*: ISS.
  Alguns serviços de transporte interestadual e comunicação são tributados pelo ICMS.

Os impostos na função de Compras

Cabe à função de Compras a responsabilidade de estabelecer na empresa o fluxo de materiais, dar andamento a esse fluxo juntamente ao fornecedor e agilizar a entrega, e também obter o menor custo e comprar ao menor preço. Nela também se inclui a otimização dos impostos pagos na aquisição de materiais ou serviços.

O comprador esclarecido deve obrigatoriamente conhecer a estrutura tributária da composição de custo dos serviços e/ou produtos que está negociando, porque diferentes fornecedores podem ter créditos fiscais distintos, cada produto tem sua carga tributária própria e sobre cada serviço recaem distintas alíquotas de impostos, dependendo da cidade em que a prestadora de serviços está instalada.

A Tabela 11.3 mostra os principais impostos incidentes nas negociações de Compras:

Tabela 11.3 Principais impostos incidentes nas Compras de materiais e serviços

União	Estados	Municípios
IR/CSLL	ICMS	ISS
PIS/COFINS	IPVA	IPTU
IPI		
IOF		
II		
CIDE		
Contribuição ao INSS		
ITR		

Tributos municipais

Imposto Sobre Serviços (ISS)

A Constituição Federal de 1988 concedeu aos municípios autonomia para legislar sobre seus impostos. O ISS é um tributo de competência municipal e, por conseguinte, o fisco municipal define as alíquotas incidentes nos diversos tipos de serviços, conforme regulamentado pela Lei Complementar LC 116/03, de 31 de julho de 2003, que define os serviços que podem ser tributados pelo ISS.

De acordo com a LC 116/03, o ISS tem como fato gerador a prestação de serviços, ainda que estes não constituam uma atividade preponderante do prestador de que se trate. Vale ressaltar que a legislação do ISS prevê que o imposto também incida sobre o serviço proveniente do exterior ou cuja prestação se tenha iniciado fora do país, ou seja, o ISS tem incidência igualmente nos serviços importados ou que foram iniciados no exterior e concluídos no país.

Quando previsto em lei, o tomador de um serviço deverá reter na fonte a parcela referente ao ISS devido pelo prestador daquele serviço. No caso de pequenas empresas que participam do Simples, a retenção do ISS poderá ser deduzida da parcela a pagar do Simples Nacional. A Lei Complementar 116/2003 estabeleceu as seguintes regras:

- O ISS é devido no lugar onde o estabelecimento prestador do serviço está situado, entendendo-se que esse é o local onde o contribuinte desenvolve a atividade de prestação de serviços em caráter permanente ou temporário e que configura uma unidade econômica ou profissional;
- Na falta do estabelecimento anteriormente referido, o ISS é devido no local de domicílio do prestador do serviço, à exceção dos casos previstos nos incisos I a XXII do artigo 3º da LC 116/2003 (construção civil, limpeza, segurança, entre outras atividades).

A alíquota do imposto sobre serviços de qualquer natureza é de, no mínimo, 2% e, no máximo, 5%, e a base de cálculo do ISS é o preço do serviço, que corresponde à receita bruta com ele obtida, sem dedução, ou seja, o valor do ISS a ser pago é calculado aplicando-se ao preço do serviço a alíquota correspondente.

Por exemplo:

Valor do serviço =150,00.
ISS = 5%
ISS = Valor do serviço × 5% = 7,50

Por exemplo: na contratação de serviços de limpeza por um escritório sediado em São Paulo, o preço com ISS incluído cobrado pela empresa fornecedora AA foi de R$ 36.750,00, ao passo que o cobrado pela BB foi de R$ 34.950,00, sem ISS. Qual a empresa escolhida, sabendo-se que o ISS na capital paulista é de 5%? Nesse caso, a empresa escolhida seria a BB, que custaria R$ 36.697,50 com o ISS de 5% incluído no preço cobrado.

Tributos estaduais

Imposto sobre Circulação de Mercadorias e Serviços (ICMS)

Esse é um imposto de competência estadual incidente nas operações que envolvem a circulação de mercadorias e nos serviços de transporte, telecomunicação e energia elétrica. Nessa categoria de imposto, as alíquotas São variáveis de acordo com o tipo de produto ou o estado de destino da mercadoria.

As políticas e a legislação do ICMS devem ser acordadas pelo Confaz, que reúne as Receitas Estaduais. Todavia, há diferenças entre os estados na cobrança do ICMS em função de cada mercadoria ou serviço, conforme mostra a Tabela 11.4:

Tabela 11.4 Alíquotas do ICMS aplicadas pelos estados

	PR	ES	SP	RS	MG	RJ
Geral	18%	18%	18%	17%	18%	18% + 1%
Energia Elétrica	29%	18%	18%	17%	18%	25% + 5%
Telecomunicações	27%	18%	25%	25%	25%	25% + 5%
Óleo Diesel	12%	18%	12%	12%	12%	12% + 1%
Gasolina	26%	18%	25%	25%	25%	30% + 1%
Laminados de aço	18%	18%	18%	17%	12%	18% + 1%
Perfume	12%	17%	25%	25%	25%	25% + 1%
Batom	12%	17%	25%	25%	25%	18% + 1%

A base de cálculo do ICMS é o montante da operação envolvida, nele incluídos o frete e as despesas acessórias cobradas do adquirente/consumidor, e sobre a respectiva base de cálculo, será aplicada a alíquota do ICMS correspondente. A forma de cálculo da alíquota aplicável é "por dentro", isto significa que o imposto integra a sua própria base de cálculo (imposto calculado por dentro), ou seja, no preço de compra ou de venda do bem ou do serviço já está embutido o valor do ICMS destacado; assim, a sua alíquota efetiva é superior nominal.

Assim, um produto com ICMS de 18% tem, com essa cobrança "por dentro", uma alíquota final de 21,95% e, no caso do ICMS sobre energia elétrica, a alíquota de 25% se converte em 33,33% do valor da conta. Por exemplo:

Valor sem ICMS = 1.000,00.
ICMS = 18%
(Cálculo 1,00 – 0,18 → 0,82)
Valor com ICMS = 1.219,51 (=1000/0,82)
ICMS (R$ 1.219,51 – 1.000) = 219,51, que corresponde a 21,95% (e não 18% se fosse um cálculo direto por fora).

Imposto sobre Circulação de Mercadorias e Serviços (ICMS) e a Substituição Tributária (ST)

No tocante ao ICMS, cabe ainda esclarecer o que é Substituição Tributária (ST). Essa é a denominação dada ao regime de pagamento, por um único contribuinte, do imposto não cumulativo incidente em todas as etapas da comercialização de um produto.

Para evitar a cobrança do ICMS em cada etapa das transações entre o fabricante e o consumidor final, o fisco cobra todo o imposto antecipadamente, na primeira operação financeira entre o fabricante e o atacadista. Assim, esse primeiro comprador, o substituto tributário, paga todo o imposto incidente em cada transação subsequente e apenas repassa os custos aos demais contribuintes envolvidos. Nesse contexto, podemos assim definir:

- *Contribuinte substituto*: é eleito para efetuar a retenção e/ou o recolhimento do ICMS;
- *Contribuinte substituído*: quem, nas operações ou prestações antecedentes ou concomitantes, é beneficiado pelo diferimento do imposto e nas operações ou prestações subsequentes sofre a retenção.

No caso de uma operação realizada por fabricante de baterias estabelecido no estado de São Paulo, constante de uma venda feita a

Figura 11.2 Substituição tributária

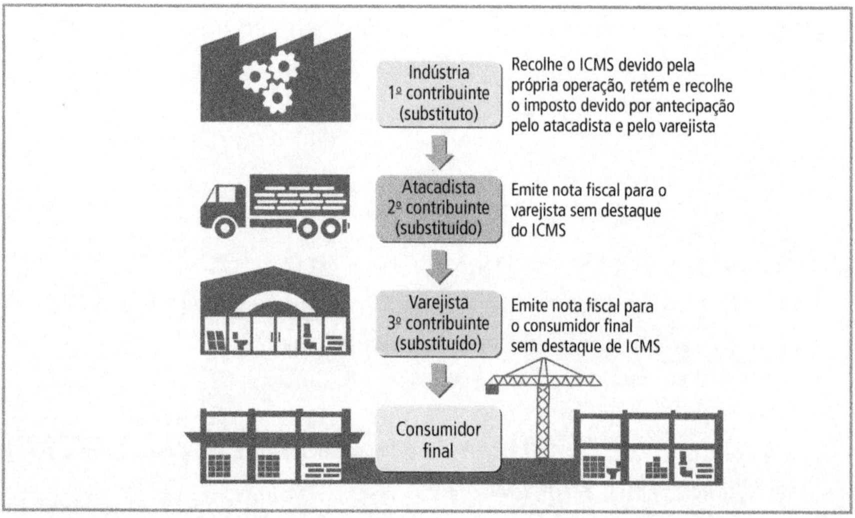

Fonte: Revistaconstrucaomercado.com.br

cliente localizado no mesmo estado, no valor de R$ 1.000,00 e com o respectivo IPI calculado a uma alíquota de 15%, teremos:

ICMS da própria operação: R$ 1.000,00 × 18% (origem SP destino SP) ⇒ R$ 180,00.

Base de cálculo da ST: R$ 1.000,00 + R$ 150,00 (IPI) + 40% (margem de valor agregado) ⇒ R$ 1.610,00.

R$ 1.610,00 × 18% (alíquota interna praticada no Estado de São Paulo) = R$ 289,80.

O valor do imposto de substituição será a diferença entre o valor calculado de acordo com o *estabelecido* no subitem "base de cálculo" e o devido pela operação normal do estabelecimento que efetuar a substituição tributária:

R$ 289,80 – R$ 180,00 = R$ 109,80

Unificação do ICMS

Os benefícios fiscais agregados às alíquotas de ICMS que alguns estados criaram na importação de mercadorias resultaram, com o passar do tempo, na chamada "guerra dos portos". Nesse contexto, mediante a Resolução do Senado Federal 13/2012, foi estabelecida a alíquota de 4% para o ICMS das *operações interestaduais* com mercadorias e bens importados do exterior e não submetidos a processo de industrialização. Para produtos importados submetidos a algum processo de industrialização, somente será aplicada a alíquota de 4% quando o produto resultante da industrialização for composto por produtos importados em nível superior a 40%. Exemplo:

$$CI = \frac{\text{Produto Importado (PI)}}{\text{Operação Interestadual (OI)}} > 40\%$$

sendo:
CI = Conteúdo da Importação
PI = Valor total dos Produtos Importados
OI = Valor total de Operação Interestadual

Acontece, porém, que essa unificação não atingirá os produtos importados que não tiverem similar nacional, os produzidos na Zona Franca de Manaus, as partes e peças de informática de interesse do Programa de Apoio ao Desenvolvimento Tecnológico da Indústria de Semicondutores e do Plano Brasil Maior para incentivo ao setor de alta tecnologia, bem como o gás natural.

Com a unificação do ICMS para produtos importados, tiveram início novas discussões entre o governo federal e os estados, com vistas à implantação da alíquota unificada do ICMS. No final de 2012, o governo federal apresentou uma proposta de unificação do ICMS para todo o país, segundo a qual haveria uma alíquota única de 4% nas transações interestaduais, a ser consolidada em um prazo de transição de 12 anos, entre 2013 e 2025, com "paradas" em 7% e 4% durante cinco anos. A proposta do governo federal prevê que os estados que têm alíquota de 7% façam a sua redução para 4% até 2016. Já os que adotam

Figura 11.3 Cronograma de redução do ICMS entre estados

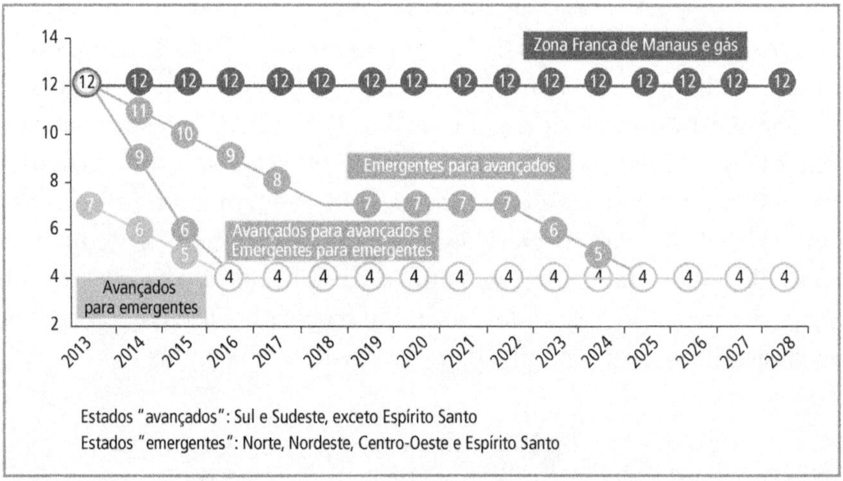

alíquotas de 12% terão de reduzi-las a 7% até 2018. Elas permanecerão nesse patamar até 2022 e deverão chegar a 4% em 2025 (Figura 11.3).

A alíquota unificada nas operações internas entre estados deverá eliminar (ou reduzir drasticamente) a famosa guerra fiscal travada entre eles em decorrência da prática de concessão de incentivos fiscais pelos estados, a fim de estimular a economia e o desenvolvimento regional.

Nesse contexto, alguns estados do Norte, Nordeste e Centro--Oeste alegam que a alíquota única os prejudicará pelo fato de serem menos desenvolvidos do que os estados do Sul e Sudeste. Assim, o governo federal se propõe a criar um Fundo de Desenvolvimento Regional, além de um fundo para compensar os estados que perderão arrecadação do ICMS.

Tributos federais

Imposto de importação (II)

As alíquotas do II estão de acordo com a sua classificação na Nomenclatura Comum do Mercosul (NCM), ou seja, dependem do tipo de mercadoria envolvida, podendo ocorrer uma variação de 0% a 200%. Alguns exemplos são apresentados a seguir: caminhões pesados (35%), blocos e tijolos para a construção (8%), cimento asfáltico (4%), Aço (12%), vergalhão (12%), computadores (15%), lixadeira (14%), perfumes (18%), carros (35%). Vale ressaltar aqui que, em virtude do Acordo do Mercosul, em todas as importações feitas pelos seus países membros, a alíquota é 0%).

Estrutura e composição da Nomenclatura Comum do Mercosul (NCM)

Brasil, Argentina, Paraguai e Uruguai seguem, desde janeiro de 1995, a NCM, que tem por base o Sistema Harmonizado. Assim, dos oito dígitos que compõem a NCM, os seis primeiros são formados pelo Sistema Harmonizado, ao passo que o sétimo e o oitavo correspondem a desdobramentos específicos definidos no âmbito do Mercosul. A Figura 11.4 representa a sistemática de classificação dos códigos na NCM.

Figura 11.4 Sistemática de classificação dos códigos na NCM

00 00. 00. 0. 0.

0. (último) →	Subitem	(8º dígito na NCM)
0. →	Item	(7º dígito da NCM)
00. →	Suposição	(6 primeiros dígitos do SH)
00. →	Posição	(4 primeiros dígitos do SH)
00 →	Capítulo	(2 primeiros dígitos do SH)

Seção	XIII	Obras de gesso, pedras, ...
Capítulo	68	Obras de cimentos, gesso, pedras
Posição	68.10	Obras de cimento/concreto
Subposição	68.10.1	Telhas ladrilhos, placas
Item	69.10.10.11	Blocos e tijolos para construção
Subitem	68.10.11.1x	Outros

Programa de Integração Social (PIS) e Contribuição para Financiamento da Seguridade Social (Cofins)

De acordo com a Receita Federal, o PIS/Pasep e a Cofins têm como principal fato gerador a aferição de receita por pessoa jurídica de direito privado, bem como as receitas que lhe são equiparadas pela legislação do Imposto de Renda. De modo geral, a alíquota de "piscofins" é de 1,65% (PIS) e 7,60% (Cofins). Esses percentuais são compensáveis, na entrada, na Nota Fiscal Eletrônica (NF) das empresas optantes pelo Lucro Real. Para as empresas sob o regime de Lucro Presumido, as respectivas alíquotas são 0,65% e 3,00%, não sendo passíveis de recuperação fiscal para os optantes por esse regime de lucro. Assim, as empresas podem ser enquadradas em dois regimes: cumulativo e não cumulativo.

No regime cumulativo, que é aplicado a empresas que recolhem o IRPJ/CSLL pelo regime de Lucro Presumido, calculado sobre as receitas, mas sem direito a crédito de PIS/Cofins, a taxa é de 3,65% (0,65 do PIS e 3% do Cofins). As receitas decorrentes da execução de obras de construção civil (administração, empreitada e subempreitada) permanecem sujeitas ao regime cumulativo até 31 de dezembro de 2015.

Já no regime não cumulativo, que é aplicado a empresas que recolhem o IRPJ/CSLL pelo regime de Lucro Real, a taxa é de 9,25% (1,65% do PIS e 7,6 do Cofins). Esse Regime dá direito a crédito de PIS/Cofins nas aquisições de mercadorias, mediante a utilização das mesmas alíquotas, conforme regra estabelecida pela Receita Federal. A base de cálculo é o faturamento do mês, que corresponde à receita bruta.

Imposto sobre Produtos Industrializados (IPI)

Trata-se de um imposto de competência federal incidente nas operações industriais e nas importações cujas alíquotas são variáveis de acordo com a Nomenclatura Comum do Mercosul (NCM) de cada produto. As alíquotas do IPI conformam-se à respectiva classificação na NCM, ou seja, dependem do tipo de mercadoria. Alguns exemplos são dados a seguir:

- 33.03.00.10 – Perfumes: 42%;
- 68.10.11.00 – Blocos e tijolos para a construção: 8%;
- 8701.20.00 – Tratores semirreboques: 0%;
- 8415.10.11 – Máquinas de ar condicionado tipo split: 20%;
- 8417.20.00 – Fornos de padaria, pastelaria, biscoitos: 14% BK;
- 8418.69.20 – Resfriadores de leite: 14% BK.

Cálculo de impostos nas operações de Compras

Neste capítulo, as Compras foram classificadas em quatro itens, a fim de permitir um estudo mais minucioso dos impostos que impactam essas negociações:

- Compras para ativo imobilizado;
- Compras para fins de industrialização;
- Compras para comercialização;
- Compras para uso e consumo.

Compras para ativo imobilizado

Nas Compras/importações destinadas ao ativo imobilizado das empresas, só é possível considerar os créditos do PIS/Cofins e ICMS, tendo em vista que o IPI e o II se converterão em custo. A partir de 1º de agosto de 2000, de acordo com a Lei Federal nº 102/00, só se pode considerar o credito do ICMS na sua forma diluída em 48 meses.

A partir de 1º de maio de 2004, foi estabelecido o PIS/Cofins de 9,25% sobre as importações destinadas a fazer parte de ativo imobilizado. Todavia, esse imposto é recuperável, ou seja, se converte em crédito diluído, de acordo com a depreciação do bem taxado.

O Plano Brasil Maior do governo federal não só encurtou para 12 meses a diluição dos créditos de PIS/Cofins, como permitiu, depois de 1º de julho de 2012, sua recuperação imediatamente após a aquisição do bem integrante de ativo imobilizado.

Compras no Brasil para industrialização

Nas Compras destinadas à industrialização, pode-se considerar o credito do ICMS, do IPI e do PIS/Cofins. Por conseguinte, tudo é recuperável quando se trata da produção de mercadorias.

Compras no Brasil para comercialização

Nas Compras de produtos destinados à comercialização, só se pode considerar o crédito do PIS/Cofins e do ICMS, ao passo que o IPI é tido como um custo.

Compras de material para uso e consumo

Não é permitido creditar-se qualquer imposto incidente nas Compras de materiais e serviços destinados ao uso e consumo da empresa (material de escritório, computadores, serviços de limpeza, segurança etc.). No caso de Compras feitas a fornecedores localizados fora de um estado, paga-se o diferencial entre a alíquota interestadual (12% ou 7%) e a alíquota interna (17% ou 18%).

Resumindo, para as Compras para industrialização, temos:

Crédito = ICMS, Pis/Cofins e IPI (veja Figura 11.5).

Figura 11.5 Compra de uma matéria-prima para industrialização

	Venda de um fornecedor de Minas Gerais – Empresa em São Paulo Produto destinado a industrialização		
	Descrição	Valor	
a	Valor do produto sem imposto	1.000,00	
b	Base do ICMS, do PIS e do Cofins	1.269,84	Para fazer o cálculo devemos encontrar o índice: (100 – 12 – 9,25%)/100 = índice (0,7875)
c	Valor do ICMS – 12% (b * 12%)	152,38	
d	PIS e Cofins – 9,25% (b * 9,25%)	117,46	
e	**Valor do produto com ICMS, PIS e Cofins**	**1.269,84**	
f	Base do cálculo do IPI	1.269,84	
h	Valor do IPI – 5% (f * 5%)	63,49	
i	**Valor da compra do produto (e + h)**	**1.333,33**	
	Cálculo da CPMF		
j	Valor da CPMF/CSS (i * 0,0%)	0,00	
	Custo contábil da compra		
k	Valor total da compra (i)	1.333,33	
	(–) Impostos recuperáveis		
l	ICMS	–152,38	
m	PIS/Cofins	–117,46	
n	IPI	–63,49	
o	**Custo contábil da compra**	**1.000,00**	

Para as Compras para comercialização, temos:

Crédito = ICMS e Pis/Cofins; IPI = custo.

Figura 11.6 Compra para comercialização

	Venda de um fornecedor do Paraná – Varejo em São Paulo Produto destinado a comercialização	
	Descrição	Valor
a	Valor do produto sem imposto	1.000,00
b	Base do ICMS, do PIS e do Cofins	1.335,11
c	Valor do ICMS – 12% (b * 12%)	160,21
d	PIS e Cofins – 13,1% (b * 13,1%)	174,90
e	**Valor do produto com ICMS, PIS e Cofins**	**1.335,11**
f	Base do cálculo do IPI	1.335,11
h	Valor do IPI – 5% (f * 5%)	66,76
i	**Valor da compra do produto (e + h)**	**1.401,87**
	Cálculo da CPMF	
j	Valor da CPMF/CSS (i * 0,0%)	0,00
	Custo contábil da compra	
k	Valor total da compra (i)	1.401,87
	(–) Impostos recuperáveis	
l	ICMS	–160,21
m	PIS/Cofins	–174,90
n	IPI	0,00
o	**Custo contábil da compra**	**1.066,76**

Para fazer o cálculo devemos encontrar o índice: (100 – 12 – 13,1%)/100 = índice (0,749)

Para as Compras de serviços, temos:

Custo = ICMS, Pis/Cofins e IPI e ISS.

Figura 11.7 Compra de serviços

	Compra de um serviço Serviço de segurança	
	Descrição	Valor
a	Valor do produto sem imposto	1.00,00
b	Base do PIS e do Cofins	110,19
d	PIS e Cofins – 9,25% (b * 9,25%)	10,19
e	**Valor do serviço com PIS e Cofins**	**110,19**
f	Base do cálculo do ISS	110,19
h	Valor do ISS – 5% São Paulo (f * 5%)	5,51
i	**Valor da compra do serviço (e + h)**	**115,70**
	Cálculo da CPMF	
j	Valor da CPMF (i * 0,0%)	0,00
	Custo contábil da compra	
k	Valor total da compra (i)	115,70
	(–) Impostos recuperáveis	
l	ICMS	0,00
m	PIS/Cofins	0,00
n	ISS	0,00
o	**Custo contábil da compra**	**115,70**

Para fazer o cálculo devemos encontrar o índice: (100 – 9,25%)/100 = índice (0,9075)

Para as Compras de consumo, temos: temos:

Custo = ICMS, Pis/Cofins e IPI.

Figura 11.8 Compras de material de uso e consumo

	Venda de um fornecedor do Paraná – Varejo no Paraná Produto destinado ao consumo interno (material de escritório)		
	Descrição	Valor	
a	Valor do produto com PISCOFINS	100,00	Para fazer o cálculo devemos encontrar o índice: Valor sem ICMS)/ [1 – (ICMS/100) * (1 + IPI/100)]
b	Preço com ICMS (inclui IPI	124,69	
c	Base (ICMS + IPI)	137,16	Para fazer o cálculo devemos encontrar o índice: Valor com ICMS * (1 + IPI/100)
d	Valor do ICMS – 18% (c * 18%)	24,69	
e	Valor do IPI – 10% (b * 10%)	12,47	
f	**Valor do produto com ICMS e IPI**	**137,16**	
	Cálculo da CPMF		
g	Valor da CPMF (i * 0,0%)	0,00	
	Custo contábil da compra		
h	Valor total da compra (i)	137,16	
	(–) Impostos recuperáveis		
i	ICMS	0,00	
j	PIS/Cofins	0,00	
k	IPI	0,00	
l	**Custo contábil da compra**	**137,16**	

Comércio exterior

Os principais tipos de importação são estes:

- *Importação definitiva*: entrada de bens de capital e consumo para aplicação no processo produtivo e/ou para revenda.
- *Admissão temporária*: regime que permite a permanência, no país, de bens vindos do exterior, para fins e por prazos determinados, sem pagamento dos impostos incidentes na importação ou pagando-os proporcionalmente ao tempo de permanência no país.
- *Drawback*: importação de insumo ou matéria-prima para o processo produtivo com isenção/suspensão dos impostos e exportação obrigatória do produto final.
- *Recof e Linha Azul*: permite importar, com suspensão de tributos, as mercadorias a serem submetidas à operação de industrialização de produtos acabados destinados à exportação, ou suspende os impostos de importação, mas há repasse no momento da venda desses produtos no mercado interno.

Toda importação possui um Incoterm. De acordo com o Ministério do Desenvolvimento, Indústria e Comércio Exterior, os *Incoterms* ou *International Commercial Terms*, são termos de vendas internacionais cuja origem remonta a 1936 e que foram consolidados pela Câmara Internacional de Comércio, com sede em Paris (Quadro 11.1).

Os Incoterms são utilizados para dividir os custos e a responsabilidade de transporte entre o comprador e o vendedor, tal como demonstrado no Quadro 11.2.

De modo geral, as mesmas regras de recuperação de impostos (industrialização, consumo, máquinas) são válidas para as Compras importadas. O imposto de importação, entretanto, não é recuperável, salvo quando o produto final é exportado, podendo as empresas valer-se da operação de *drawback* para evitar o custo do imposto de importação.

Um risco que deve ser sempre avaliado nas operações de importação diz respeito ao fato de que, no momento do desembaraço aduaneiro, a Receita Federal procede a uma análise das importações, o chamado "despacho aduaneiro", que é o procedimento por meio do qual se comprovam a exatidão dos dados declarados pelo importador sobre as mercadorias importadas, os documentos apresentados e a legislação aplicável, mediante a Declaração de Importação (DI), registrada no Sistema Integrado de Comércio Exterior (Siscomex).

Quadro 11.1 *Incoterms*

Grupo	Incoterms 2000	Descrição
E	EXW (*ExWorks*)	**Na origem** – Indica o local nomeado de retirada de carga.
F	FCA (*Free Carrier*)	**Livre no transportador** – Indica o local de entrega das mercadorias ao transportador, nomeado pelo comprador e desembaraçados para a exportação.
	FAS (*Free Alongside Ship*)	**Livre ao lado do navio** – entrega da mercadoria, desembaraçada para a exportação, ao lado do navio, no porto de origem nomeado.
	FOB (*Free on Board*)	**Livre a bordo** – indica o porto de embarque na origem e responsabilidade do exportador encerra quando mercadoria transpõe a murada do navio.
C	CFR (*Cost and Freight*)	**Custo a frete** – o exportador deve pagar os custos e o frete para levar a mercadoria até o ponto de destino nomeado, sendo que a responsabilidade deste encerra quando a mercadoria transpõe a murada
	CIF (*Cost, Insurance and Freight*)	**Custo, seguro e frete** – o exportador deve pagar os custos, o seguro e o frete para levar a mercadoria até o porto do destino nomeado, sendo que a responsabilidade deste encerra quando a mercadoria transpõe a murada do navio
	CPT (*Carriage Paid To*)	**Transporte pago até...** – entrega da mercadoria ao transportador nomeado pelo exportador que, entre outras obrigações, assume o custo do transporte até o destino.
	CIP (*Carriage and Insurance Paid to*)	**Transporte e seguro pago até** – entrega da mercadoria ao transportador nomeado pelo exportador que, entre outras obrigações, assume o custo do transporte e o seguro até o destino.
D	DAF (*Delivered at Frontier*)	**Entregue na fronteira** – indica a entrega da mercadoria desembaraçada na exportação na fronteira, mas não desembarcada e desembaraçada na importação
	DES (*Delivered Ex Ship*)	**Entrega no navio** – o exportador entrega a mercadoria a bordo do navio no porto de destino, não desembaraçada para a importação.
	DEQ (*Delivered Ex-Quay*)	**Entregue no cais** – o exportador entrega a mercadoria no cais do porto de destino, não desembaraçada para exportação.
	DDU (*Delivered Duty Unpaid*)	**Entregue com impostos não pagos** – o exportador entrega a mercadoria no local de destino do importador, porém não se responsabiliza pelo desembaraço.
	DDP (*Delivered Duty Paid*)	**Entregue com impostos pagos** – o exportador entrega a mercadoria no local de destino do importador, responsabilizando-se inclusive pelo desembaraço da mercadoria.

Quadro 11.2 *Incoterms* e responsabilidade do comprador ou vendedor

Grupos	Modalidades		Função do vendedor	Função do comprador
1	EXW	Works	Entrega a mercadoria em seu próprio estabelecimento	Assume os riscos e custos de transporte
2	FCA	Free Carrier	Entrega na transportadora	Assume os riscos e custos de transporte a partir deste momento
	FAS	Free Alongside Ship		
	FOB	Free on Board		
3	CFR	Cost and Freight	Contrata o transporte e assume os custos sem assumir os riscos	Assume os riscos do transporte
	CIF	Cost Insurance and Freight		
	CPT	Carriage Paind to		
	CIP	Carriage and Insurance Paid to		
4	DAF	Delivered at Frontier	Assume os riscos e os custos do transporte	
	DES	Delivered Ex Ship		
	DEQ	Delivered Ex Quay		
	DDU	Delivered Duty Unpaid		
	DDP	Delivered Duty Paid		

A análise fiscal da DI para o despacho aduaneiro da Receita Federal leva em conta os canais de parametrização existentes, que podem ser verde, amarelo, vermelho e cinza. De acordo com a Secretaria da Receita Federal, os canais de parametrização significam o seguinte (Figura 11.9):

- *Verde*: a importação direcionada para o canal verde é desembaraçada automaticamente sem qualquer verificação, devendo o importador comparecer à Alfândega tão somente para retirar o Comprovante de Importação, dispensando-se o exame documental, a verificação da mercadoria e a entrega dos documentos de instrução do despacho;
- *Amarelo*: o canal amarelo significa que os documentos de instrução da DI e as informações prestadas nessa declaração são objeto de conferência e, não se constatando irregularidade e feito o desembaraço aduaneiro, a verificação da mercadoria importada é dispensada;

- *Vermelho*: no caso de seleção para o canal vermelho, a mercadoria importada só será desembaraçada após a realização do exame documental e da verificação física do seu conteúdo;
- *Cinza*: se a importação for direcionada para o canal cinza, serão feitos o exame documental, a verificação física da mercadoria e a aplicação de procedimento especial de controle aduaneiro, para checar indícios de fraude, inclusive no tocante ao preço declarado da mercadoria importada, a partir do registro da Declaração de Importação (DI) no Sistema Integrado de Comércio Exterior (Siscomex).

Figura 11.9 Canal verde, amarelo e vermelho na importação de produtos

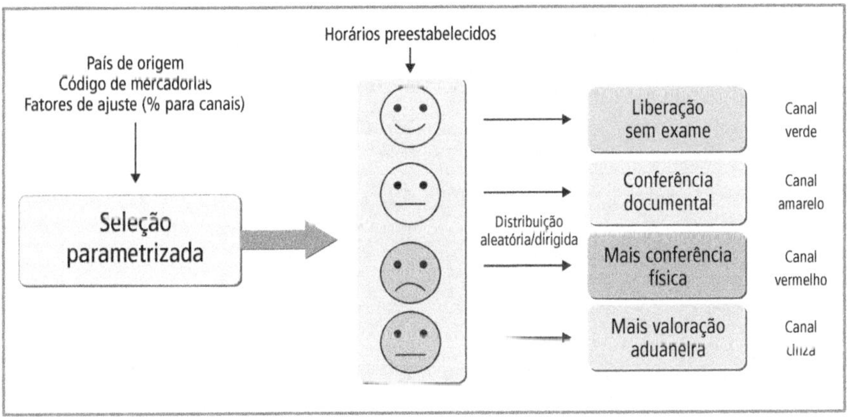

Casos de redução de custo sob a óptica tributária

Lei do Bem

Conhecida como "Lei do Bem", a Lei 11.196, de 21 de novembro de 2005, consolidou os incentivos fiscais para as empresas que fazem investimentos em pesquisa tecnológica e desenvolvimento de inovação tecnológica. Os principais incentivos concedidos são:

- Redução do Imposto sobre Produtos Industrializados (IPI) na compra de máquinas e equipamentos para P&D;

- Dedução no Imposto de Renda (IR) e na Contribuição sobre o Lucro Líquido (CSLL) de dispêndios efetuados em atividades de P&D;
- Depreciação acelerada desses bens;
- Amortização acelerada de bens intangíveis;
- Redução do Imposto de Renda retido na fonte e incidente sobre remessa para o exterior resultante de contratos de transferência de tecnologia (revogado pela MP 497, de 27 de julho de 2010).

Isenção do Imposto de Renda retido na fonte nas remessas efetuadas para o exterior e destinadas ao registro e manutenção de marcas, patentes e cultivares.

Tabela 11.5 Exemplos de setores que utilizaram o benefício da Lei do Bem

Setores	Número de empresas				
	2006	2007	2008	2009	2010
Mecânica e transportes	30	81	114	111	147
Química	22	12	27	47	65
Alimentos	4	14	33	40	46
Bens de consumo	2	21	33	37	46
Metalurgia	22	26	32	43	45
Software	4	1	20	31	45
Eletroeletrônica	13	45	66	53	42
Farmacêutica	11	13	16	31	37
Papel e celulose	5	7	7	12	13
Agroindústria	–	14	23	20	10
Têxtil	1	4	6	9	9
Moveleira	–	8	11	14	8
Construção civil	3	7	17	17	7
Telecomunicação	–	3	17	21	6
Petroquímica	–	14	5	8	2
Outras indústrias	11	29	32	44	104
Total de empresas	130	300	460	542	639

Fonte: MCT.

Por conseguinte, para o comprador, a redução da sua alíquota do IPI em 50% representa uma excelente oportunidade para diminuir custos, uma vez que os demais impostos sobre equipamentos (PIS/Cofins e ICMS) são recuperáveis.

Drawback

"O Regime de *Drawback*", criado pelo Decreto-Lei 37/66, é a desoneração de impostos na importação vinculada a um compromisso de exportação. A Secretaria de Comércio Exterior concebeu sistemática informatizada para controle dessas operações, denominada Sistema *Drawback* Eletrônico, implantada no dia 1º de novembro 2001, que opera em módulo próprio integrado ao Siscomex, para permitir o controle ágil e simplificado daquelas operações" (Ministério do Desenvolvimento, Indústria e Comércio Exterior).

Nesse contexto, são amplas as oportunidades de compra que se abrem às empresas exportadoras, dado que muitos produtos e matérias-primas são comprados no exterior. Um exemplo clássico é o da indústria automobilística. Com frequência, a imprensa destaca matérias jornalísticas que comentam o fato de que os veículos "*made in Brazil*" são mais caros no país do que no exterior. Na prática, grande parte dessa diferença pode ser explicada pelo fato de que as montadoras utilizam *drawback*.

Imaginemos que um veículo tenha R$ 50,00 de peças importadas e R$ 50,00 de peças nacionais. Na compra de peças do exterior, é possível recuperar impostos na exportação de veículos. Por conseguinte, o custo dessas peças para um cliente brasileiro é de R$ 50,00, ao passo que, para um cliente argentino, é de R$ 42,00 (R$ 50 menos 18% de imposto de importação).

Ao acrescentarmos os demais impostos (PIS/Cofins, IPI, ICMS), encontraremos a diferença mencionada nos casos relatados pelo jornal (o preço de um carro brasileiro exportado para a Argentina é de 25% a 30% menor que o do mesmo veículo vendido no Brasil), dada a possibilidade de redução dos preços de peças importadas, seja pelas montadoras ou por seus fornecedores, e também pelo fato de que a carga tributária dos demais países é menor que a do Brasil (Tabela 11.6).

Tabela 11.6 Exemplo de uma peça automobilística na produção de um veículo exportado para a Argentina

	Brasil	Argentina	
Parte importada	50	42	18% de II
Parte local	50	50	
Preço líquido	100	92	
PIS/Cofins: 9,25%	11,75	0	
ICMS 18% (IVA na Argentina = 21%)	24,53	19,32	
II – Imposto d e Importação	0	0	
Preço na montadora	100	92	–8%
IPI	16,35		
Preço final cliente	152,63	111,32	–27%

CPMF

A Contribuição Provisória sobre Movimentação Financeira (CPMF) era uma taxa cobrada sobre as movimentações bancárias, que vigorou de 1993 a 2007. Tinha por finalidade financiar a saúde; sua alíquota era de 0,38%.

Com o fim da CPMF, abriu-se uma oportunidade para reduzir custos na cadeia de fornecedores, mas, de modo geral, as áreas de Compras entenderam "erroneamente" que não valia a pena negociar o fim de um imposto de 0,38%. A redução de custos poderia, entretanto, ser muito maior que a alíquota da CPMF, dada a incidência de impostos em cascata. Com o fim da cobrança dessa taxa, algumas empresas chegaram a reduzir seus custos em 1,5%.

Imagine um comprador que adquiriu de um fornecedor mercadoria no valor de R$ 100,00, nos quais estavam incluídos R$ 0,38 de CPMF. Esse fornecedor havia comprado R$ 70,00 de mercadoria de um fornecedor Nível 2, nos quais se incluíam R$ 0,27 de CPMF, e esse fornecedor Nível 2 adquiriu mais R$ 40,00 de um fornecedor Nível 3, portanto, com R$ 0,15 de CPMF incluídos. Vê-se, nesse exemplo simples, que é possível recuperar 0,8% de redução de custo da CPMF (Figura 11.10).

Figura 11.10 Cálculo CPMF na cadeia de suprimentos

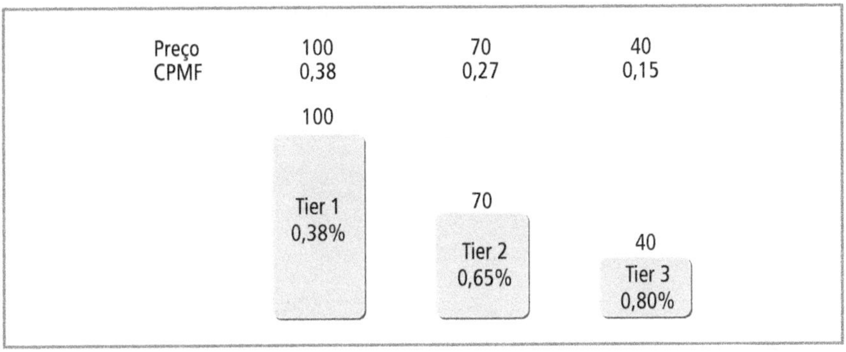

Fornecedor em regimes de Lucro Real e Lucro Presumido

Imagine o seguinte exemplo: uma empresa que esteja no regime de não cumulatividade paga 9,25% de PIS/Cofins em seu faturamento e tem, portanto, direito ao crédito de 9,25% desses impostos referentes às suas Compras, mesmo que o seu fornecedor esteja no regime de Lucro Presumido. O exemplo a seguir mostra dois fornecedores que têm o mesmo custo, mas o fornecedor que está no regime de lucro presumido fatura com 3,65% de PIS/Cofins, ao passo que o crédito para a empresa incluída no regime de não cumulatividade é de 9,25%, o que garante uma vantagem tanto para esse último fornecedor quanto para a empresa que estiver comprando dele (Figura 11.11).

Plano Brasil Maior

No segundo semestre de 2011 e em abril de 2012, o governo federal lançou uma série de medidas de incentivo fiscal destinadas a estimular a indústria local (ações sobre o câmbio), desonerações (folha de pagamentos, IPI, infraestrutura "Reporto"), postergação do pagamento do PIS/Cofins, financiamento do comércio exterior, incentivos ao setor de informação e comunicações (Plano Nacional de Banda Larga, Programa "Um Computador por Aluno") e novo Regime automotivo.

Entre as medidas adotadas que, além de disporem a redução do IPI, diminuem também os custos diretos nas Compras de produtos

Figura 11.11 Cálculo de impostos na compra de insumos de um fornecedor em regime de lucro real e um fornecedor no regime de lucro presumido

	Lucro real	Lucro presumido
Matéria-prima A	49	49
Matéria-prima B	19	19
Eletricidade	2	2
Mão de obra	15	15
Depreciação	5	5
Outros	10	10
Preço com PIS/Cofins	100	100
PIS/Cofins	9,25	3,65
Total 1	109	103
Crédito PIS/Cofins	9,25	9,25
Custo final	100	94

com o imposto reduzido, uma das mais relevantes é a desoneração das folhas de pagamento. Em abril de 2012, cerca de 20 setores (têxtil, plásticos, ônibus, naval, call-center, TI, entre outros) haviam sido beneficiados, mas, em setembro de 2012, o governo federal anunciou outros 25 setores que, beneficiados com a desoneração de suas folhas de pagamento, deixaram de pagar a contribuição de 20% ao INSS e passaram a arcar com um percentual sobre o faturamento, como forma de compensação. São setores de mão de obra intensiva cujas folhas de pagamento têm peso maior nos custos das empresas.

Com essa desoneração, as negociações de Compras devem pautar-se pela participação da mão de obra nos custos dos produtos e serviços adquiridos. Por exemplo, produtos ou serviços que tiverem 80% do seu custo ligados à mão de obra poderão obter uma redução de 10,8%, e aqueles em que esse custo for de 50% poderão ser reduzidos em 6%, conforme Tabela 11.7.

Tabela 11.7 Plano Brasil Maior: simulação de redução de custo de produtos e serviços

	Antes	
	Vendas brutas	5000
Premissa	20% de margem	1000
	Custo	4000
Premissa	80% mdo	3200
A	20% INSS	640

	BRASIL MAIOR	
	Vendas brutas	5000
B	2% s/ faturamento	100
	Ganho (A–B)	**540**
	% do custo	10,80%

	Antes	
	Vendas brutas	5000
Premissa	20% de margem	1000
	Custo	4000
Premissa	50% mdo	2000
A	20% INSS	400

	BRASIL MAIOR	
	Vendas brutas	5000
B	2% s/ faturamento	100
	Ganho (A–B)	**300**
	% do custo	6,00%

	Antes	
	Vendas brutas	5000
Premissa	20% de margem	1000
	Custo	4000
Premissa	40% mdo	1600
A	20% INSS	320

	BRASIL MAIOR	
	Vendas brutas	5000
B	2% s/ faturamento	100
	Ganho (A–B)	**220**
	% do custo	4,40%

	Antes	
	Vendas brutas	5000
Premissa	20% de margem	1000
	Custo	4000
Premissa	30% mdo	1200
A	20% INSS	240

	BRASIL MAIOR	
	Vendas brutas	5000
B	2% s/ faturamento	100
	Ganho (A–B)	**140**
	% do custo	2,80%

	Antes	
	Vendas brutas	5000
Premissa	20% de margem	1000
	Custo	4000
Premissa	20% mdo	800
A	20% INSS	160

	BRASIL MAIOR	
	Vendas brutas	5000
B	2% s/ faturamento	100
	Ganho (A–B)	**60**
	% do custo	1,20%

Energia elétrica

Em setembro de 2012, o governo anunciou que, a partir de janeiro de 2013, haveria uma redução do custo da energia elétrica de 16% para os consumidores residenciais e de 28% para as indústrias. A queda dessa tarifa é consequência de três fatores:

- Corte ou redução de encargos setoriais (sobretaxas que são cobradas nas contas, mas que não representam o consumo real do usuário);
- Renovação antecipada de concessões de empresas de energia elétrica que vencem a partir de 2015, mudando-se as condições dos preços e permitindo a sua redução;
- Aplicação de R$ 3,3 bilhões do governo federal para subsidiar contas de determinados consumidores.

As taxas reduzidas ou eliminadas foram a Conta de Consumo de Combustíveis (CCC) e a Reserva Global de Reversão (RGR). Já a Conta de Desenvolvimento Energético (CDE) continuará a ser cobrada, mas ficará reduzida a 25% do seu valor anterior.

As áreas de Compras das empresas devem analisar a participação do custo da energia elétrica no custo dos produtos adquiridos. Por exemplo, setores em que a participação da energia se limita a 6% do custo total de fabricação (siderurgia, têxtil e vidros) podem ter uma redução de 1,3% no custo, ao passo que os setores em que esse índice é de 15% podem ter 3,3% de redução – o caso da cerâmica (Tabela 11.8).

Tabela 11.8 Peso da energia elétrica no custo total e possibilidade de redução de custo

Setores	Antes	A partir de 1/01/13
Siderurgia	6,0%	4,7%
Têxtil	6,0%	4,7%
Vidros	6,0%	4,7%
Cerâmica	15,0%	11,7%
Cimento	12,0%	9,4%
Metalurgia	8,0%	6,3%

Fonte: Valor Econômico.

Concluindo

Imposto é algo que ninguém gosta de pagar, mas ele é obrigatório e determinado pelos governos. Há pessoas que pensam que não o pagam, e há também quem o pague e, com frequência, não saiba por que está pagando. Em qualquer lugar do mundo, as empresas geralmente elaboram e produzem um produto, e só depois pagam os impostos. De acordo com o dinheiro de que dispõem, elas não só planejam investimentos e ampliam seus negócios, como pagam seus empregados. No governo, dá-se o contrário. Primeiro ele prevê seus gastos e depois planeja como e onde buscar os recursos para cobri-los, o que faz por meio da cobrança de impostos.

As negociações das áreas de Compras estão cada vez mais técnicas, o que obriga os compradores a conhecer detalhadamente a decomposição dos custos dos produtos e serviços que negociam. Os impostos, por sua vez, constituem um dos principais itens dos custos das empresas.

Graças às disposições do Plano Brasil Maior do governo federal, os compradores podem negociar com seus fornecedores importantes reduções de custo, seja pela desoneração da folha de pagamento, que permitirá às empresas substituir a Contribuição Previdenciária Patronal (CPP) ao INSS – de 20% sobre a folha de pagamento – pela cobrança de uma alíquota de 2% sobre a receita bruta, seja pela redução e eliminação de tributos na conta de energia elétrica. Tais medidas, além de proporcionarem uma diminuição de custos direta em virtude da redução dos tributos, impactarão indiretamente os custos das companhias em virtude da perspectiva de queda da inflação, com a consequente redução de outros custos industriais, como os de matéria-prima, serviços e mão de obra, entre outros.

REFERÊNCIAS

ACKERMAN, F. et al. *Economics for Equity and the Environment Network*, 2009.

ARNOLD, J. R. T. *Administração de materiais*. São Paulo: Atlas, 1999.

ASHENBAUM, B. *Defining cost reduction and cost avoidance*. Center for Strategic Supply Research (CAPS), Critical Issues Report, mar. 2006.

BAILY, Peter et al. *Compras*: princípios e administração. São Paulo: Editora Atlas, 2000.

BARBOZA, J; DARIENZO, M. L. *Arbitragem no Brasil:* solução amigável de conflitos. Maringá: Projus, 2009.

BAZERMAN, M.; NEALE, M. A. *Negotiating rationally*. New York: Free Press, 1992.

BERSOU, L. *Manual da empresa rica*. São Paulo: Trevisan Editora, 2010.

BERTAGLIA, P. R. *Logística e gerenciamento da cadeia de abastecimento*. 2. ed. São Paulo: Saraiva, 2009.

BETTIS, T.; THOMAS, H. (eds.). *Risk, strategy and management*. Greenwich Connecticut, JAI Press Inc., 1999.

BRAGA, A. R. "Inteligência de mercado". In: *Revista Tecnologística*. São Paulo, n. 129, 2008.

BUCKLEY, P. J.; MICHIE, J. *Firms, Organizations and Contracts*. London: Oxford University Press, 1996.

BURBRIDGE, A.; BURBRIDGE, M. *Gestão de conflitos*. São Paulo: Saraiva, 2012.

BURBRIDGE, M. et al. *Gestão de negociação.* São Paulo: Saraiva, 2007.

CARR, A. S.; PEARSON, J. N. "Strategically managed buyer-supplier relationships and performance outcomes". In: *Journal of Operations Management,* 17, p. 497-519, 1999.

CARVALHO, K. "Disseminação da informação e informação da inteligência organizacional". In: *DataGramaZero, Revista de Ciência da Informação,* v. 2, n. 3, jun. 2001.

CHAO, C.; SCHEUING, E. E.; RUCH, W. A. "Purchasing performance evaluation: an investigation of different perspectives". In: *International Journal of Purchasing and Materials Management,* v. 29, n. 3, p. 33-39, 1993.

CHOY, K. L.; LEE, W. B. "A generic tool for the selection and management of supplier relationships in an outsourced manufacturing environment – The application of case based reasoning". In: *Logistics Information Management,* v. 15, n. 4, p. 235-253, 2002c.

____________. "On the development of a case-based supplier management tool for multi-national manufacturers". In: *Measuring Business Excellence,* v. 6, n. 1, p. 15-22, 2002a.

CHOY, K. L.; LEE, W. B.; Lo, V. "An intelligent supplier management tool for benchmarking suppliers in outsource manufacturing". In: *International Journal of Expert Systems with Applications,* v. 22, n. 3, p. 213-224, 2002b.

CHRISTOPHER, M.; LEE, H. *Supply chain confidence.* Working Paper, Cranfield, 2001.

COELHO, Gilda. *Inteligência competitiva*: definindo a ferramenta e seu uso no Brasil. São Paulo: IBC, p. 1-24, mar. 1999.

COOPER, M. C.; LAMBERT D. M.; PAGH J. M. "Supply Chain Management: more than a new name for logistics". In: *The International Journal of Logistics Management,* v. 8, n. 1, p. 1, 1997.

COOPER, M. C.; LAMBERT, D. M.; PAGH, J. D. "Supply chain management: more than a new name for logistics". In: *The International Journal of Logistics Management,* v. 8, n. 1, p. 1-13, 1997.

CRUZ, Tadeu. *BPM & BPMS*: Business Process Management & Business Process Management Systems. São Paulo: Brasport, 2008.

CUMMINS, T. DAVID, M.; KAWAMOTO, K. *Contract and commercial management.* London: Van Haren, 2011.

DAS, T. K.; TENG, B. "Resource and risk management in the strategic alliance making process". In: *Journal of Management,* v. 24, n. 1, p. 21-42, 1998.

DECOMTEC. Disponível em: <http://www.fiesp.com.br/competitividade/>. Acesso em: 21 fev. 2014.

DOBLER, B.; BURT, D. *Purchasing and supply management*. New York: McGraw-Hill, 1996.

ELLRAM, L. M.; CARR, A. "Strategic purchasing, a history and review of the literature". In: *International Journal of Purchasing and Materials Management*, v. 30, n. 2, p. 10-18, 1994.

EMMETT, S.; CROCKER, B. *The relationship-driven supply chain*. Hampshire: Gower Publishing Limited, 2006.

ENGARDIO, P. "Why the supply chain broke down". In: *BusinessWeek*, mar. 19, 2001, p. 41.

ERICSON, J. "Addressing supply chain disruptions". In: *The E-Business Executive Daily*, out. 2001. Disponível em: <www.line56.com>. Acesso em: 21 fev. 2014.

FALCONI, Vicente. *O verdadeiro poder*. Belo Horizonte: INDG, 2009.

FIESP. *A carga tributária no brasil: repercussões na indústria de transformação*. Disponível em: <www.fiesp.com.br/arquivo-download/?id= 1841>. Acesso em: 21 fev. 2014.

FISHER, R.; URY, W.; PATTON, B. *Como chegar a sim*: a negociação de acordos sem concessões. 2. ed. Rio de Janeiro: Imago, 1994.

FREITAS, W. *Gestão de contratos*: melhores práticas voltadas aos contratos empresariais. São Paulo: Editora Atlas, 2009.

FRIEDMAN, T. *Hot, flat and crowded*. New York: Farrar, Straus and Giroux, 2009.

GARRET, G. A. *Performance-based acquisition*. New York: NCMA, 2005.

GARRET, G. A.; RENDON, R. G. *Contract management*: organizational assessment tool. New York: NCMA, 2005.

GHEMAWAT, P. *A estratégia e o cenário de negócios*. Porto Alegre: Bookman, 2000.

GHODSYPOUR, S. H.; O'BRIEN, C. "A decision support system for supplier selection using an integrated analytic hierarchy process and linear programming". In: *International Journal of Production Economics*, 1998, p. 56-57, p. 199-212.

____________. "The total cost of logistics in supplier selection, under conditions of multiple sourcing, multiple criteria and capacity constraint". In: *International Journal of Production Economics*, n. 73, 2001, p. 15-27.

GILBERT, G.; GIPS, M. "Supply-side contingency planning". In: *Security Management*, v. 44, n. 3, 2000, p. 70-74.

GOLDBERG, S.; DAVIS, S.; PEGALIS, A. *Y2K risk management*. New York: Wiley, 1999.

GOLEMAN, D. *Inteligência emocional*. Rio de Janeiro: Objetiva, 1995.

GROSSMAN, C. F. GURFINKEL, H. *Mediação no judiciário*: teoria na prática. São Paulo: Primavera Editorial, 2011.

GUPTA, P.; NAGI, R. "Flexible optimization framework for partner selection in agile manufacturing·. IERC Proceedings 1995. In: *Fourth Annual Industrial Engineering Research Conference*, Norcross, GA, 1995, p. 691-700.

HALL, R. "Rearranging risks and rewards in a supply chain". In: *Journal of General Management*, v. 24, n. 3, 1999, p. 22-32.

HANDFIELD, R. *Supply market intelligence*: a managerial handbook for building sourcing strategies. Florida: Taylor & Francis, 2007.

HERRMANN, J. W.; HODGSON, B. "SRM: leveraging the supply base for competitive advantage". In: *Proceedings of the SMTA International Conference*, Chicago, Illinois, 1 out. 2001.

HUTT, Speh. *B2B – gestão de marketing em mercados industriais*. Porto Alegre: Bookman, 2002

ISAACSON, W. *Steve Jobs*. São Paulo: Companhia das Letras, 2011.

IYER, A.; SESHADRI, A.; VASHER, R. *Gestão da cadeia de suprimentos da Toyota*. Porto Alegre: Bookman, 2009.

KOTLER, P. *Administração de marketing*. 10. ed. São Paulo: Prentice Hall, 2000.

KRALIJIC, P. "Purchasing Must Become Supply Management". In: *Harvard Business Review*, set.-out. 1983. Authorized re-print com entrevista por Paulo Burnquist na revista *Nextbuy*, n. 8.

LAMMING, R. C. *Beyond partnership:* strategies for innovation and lean supply. Hemel Hempstead: Prentice-Hall, 1993.

____________. "Squaring lean supply with supply chain management". In: *International Journal of Operations and Production Management*, v. 16, n. 2, 1996, p. 183-996.

LAMMING, R. C. et al. "An initial classification of supply networks". In: *International Journal of Operations and Production Management*, n. 20, v. 6, p. 675-691, 2000.

____________. "The relationship assessment process (RAP) and beyond". In: *European Management Journal*, v. 26 4. ed., p. 274-287, 2008.

LEWICKI, R. L. et al. *Fundamentos da negociação*. 2. ed. São Paulo: Atman, 2002.

LUDWIG, E. *Napoleão*. Brasil: Editora Globo, 1973.

MARCH, J.; SHAPIRA, Z. "Managerial perspectives on risk and risk taking". In: *Management Science*, v. 33, n. 11, 1987, p. 1.404-1.418.

MARKHAM W. J. et al. "Creating Supply Advantage by leveraging the strategic nature of procurement". In: *The purchasing handbook*, NAPM, 2000.

_____________. "Creating supply advantage by leveraging the strategic nature of procurement". In: *The purchasing handbook*, cap. 2, NAPM, 2000.

MARTINS, A. et al. "Peso da energia no custo industrial chega a 15% para bens intermediários". In: *Valor Econômico*, 11 set. 2012.

MASTEN, S. E. *Case studies in contracting and organization*. New York: Oxford University Press, 1996.

MIGUEL, Fabio Luiz Peres. *As estratégias de compras das multinacionais automobilísticas*: um estudo de caso da PSA Peugeot Citroën no Rio de Janeiro. Tese (Doutorado). Instituto de Economia, Universidade Federal do Rio de Janeiro, 2009.

MITSUTANI, C. Dicas para a gestão de categorias de Compras. *Atman Consultoria e treinamentos*, set. 2011.

_____________. "Strategic sourcing: a evolução, as aplicações e as tendências". In: *Revista Mundo Logística*, jul.-ago. 2008.

_____________. *TCO – Custo Total de Propriedade*: uma ferramenta útil para a área de Suprimentos. Atman Consultoria e treinamentos, 2010.

MONCZKA R. M. et al. *Purchasing & supply chain management*. South Western: Cengage Learning, 2009.

MONTEIRO, A. *Certificação PMP*. 2. ed. São Paulo: Brasport, 2008.

MOORE, R. A. *The science of high-performance supplier management*. New York: Amazon, 2002.

MORGAN, J. *Plain talk about purchasing – supply issues for realistis*. Massachusetts: Purchasing Magazine, 2000.

MURRAY, J. G. *Apresentação sobre contratações do grupo de trabalho*. GTI, ANGC com UFRJ-Coope, abr. 2011.

NELSON, D.; MOODY, P.; STEGNER, J. *The purchasing machine*. New York: Free Press, 2001.

NERI, M. *A nova classe média*: o lado brilhante da base da pirâmide. São Paulo: Saraiva, 2011.

PASSOS, P. L. B. "As causas da crise industrial brasileira". In: *O Estado de São Paulo*, 11 mar. 2012.

PERSSE, J. *Project management success with CMMI*. New York: Pearson Education Inc., 2007.

PIRES, S. R. I. *Gestão da cadeia de suprimentos (supply chain management)*: conceitos, estratégias e casos. São Paulo, Atlas, 2004.

PORTER M. E. *Vantagem competitiva*. Rio de Janeiro: Campus, 1996

__________. "What is strategy?" In: *Harvard Business Review*, 1996.

RECEITA FEDERAL DO BRASIL. *Análise da arrecadação das receitas federais*. Brasília: dez., 2009. Disponível em: <http://www.receita.fazenda.gov.br>. Acesso em: 21 fev. 2014.

__________. *Carga tributária no Brasil 2007*: análise por tributos e bases de incidência. Brasília: dez., 2008. Disponível em: < http://www.receita.fazenda.gov.br>. Acesso em: 21 fev. 2014.

REMLEY, C. Z. e LUDVIK, R. A. *Annotated guide to the contract management body of knowledge – CMBOK*. 2. ed. New York: NCMA, 2006.

ROBERTO, P. *Logística e gerenciamento da cadeia de abastecimento*. 2. ed. São Paulo: Saraiva, 2009.

RUMMLER, A. G.; BRACHE, A. P. *Melhor desempenho das empresas*. São Paulo: Makron Books, 1994.

SALIBA, Fernando Miguel Pinto. *A adoção do custo total de propriedade no processo de Compras de grandes empresas brasileiras:* um estudo de casos. 2006. 152 f. Dissertação (Mestrado) – UFRJ/COPPEAD – Universidade Federal do Rio de Janeiro, Rio de Janeiro, 2006.

SAKURAMOTO, C. et. al. *Brazilian reverse supply chain development:* one way to minimize the poverty – a Brazilian case study. Euroma, 2006.

SAMPAIO, L. R. C.; NETO, A. B. *O que é mediação?* São Paulo: Brasiliense, 2007.

SILVA, L. S. A.; QUELHAS, O. L. G. *Sustentabilidade empresarial e o impacto no custo de capital próprio das empresas de aberto*. Rio de Janeiro: Universidade Federal Fluminense, 2006.

SPEAR, S.; BOWEN, H. K. "Decoding the DNA of the Toyota production system". In: *Harvard Business Review*, set.-out. 1999.

STRICKER, M. et. Al. "The true value of sustainability". In: *A. T. Kearney Brasil*, 2012.

SVENSSON, G. "A conceptual framework of vulnerability in firms inbound and outbound logistics flows". In: *International Journal of Physical Distribution & Logistics Management*, 32(2), p. 110-134.

TALEB, Nassim Nicholas. *A lógica do Cisne Negro*. 3. ed. Rio de Janeiro: Editora Best Seller, 2007.

TING, W. "Multinational risk assessment and management". In: *Westport Connecticut*, Greenwood Press, 1988.

TRIBUTÁRIA IDEAL PARA AS EMPRESAS BRASILEIRAS. IBPT, maio 2002. Disponível em: <http://www.ibpt.com.br> ou <http:// www.crcpr.org.br/new/content/publicacao/revista/revista133/carga.htm>. Acesso em: 21 fev. 2014.

URY, W. *Getting past no:* negotiating your way from confrontation to cooperation. New York: Bhantam Books, 1990.

VALE. Disponível em: <http://www.vale.com/brasil/PT/suppliers/become-supplier/brazil/apoio-fornecedores/Paginas/default.aspx>. Acesso em: 21 fev. 2014.

WEBER, C.; CURRENT, J.; BENTON, W. "Vendor selection criteria and methods". In: *European Journal of Operational Research*, v. 50, n. 1, 1991, p. 2-18.

WEI, S.; ZHANG, J.; Li, Z. "A supplier-selecting system using a neural network". In: *IEEE – International Conference on Intelligence System* 28-31 out. Beijing, China, v. 1, 1997, p. 468-471.

WEIL, P.; TOMPAKOW, R. *O corpo fala*: a linguagem silenciosa da comunicação não verbal. Rio de Janeiro: Vozes, 2002.

ZSIDISIN, G. "A grounded definition of supply risk". In: *Journal of Purchasing and Supply Management*, v. 9, p. 217-224, 2003.

ZSIDISIN, G.; PANELLI, A.; UPTON, R. "Purchasing organization involvement in risk assessments, contingency plans, and risk management: an exploratory study". In: *Supply Chain Management*, v. 5, n. 4, 2000.

ZYLBERSZTAJN, D.; SZTAJN, R. *Direito e economia*. Rio de Janeiro: Elsevier, 2005.

“

Que você tenha todos os dias a energia de quando começou.

Mari Coelho - @falamaismari